MORAL SOCIAL SAMARITANA II

Coleção Ética e Sociedade

- *Desafios éticos da globalização* – Manfredo Araújo de Oliveira
- *Ética civil e moral cristã em diálogo* – Bartomeu Bennàssar
- *Ética do poder: abordagem bíblico-teológica* – Pierre Debergé
- *Ética e mídia: liberdade, responsabilidade e sistema* – Frei Carlos Josaphat
- *Éticas da mundialidade: o nascimento de uma consciência planetária* – R. Mancini, F. Aimone, A. Catalani, S. Gaetani, E. Mastrovincenzo
- *Fundamentalismos, integrismos: uma ameaça aos direitos humanos* – Ação dos Cristãos pela Abolição da Tortura (ACAT)
- *Moral social samaritana I: fundamentos e noções de ética econômica cristã* – José Ignacio Calleja
- *Moral social samaritana II: fundamentos e noções de ética política cristã* – José Ignacio Calleja

José Ignacio Calleja

MORAL SOCIAL SAMARITANA II

Fundamentos e noções de ética política cristã

Dados Internacionais de Catalogação na Publicação (CIP)
(Câmara Brasileira do Livro, SP, Brasil)

Calleja, José Ignacio
Moral social samaritana II : fundamentos e noções de ética política
cristã / José Ignacio Calleja ; [tradução José Afonso Beraldin da Silva].
– São Paulo : Paulinas, 2009. – (Coleção ética e sociedade)

Título original: Moral social samaritana II: fundamentos y nociones
de ética política cristiana
Bibliografia.
ISBN 978-85-356-2473-1
ISBN 84-288-1949-1 (ed. original)

1. Ética cristã 2. Ética social 3. Política - Aspectos morais e éticos
I. Título. II. Série.

09-05225 CDD-261.7

Índice para catálogo sistemático:
1. Ética política cristã : Teologia social 261.7

Título original da obra: *Moral social samaritana II –*
Fundamentos y nociones de ética política cristiana
© José Ignacio Calleja / PPC Editorial y Distribuidora SA, Madrid, 2005

Direção geral: *Flávia Reginatto*
Editores responsáveis: *Vera Ivanise Bombonatto e Afonso M. L. Soares*
Tradução: *João Afonso Beraldin da Silva*
Copidesque: *Cirano Dias Pelin*
Coordenação de revisão: *Marina Mendonça*
Revisão: *Jaci Dantas*
Direção de arte: *Irma Cipriani*
Gerente de produção: *Felício Calegaro Neto*
Diagramação: *Manuel Rebelato Miramontes*

Nenhuma parte desta obra poderá ser reproduzida ou transmitida
por qualquer forma e/ou quaisquer meios (eletrônico ou mecânico,
incluindo fotocópia e gravação) ou arquivada em qualquer sistema ou
banco de dados sem permissão escrita da Editora. Direitos reservados.

Paulinas

Rua Pedro de Toledo, 164
04039-000 – São Paulo – SP (Brasil)
Tel.: (11) 2125-3549 – Fax: (11) 2125-3548
http://www.paulinas.org.br – editora@paulinas.com.br
Telemarketing e SAC: 0800-7010081

© Pia Sociedade Filhas de São Paulo – São Paulo, 2009

A Laura, Álvaro e Paulo,
e a toda a minha família,
cada dia com mais afeto.

Às pessoas simples que me abriram
sua casa e seu coração em Navaridas,
Orbisco, Oteo, Santa Cruz de Kampezo,
Asteguieta, Ullíbarri-Viña e Estarrona.

A todos os que me estimularam a continuar
com este projeto de moral social samaritana.

INTRODUÇÃO

Em julho de 2004 apareceu a primeira parte desta *Moral social samaritana*,* dedicada à consideração da economia na perspectiva da ética cristã. O título já sugeria tratar-se do primeiro volume, revelando, assim, meu desejo de que este seria seguido por um outro, que iria ocupar-se da moral cristã na vida política. Na realidade, a reflexão ética sobre este último ponto já estava em fase muito avançada quando manifestei aquela intenção. Fico muito feliz em poder dar cumprimento àquela promessa e em oferecer esta segunda parte de um único projeto. Obviamente, mantenho o título geral *Moral social samaritana*, referindo-me, assim, à mesma intenção de fundo: a misericórdia, a comoção entranhada pelas vítimas e pelos últimos, que revela a *identidade* de Deus, ponto de partida para uma vida moral *digna* do ser humano. Na linguagem da teologia cristã, proponho uma moral que é pensada e ativada a partir do Evangelho de Jesus, toda ela misericórdia e compaixão, "porque Deus é assim". E mais: porque Deus não poderia ser de outro modo sem deixar de ser Deus.

Para mim, a teologia pensada e vivida, a pastoral em todas as suas ações e a própria espiritualidade jogam suas

---

* Ed. bras.: *Moral social samaritana I. Fundamentos e noções de ética econômica cristã*. São Paulo, Paulinas, 2006. (N.E.)

possibilidades *cristãs* na experiência do Deus de Jesus como paternidade compassiva e comprometida com os seus filhos mais pequenos e esquecidos. Como grita Jon Sobrino em todo lugar, talvez Deus não ajude muito a entender os horrores do Afeganistão, do Iraque e da África, mas as vítimas desses povos nos ajudam a não confundir-nos sobre Deus. Não é o do Império. E pode ser que algum crente tenha a fineza de acrescentar – conclui Sobrino – que é o Deus das vítimas, o Deus de Jesus, vítima do Império ele próprio.

Portanto, como repetirei muitas vezes, tento construir uma moral samaritana *eternamente cristã por ser humana*. Não vou esconder que o faço com a convicção de que fé e razão, quando obedecem à sua natureza peculiar, seguem um processo convergente e coerente, sem confusão, mas mescladas e sem separação possível. Para o cristão, trata-se de saber não só o que dizer, mas como pensar teológica e eticamente diante de cada problema ou experiência e como viver e atuar na *justiça*.

Dito isso, o sumário da obra dá muito bem a ideia dos temas nela tratados. Dedico tempo ao esclarecimento do conceito "política" e da sua relação com a fé cristã. Os direitos humanos como categoria ou conceito-base da ética contemporânea no Ocidente e suas possibilidades para uma multiculturalidade crítica e, por sua vez, respeitosa da diversidade perfazem um capítulo irrenunciável. A referência cristológica da moral cristã e sua verificação enquanto síntese moral de corte moderado algumas vezes – na maior parte dos casos – e de corte crítico-utópico outras vezes – em menor número – é outro momento substancial dessa ética política.

A democracia, as conquistas que supõe e as ameaças que padece; os conflitos que suas leis propõem à consciência moral de alguns cidadãos; a moral civil que os direitos humanos querem ser em meio à multiculturalidade e à globalização constituem outras tantas interpelações de tal moral política cristã. A desobediência civil numa democracia e a ingerência humanitária coativa, até mesmo armada, em determinados contextos e como direito das vítimas ao socorro, será outro momento de nossa reflexão. A questão dos direitos individuais e coletivos e a construção da paz, na perspectiva de suas causas e condicionamentos, constituem a preocupação que encerra o presente trabalho.

Quis que a paz fosse percebida como um bem moral e social, e como aquela atitude das pessoas que, no procedimento e na meta, dá totalmente conta de outros grandes valores morais: a justiça, a solidariedade e o injuriado bem comum, concebido sempre na perspectiva dos últimos, "porque Deus é assim" ou, simplesmente, não é.

Adianto que ficam sem ser tratadas questões políticas que bem mereceriam um capítulo à parte. Creio, contudo, que transversalmente estão aqui indicadas as chaves de sua consideração teórica e de sua valoração moral por parte de um Cristianismo samaritano. Se consegui desenvolver essa espécie de olfato moral para nelas entrar sem perder-se, dou-me por satisfeito.

Assim, deixo o leitor com o livro. Agradeço a outros professores de moral, cujos textos me serviram de guia, especialmente Marciano Vidal; também servi-me de algumas reflexões de Xabier Etxeberria, Luis González-Carvajal, Javier Querejazu, Demetrio Velasco, Imanol Zubero e outros.

Obrigado a todos. Trata-se tão somente de algumas noções de moral política cristã, pensadas com vocação samaritana. Um convite a tentarmos, juntos, aproximar e fundir o samaritanismo cristão e a justiça histórica.

José Ignacio Calleja Sáenz de Navarrete

PERSPECTIVAS INTRODUTÓRIAS SOBRE O CONCEITO "POLÍTICA"

O pensamento político do Ocidente partilhou por séculos toda uma série de conceitos e de pressupostos que nos permitem reconhecê-lo como nossa tradição. Com muitas variantes e diferenças, é bom que se diga, mas sempre "nossa tradição". Comecemos, por isso mesmo, por alguns lugares-comuns que deverão ajudar-nos a definir o ponto de partida de nossa aproximação a uma moral social samaritana em sua forma de moral política cristã.[1]

Desde que Aristóteles disse que o ser humano é um animal político (*zoon politikón*), nossa tradição filosófica e teológica sustenta como evidência que o ser humano é uma criatura intrinsecamente social e política. *Sociabilidade*, já que nascemos necessitados de ajuda, linguagem, comunicação e afeto para realizar-nos. Nada nem ninguém começa e termina em si mesmo, a sós e definitivamente.

Politicidade, porquanto a política é conatural com o nosso ser social, isto é, essa ação humana orientada para a conquista dos interesses coletivos da sociedade (bem co-

---

[1] Cf. PINTACUDA, E. *Breve curso de política*. Santander, Sal Terrae, 1994. LARRAÑETA, R. *Tras la justicia. Introducción a una filosofía política*. Salamanca, San Esteban, 1999. SAVATER, F. *Política para Amador*. Barcelona, Ariel, 1992. BABOIN-JAUBERT, C. Cinquante années de théologie moral du politique: itinéraire. *Le Supplément* 203 (1997) 139-152. ARTETA, A. et al. [Eds.]. *Teoría política:* poder, moral, democracia. Madrid, Alianza, 2003.

mum), mediante instituições (leis e órgãos) e pessoas que governam democrática e soberanamente. É nosso desejo nessa direção (poder político democrático).

Desde já fique claro que a política não totaliza a vida social em seu conjunto, mas constitui o substrato sobre o qual a política se realiza como dimensão onipresente. A realidade humana, toda ela, tem uma dimensão política, embora a política não seja tudo. Ou, como gosto de repetir, todas as nossas relações estão informadas transversalmente pela sorte e pela desgraça da humanidade e, muito particularmente, dos pobres. Portanto, é o caso de conceber a vida social como um composto de múltiplas relações, cujo substrato mais básico são as relações íntimas do sujeito, às quais acrescentam-se as relações familiares e próximas, as profissionais e laborais, bem como as institucionais e estruturais.

E se prestarmos atenção ao gênero das relações, nós as consideraremos produtivas, lúdicas, estéticas, humanitárias, religiosas etc. Todas essas são dimensões peculiares da vida humana, relativamente "autônomas" e, em diferentes proporções, afetadas pela onipresença da política em sentido amplo.

A dimensão política, por conseguinte, é um significado inevitável na práxis integral das religiões (Igreja). Através das "teologias políticas" sabemos que a hermenêutica política da fé é a única maneira de evitar a pior de todas as politizações da religião, a que tem a presunção do apoliticismo.

Em síntese, a alternativa para os cidadãos (cristãos) não é "estar ou não estar" na política. Nesse sentido, não há escapatória. A escolha está em fazer política de um modo crítico e ético ou fazê-la de um modo oculto e cínico, quando não "bélico", ou seja, opressão enrustida levada a cabo mediante as mais diversas estratégias "políticas". Numa palavra, ou fazes política ou a fazem em teu lugar, graças ao teu silêncio, e certamente contra ti.

No entanto, entendemos, todos, do mesmo modo, a atividade política? Falando de um modo geral, há três concepções fundamentais sobre a política. Uma entende que política é "luta entre as elites para perpetuar seu domínio social". Outra pensa que a política deve ser, primeira e unicamente, extinção do Estado "neoliberal ou pseudodemocrático" e emancipação dos povos. Um movimento libertador os conduzirá à sua meta, diante da opressão de um parlamentarismo a serviço do capital, na fase de domínio de sua fração financeira internacional.[2] A terceira pensa que a política é, substancialmente, a expressão regrada e negociada das opiniões e interesses diversos da cidade, subordinada, para os pessimistas, a um pacto minimalista e, para os mais otimistas e idealmente, à conquista do bem comum. A terceira concepção, com seus excessos idealistas e com os antagonismos de impensável harmonização, é a única que abre espaços para a consideração moral da política e do poder.[3] É claro que é a essa concepção que nos iremos ater, não descuidando de idealismos e de outras tentações ideológicas.[4]

---

[2] Assim falava o grupo separatista ETA nas décadas de 1980 e 1990.

[3] LÓPEZ ARANGUREN, J. L. *Ética y política*. Madrid, Guadarrama, 1963. DÍAZ, E. *Ética contra política*. Madrid, CEC, 1990. HABERMAS, J. *La inclusión del otro. Estudios de teoría política*. Barcelona, Paidós, 1999. WEBER, M. *El político y el científico*. Madrid, Alianza, 1967.

[4] Cf. VALLS, R. *Ética para la bioética y a ratos para la política*. Barcelona, Gedisa, 2003. p. 165: "O que de nenhum modo vale é o tópico de que a política deve favorecer o bem comum. Este é um tópico moralista e, por conseguinte, ineficaz. É assim porque o interesse comum é um conceito abstrato, sem conteúdo real, sob o qual podem abrigar-se vários interesses distintos... Todo interesse real é particular, e só no jogo com as particularidades contrapostas mostra-se a inteligência política". A meu juízo, contudo, o conceito "bem comum" incorpora necessariamente essa

O conceito "política" é polissêmico.[5] Seu uso habitual se presta a confusões. Para nós, num primeiro momento, pode referir-se à política como organização ou estrutura e como atividade ou gestão. Quase sempre nos referimos a ambos os sentidos indistintamente, mas algumas vezes os diferenciamos. A questão não é fundamental, mas o detalhe está aí: organização política e gestão política.

Mais decisivos, contudo, são outros significados que damos ao conceito "política" como estrutura e como gestão. Vejamos.

1) Em primeiro lugar, se quisermos especificar um pouco mais o significado do conceito "política", chegando a dar-lhe um sentido peculiar enquanto organização e enquanto atividade, podemos acrescentar o seguinte.

Enquanto *organização*, a política refere-se ao modo de organizar-se politicamente uma comunidade ou sociedade (Estado em sentido amplo) e a autoridade soberana e regrada nessa comunidade política (Estado em sentido estrito). O mesmo se pode dizer na perspectiva de uma comunidade internacional, nascente e crescente.

---

experiência da contradição de interesses sociais. A política democrática, por isso mesmo, ocupa-se em buscar alguma harmonia entre esses interesses particulares e contrapostos naquilo que já é possível e quando o é, e em buscar um ponto de equilíbrio provisório naquilo que ainda é contradição absoluta e enquanto assim continuar sendo, embora só consista em evitar a guerra em seu sentido mais estrito e em outros menos evidentes. O bem comum, dizíamos, é um conceito dinâmico, que se vai realizando, ou malogrando, à medida que são alcançados ou perdidos os distintos bens particulares, os dos indivíduos e os dos seus coletivos, os dos povos e os da comunidade mundial. O bem comum é a aspiração de nossa dignidade e, portanto, algo devido a uma justiça e liberdade entre todos e para todos; o bem comum é o cultivo do *habitat* dos direitos humanos para todos, que pode crescer ou arruinar-se por muitas diferentes causas e, muito decisivamente, pela nossa liberdade.

[5] Cf. DUVERGER, M. *Introducción a la política*. Barcelona, Ariel, 1970. LORENZETTI, L. Verbete "Política". In: *Diccionario teológico interdisciplinar III*. Salamanca, Sígueme, 1982. p. 831-861.

14

Enquanto *atividade*, a política se refere à gestão da vida pública e adquire dois grandes significados: um amplo, a política enquanto realização da cidade (*polis*) por parte dos cidadãos em todo tipo de relações públicas (interpessoais, institucionais, estruturais e internacionais); outro estrito, a política como ação (organizada) para a conquista e o exercício do poder político (legislativo, executivo e judiciário) na comunidade política ou Estado e, pouco a pouco, nas diferentes formas da comunidade internacional dos povos (voto, militância, greve política e, a seu modo, desobediência civil).

2) Por essa razão, quando utilizamos o termo "política" (organização e atividade, sem distingui-las), devemos ter presente um sentido amplo e outro estrito. O primeiro surge quando, numa sociedade, nos referimos a todas as relações da vida coletiva e à gestão democrática da mesma em vista do bem comum. Nas palavras de J. J. Rousseau, organização da cidade pela via do consenso, tendo como meta o bem geral.

Nesse sentido dizemos que a política não é tudo, mas tudo é política, pois praticamente tudo o que fazemos e decidimos tem significados sociais e públicos. Todo acontecimento ou fenômeno social tem algum significado político, já que necessariamente influi na conformação das relações sociais num ou noutro sentido. Por exemplo, intervém na formação de novas decisões, cria conflitos ou ajuda a superá-los, supõe algum tipo de participação no poder segundo determinada distribuição dos bens, condiciona a hierarquização dos objetivos da comunidade política etc.[6]

---

[6] Cf. LÓPEZ DE LA OSA, J. R. Política y moral. In: VIDAL, M. (Dir.). *Conceptos fundamentales de ética teológica*. Madrid, Trotta, 1992. p. 697-707.

3) Por isso mesmo, também podemos considerar um uso mais estrito do significado de "política" (organização e atividade), entendendo-a como o modo específico de a comunidade política organizar-se (sentido amplo de Estado e ONU) e a conquista ou exercício da autoridade política no interior desta comunidade (sentido restrito de Estado e ONU).

Esse é o uso comum que alguns autores fazem, os quais preferem distinguir entre comunidade política e Estado, entendendo o Estado como o vértice da comunidade política, sem monopolizá-la, enquanto outros autores não estabelecem uma distinção precisa entre ambos os significados. Em todo caso, há acordo doutrinal no fato de que o Estado não pode ser identificado com a sociedade em geral nem com a nação em particular, mas com a estrutura e a atividade do poder político na comunidade política.[7]

Concluindo, em qualquer dos seus sentidos a vida política (estrutura e funcionamento), embora não seja o seu

---

[7] O Estado, sociologicamente, da forma que o conhecemos hoje, é uma forma histórica de organização política que se destaca pela soberania do seu poder, exercida sobre um território e uma população determinados. O processo moderno de desenvolvimento dos Estados caracterizou-se pela centralização e secularização desse poder e pela sua objetivação no direito (Estado – democrático – de direito). Sua condição histórica é tão contingente como qualquer outra forma conhecida na organização do poder político. Cf. Sociologia do poder político. In: VIDAL, M. *Moral de actitudes*. 8. ed. Madrid, PS, 1995. v. III, p. 488ss. [Ed. bras.: *Moral de atitudes. Ética da pessoa*. Aparecida, Santuário, 1981.] VALLESPÍN OÑA, F. *Nuevas teorías del contrato social:* John Rawls, Robert Nozick y James Buchanan. Madrid, Alianza, 1985. OLIVAS, E. et al. *Problemas de legitimación en el Estado social*. Madrid, Trotta, 1991. É interessante observar como a nova reflexão sobre a soberania (é o caso de N. Bilbeny) destaca as insuficiências da soberania como poder, sendo mais fácil compreendê-la num sentido jurídico, isto é, como supremacia do direito do Estado como norma, um atributo da ordem jurídica estatal. O outro conceito, soberania política, ignoraria que nenhum Estado é "soberano" por princípio. Seu destino é um ordenamento, político e jurídico, internacional soberano. Cf. *Política sin Estado*. Barcelona, Ariel, 1998. p. 83-84. Cf., do mesmo autor, *Democracia para la diversidad*. Barcelona, Ariel, 1999.

único objetivo, sempre supõe a conquista do poder político e o esforço para conservá-lo.

Em seu sentido mais reduzido, portanto, a política se refere ao poder político em seu exercício e às estratégias para mantê-lo ou consegui-lo. Esta é a atividade que precisamos moralizar, pois entendemos que a política põe a força, incluída a violência (legítima), a serviço da justiça, para fazer desta o meio da liberdade.

Mas ainda restam duas perguntas próprias deste momento introdutório da moral política e que reaparecerão em mais de uma ocasião. A primeira: que mediações têm a ação política ou, em geral, o chamado compromisso político dos cidadãos? Se considerarmos as relações que constituem a política em sentido amplo (relações interpessoais, institucionais e estruturais), as mediações do compromisso público serão as que poderemos chamar de genéricas. É o caso das diversas associações: ONGs, sindicatos, grupos profissionais, meios de comunicação, igrejas e movimentos leigos etc.

Se considerarmos a política em sentido estrito, as mediações de intervenção podem ser qualificadas como estritas. É o caso da militância partidária, do voto nas eleições e, com seus matizes, da greve política e da desobediência civil.

Se observarmos os sujeitos do compromisso sociopolítico, veremos que se pode pensar em indivíduos, associações, povos e, aos poucos, nos Estados.

E a segunda: que pretende, em todos os casos, a ética política cristã? Procura fazer com que a caridade política, mediada pela justiça dos direitos humanos, reforce a qualidade humana da política em todas as suas formas, respeitando plenamente a natureza peculiar de ambas as realidades sociais, a ética e a política.

Uma dissecação das dimensões implicadas no compromisso político das pessoas, algo muito necessário para o discernimento profundo da coerência e da qualidade da vida social, nos levará a pensar em dimensões ou planos como o cosmovisivo (projeto global de sociedade à qual se aspira), o ético (o que acreditamos que se deve fazer), o político (o que podemos fazer), o material (o que estamos dispostos a oferecer) e o místico (o que nos mobiliza e nos sustenta mais radicalmente).

Qualquer um de nós sabe que o sujeito humano, nós, as pessoas, somos uma realidade única e indivisível. Mas não há dúvidas de que, ao mesmo tempo, temos uma clara experiência moral de como nossa coerência decresce ou até mesmo se perverte nesta ou naquela dimensão da existência pessoal ou social, chegando mesmo a afetar todas elas. Eis a razão de um compromisso moral sempre sob suspeita política.

SOCIABILIDADE HUMANA E DIGNIDADE FUNDAMENTAL: DUAS FACES DA MESMA REALIDADE, PLENAS DE POTENCIALIDADES MORAIS

Vamos dar um passo a mais no conhecimento do nosso objeto, a "moral cristã na vida política". É sabido que a reflexão moral cristã quanto ao "social" plasma-se, hoje, na dupla forma de Teologia Moral Social (TMS) e Ensinamento ou Doutrina Social da Igreja (ESI ou DSI). Ambas as trajetórias do pensamento cristão verificam-se como modelos morais referidos a um horizonte antropológico peculiar, descrito por Ricardo Alberdi como "síntese antropológica original no sentir de Jesus". Não há grande originalidade nisso, pois todos os modelos morais remetem a uma antropologia como a seu horizonte de sentido. Discernimos e valoramos apelando para uma ideia própria de pessoa que, de maneira mais ou menos explícita, permite-nos dizer "isto é bom e isto é mau", ou "é melhor isto do que aquilo", ou simplesmente "menos mau e preferível".

Não esquecemos o que é devido às ciências humanas e sociais, à sua legítima autonomia no conhecimento da realidade, tampouco ao que é reclamado por uma práxis libertadora entendida com valor próprio e como momento interior do conhecimento. Mesmo assim, vamos atender agora ao peso específico de certa ideia de pessoa na reconstrução do horizonte moral do compromisso cristão.[8]

A reflexão moral cristã em todas as suas formas representa, sem dúvida, um modelo moral cuja arquitetura teórica se sustenta no ser humano como criatura com duas qualidades maiores, ontológicas, é costume dizer: sua *dignidade* fundamental e sua *sociabilidade* constitutiva. Ambas essas qualidades convergem na categoria que denominamos bem comum, esse bem peculiar da coletividade que, através do cuidado das mais diversas condições da vida em sociedade, permite o respeito e a realização criativa e equilibrada daquelas qualidades em todas as pessoas, em suas famílias e associações, bem como em suas sociedades "matriz" ou povos.

A verificação dessas primazias morais encontra seu canal adequado no respeito de alguns princípios muito característicos da moral social cristã: o princípio da *participação* soberana e democrática de todos naquilo que a todos afeta; o princípio da *solidariedade* com os fracos, porque ninguém pode viver solitariamente ou gerir a coisa pública com espírito neutro; o princípio da *subsidiariedade* diante da liberdade dos mais criativos, para favorecê-la, completá-la em suas carências e contê-la em seus excessos; e o princípio do *destino universal* dos bens criados, enquanto primeira expressão do natural na disposição humana dos bens do universo.

---

[8] Cf. QUEREJAZU, J. *La moral social y el Concílio Vaticano II. Génesis, instancias y cristalizaciones de la teología moral social postvaticana.* Vitoria, Eset, 1993. p. 484-489. RUIZ DE LA PEÑA, J. L. *Las nuevas antropologías. Un reto a la teología.* Santander, Sal Terrae, 1986. VIDAL, M. Antropología teológica y moral cristiana. In: Id. *Nueva moral fundamental.* Bilbao, DDB, 2000. p. 199-239. Um exemplo, em nosso tema: YÁNEZ, H. M. *Esperanza y solidaridad. Una fundamentación antropológico-teológica de la moral cristiana en la obra de Juan Alfaro.* Madrid, Universidad Pontificia Comillas, 1999.

Mas íamo-nos concentrar nessa qualidade intrínseca do ser humano, que é a sua sociabilidade constitutiva, pensando-a em inter-relação com sua dignidade única e incondicional. A intuição que se impõe, a juízo da moral cristã, é que essa dignidade só pode realizar-se no seio de uma comunidade ou sociedade, verificação de nossa constitutiva sociabilidade: "[...] Por sua própria natureza, [a pessoa] tem absoluta necessidade da vida social... [que] engrandece o ser humano em todas as suas qualidades e o capacita para responder à sua vocação" (*GS*, nn. 23-25).

Na moral social cristã, a nossa sociabilidade, intrínseca e constitutiva, é a matriz de todas as formas de vida social. Por sua vez, o destino mais radical da vida social é a realização integral do ser humano e das estruturas sociais de sua convivência. A sociabilidade é, por conseguinte, o reverso da dignidade fundamental de cada pessoa. Se esta apela à condição absolutamente única de cada ser humano, e se substancia como igualdade de direitos fundamentais ou justiça, a sociabilidade apela para a nossa pertença à única família humana e se substancia como direito à diferença que não é injusta, mas diversidade legítima, por isso mesmo conteúdo a ser concretizado como justiça. A sociabilidade também é compaixão com a sorte dos fracos diante de situações de desigualdade que o nosso conceito histórico de justiça ainda não reconhece como suas e que atribuímos ao que é devido na solidariedade. Justiça e solidariedade, duas grandes palavras quando se reflete sobre as potencialidades morais da sociabilidade humana.[9]

---

[9] Cf. INNERARITY, D. *Ética de la hospitalidad*. Barcelona, Península, 2001.

Justiça e solidariedade, dois deveres de idêntica natureza moral?

Muito antes de considerar os efeitos destas duas grandes referências da moral política, precisamos esclarecer a relação única que se estabelece entre elas por constituir-se um antecedente decisivo para a moral social cristã.

1) Alguns pensadores ou filósofos do contratualismo social estenderam a ideia da solidariedade como exercício inteligente do amor próprio, mais do que do simples egoísmo, ou de um corporativismo inevitável na conflituosa convivência do ser humano. Em última instância, de uma imparcialidade tão universal quanto a que se pode pressupor num mundo desigual, isto é, muito parcial em seus interesses.[10]

Na cultura moral cristã, espalhou-se a ideia da solidariedade como virtude pessoal que opera no coração de cada cristão como uma atitude de afeto caloroso ou sentimento compassivo e, mais tarde, na prática, como obras caritativas pelas quais cada pessoa pode ou não optar. Pouco a pouco essa concepção da caridade foi adquirindo um sentido político, e a atitude compassiva que a anima tomou consciência da injustiça social do mundo e de suas causas. A caridade cristã, por consequência, aspira concretamente a superar a forma de simples beneficência.

Mas a ideia que ainda tem maior força entre os cristãos, a meu ver, é que a solidariedade representa uma virtude pessoal mais do que um princípio regulador da vida social com estruturas e instituições adequadas, bem como uma

---

[10] Cf. CORTINA, A. *Alianza y contrato. Política, ética y religión.* Madrid, Trotta, 2001. GARGARELLA, R. *Las teorías de la justicia después de Rawls. Un breve manual de filosofia política.* Barcelona, Paidós, 1999.

atitude opcional mais do que uma atitude "moral" devida. Ao mesmo tempo, a experiência vital cristã transcorre em meio à contradição entre sua vontade de reforma das estruturas sociais, a justiça e o seu desapego e até mesmo a renúncia à política para atingir seus intentos.

2) Há outra corrente da moral social cristã que distingue entre solidariedade e justiça e que, ao mesmo tempo, as une de um modo criativo. A justiça, dizem seus defensores, cuja prudência política compreendo, apela para os dinamismos da dignidade fundamental da pessoa e se verifica como respeito dos direitos e deveres fundamentais e iguais de todos e de cada um dos seres humanos e de seus "povos". A solidariedade apela para os dinamismos da pertença de todos à única família humana e se realiza como respeito às peculiaridades que nos tornam distintos, sem ser injustas, e como atenção compassiva às diferenças inevitáveis, procurando corrigi-las, na medida do possível, e aproveitá-las em favor dos fracos, caso não seja possível impedi-las.

Essa forma de pensar me parece inteligente e realista, pois reconhece que a justiça leva em nossas mentes uma propensão evidente pelo igualitarismo, que se dá mal com a diversidade, que é peculiaridade e, pior ainda, com as desigualdades injustas e todavia difíceis de serem atribuídas a responsabilidades humanas concretas. Contudo, os que se veem refletidos nesta concepção, e não só eles, precisam levar muito a sério o fato de que a solidariedade nunca substitui a justiça, a qual, diga-se de passagem, não se identifica sem mais nem menos com a legalidade, mas a acompanha de duas formas: nas entranhas da justiça, inspirando-a, e depois da justiça, como seu complemento necessário e, a meu ver, moralmente devido.

Essas duas teorias, bem como outras que possam advir – e esta seria a minha principal contribuição –, devem conceber a justiça e a solidariedade como algo devido, *moralmente devido*, pelas pessoas, pelos povos e pela própria sociedade mundial. A aspiração ou o propósito mais evidente da solidariedade deveria ser que as atuações descobertas pelas pessoas que a praticam passem à nossa consciência geral de justiça e, através dela, mais facilmente, para a legalidade dos Estados e do mundo; ela, a solidariedade, sempre enquanto dever pessoal e social, irá reconhecendo novas situações de diversidade hoje não percebidas e de desigualdade inevitável que exijam esse envolvimento solidário, que enfim primeiramente se transforma em norma moral e, no momento adequado, em norma legal.[11]

3) Esta forma de explicar a relação entre solidariedade e justiça não é a única que o Cristianismo reconhece como adequada às suas preferências valorativas. De fato, essas distinções têm grande ressonância nos círculos acadêmicos, mas bem pouca no voluntariado cristão mais crítico. Este as julga muito condicionadas pelo igualitarismo formal e pela interpretação individualista da justiça nas sociedades ricas, o que impediria acolher seriamente a figura da discriminação positiva no próprio conceito de justiça.

Essa é a razão pela qual alguns teólogos provenientes dos povos do Sul[12] e muitos grupos de voluntariado cristão

---

[11] Cf. ETXEBERRIA, X. *Ética de la diferencia. En el marco de la antropología cultural*. Bilbao, Universidad de Deusto, 1997. Id. *Sociedades multiculturales*, Bilbao, Mensajero, 2004. YOUNG, I. M. *La justicia y la política de la diferencia*. Madrid, Cátedra, 2000.

[12] Cf. DUSSEL, E. *Ética de la liberación desde los pobres y excluidos*. Madrid, Evangelio y Liberación, 1974. p. 75-100.

politicamente mais conscientizados não se reconhecem nessa distinção tão precisa de justiça e solidariedade e preferem pensar em termos de justiça radical e universalmente devida.

Nas atuais circunstâncias históricas de desigualdade estrutural e crescente, esses pensam – e me incluo nesse grupo – que só se pode falar de justiça devida com os que não são respeitados como pessoas e como povos, com os sobrantes e esquecidos. Justiça, portanto, como superação das estruturas sociais que exploram, marginalizam, excluem e reproduzem a desigualdade. Justiça como algo devido a todas as pessoas pela sua condição única de pessoas, e entendido como a universalidade inclusiva e concreta dos direitos humanos. Nas palavras de Pierre Sané, emanadas da direção da Unesco, "a pobreza é uma violação dos direitos humanos", e esta é a primeira perspectiva hermenêutica e política. Esse é o primeiro e determinante elemento. Se nossas sociedades fazem outras distinções, é porque não se confrontam com justiça.

Em relação à justiça, consequentemente, a solidariedade é uma virtude moral das pessoas e, ao mesmo tempo, um princípio inspirador da vida social. Ambas as dimensões remetem-nos à nossa condição de família humana, para descobrir ali um dever de irmandade, que encarna nossa capacidade de colocar-nos no lugar dos outros com suas peculiaridades irrepetíveis, comover-nos em nossas entranhas pelas dificuldades de todos e despertar para uma sentida consciência do dever da solidariedade por todos, especialmente pelos fracos e, em geral, pelas vítimas. Sua natureza própria tem a ver com a sensibilidade profundamente compassiva da qual é capaz o ser humano, e seu fruto outro não pode ser senão um processo histórico de justiça radical, integral e universal, pois tratar do mesmo modo pessoas desiguais – a justiça – é tratá-los respeitando a sua peculiaridade e a sua desigualdade, evitável ou não.

O dever moral de justiça, há tempos reconhecido como algo devido, e o dever moral de solidariedade, há pouco reconhecido como devido, convergem com funções complementares na mesma vontade de respeito à dignidade e sociabilidade constitutivas do ser humano. A solidariedade assim entendida, pelo menos em sua perspectiva social, não tem práticas ou conteúdos peculiares em relação à justiça. Quando se apresenta com práticas específicas, na realidade trata-se de um seu sucedâneo, a chamada beneficência, que, proposta como algo moralmente digno, é sempre sua falsificação, pois a primeira máxima sobre as condições da vida humana é "que não se pode considerar solidariedade aquilo que deve ser dado por justiça".

Nesta concepção, há apenas um contexto no qual a solidariedade social se expressa em formas práticas muito concretas e, ao mesmo tempo, plenamente legítimas. É o caso de muitas campanhas solidárias que, praticadas como possibilismo histórico, são acompanhadas pela inevitável denúncia política e se reconhecem subsidiárias e temporais. Em tais condições, representam o possibilismo histórico porque seus objetivos pertencem propriamente à justiça radical e devida. Se esta, todavia, ainda não pode ser realizada na atual conjuntura histórica, aquele procedimento pode concretizá-la, e será necessário ver caso a caso qual pode ser o mal menor para realizar o bem possível.

Potencialidades morais da sociabilidade constitutiva do ser humano

Depois de ter entendido a sociabilidade humana como vetor constitutivo de nossa condição, e de tê-lo visto traduzido eticamente na justiça e na solidariedade, ou seja, na co-responsabilidade na realização universal e concreta dos direitos humanos, cabe agora avançar por esse caminho desvelando as potencialidades morais ou virtualidades éticas, isto é, intuídas a partir desse dinamismo antropológico. E a seguir, dando outro passo, é o momento do discernimento moral fruto dessa reflexão, o discernimento de experiências concretas da vida social, atendendo à política em si mesma como organização para o exercício cívico do protagonismo que nos é devido e que nos devemos, conforme a nossa dignidade e sociabilidade constitutivas.

É o que faremos na parte mais concreta desta *Moral social samaritana*. Lá nos concentraremos, a título de exemplo, na política como organização da soberania ou Estado e sua aparente submissão à lógica neoliberal do capitalismo, sob a veste de uma necessidade de modernização e de progresso político. É o mar de contradições em que o Estado moderno parece soçobrar e em cujo naufrágio se ouvem tantas vozes clamando por sua transformação democrática. Suas resistências a toda mudança e à cessão da soberania, para cima e para baixo, não se dariam bem com a nossa sociabilidade constitutiva e sua projeção moral inadiável.

Que seria da democracia política, da democracia como protagonismo cívico universal nos fins preferidos por uma sociedade e por todas juntas, se a hegemonia política e econômica se fosse concentrando em alguns poucos Estados, para não dizer num só, e todos eles se tornassem um joguete nas mãos da economia globalizada? Que seria de nosso direito humano fundamental de conhecer, avaliar, escolher e fazer pactos se a política de nossos Estados fosse determinada pelos grupos mais poderosos da economia globalizada?

E se nos fixarmos mais detalhadamente na política como protagonismo popular[13] – questão política por excelência –, a *democracia* exigiria que se falasse das condições integrais da liberdade, da justiça e da paz a partir dos direitos humanos de todos e, em particular, das vítimas. As pobrezas, a marginalização e a exclusão seriam, no fim das contas, negações parciais ou absolutas, dependendo do caso, mas sempre radicais, do sistema público democrático. As possibilidades de emprego, palavra e decisão para todos, bem como o reconhecimento dos "outros" em sua diferença peculiar e em suas necessidades fundamentais, seriam peças-chave na consideração democrática da justiça.

O controle democrático de todos os âmbitos da vida social apelaria, hoje, para a tomada de decisões por parte de todos naquilo que afeta a todos. Pelo contrário, se houvesse grupos sociais que não tivessem importância para ninguém e se, ao mesmo tempo, houvesse setores sociais que fugissem a todo tipo de controle devido aos seus conhecimentos, especialização ou "poder", a sorte da democracia como igualdade de oportunidades e possibilidades efetivas estaria lançada. Em condições tão reais, a paz na vida política teria as características de uma ideologia que legitima um estado de coisa inamovível.

---

[13] Cf. RUBIO CARRACEDO, J. *Educación moral, postmodernidad y democracia.* Madrid, Trotta, 1996.

E se nos fixarmos, ao mesmo tempo, na questão da política enquanto realidade muito concreta, veremos que a vida pública também é estratégia de partido e atitudes nas pessoas. Quanto às organizações políticas, seu capital mais precioso parecem ser os votos. Nesse caso, todas as estratégias deveriam perseguir esse objetivo, e a curto prazo. A sagacidade e a astúcia, aqui, teriam todas as tentações possíveis. Como, além disso, a informação e a habilidade adquiridas representam poder, a democracia poderia parecer-nos cada vez mais uma competição entre elites encarregadas, alternativa e ocasionalmente, de uma gestão eficaz da "coisa pública". Por consequência, a sociedade poderia ficar demasiadamente distante quanto ao protagonismo de todos, e a política exigiria tão-somente um protagonismo cívico universal diante da violência com significado "político" terrorista. É necessário e compreensível. Todavia, só nessa ocasião estaríamos diante de algo que absolutamente repugna à moral política democrática?

No que diz respeito às atitudes políticas das pessoas, já que pareceriam obedecer a interesses tão concretos como a eficácia na gestão da coisa pública – um desejo muito natural –, seria correto que este mesmo objetivo esteja condicionado ao requisito do "sempre que me beneficie"? O proveito poderia ser econômico ou simplesmente político: uma sensação de que há ordem pública e uma discreta força a seu serviço. Força, ademais, que consideramos não nossa, mas do Estado, e deste contra a delinquência, ou algo que a isso se assemelha em nosso "imaginário" social, os imigrantes pobres.

Em síntese, e estamos, assim, adiantando muitas hipóteses, envolver as pessoas na democracia é mais difícil do que criar regras procedimentais civilizadas. A injustiça e a violência com as quais consentimos por ação ou omissão partem de zonas muito profundas de nosso coração, zonas cedidas à insensibilidade, ao rancor, ao cinismo ou à dupla moral. Seria como uma espécie de curtos-circuitos nos hábitos do coração das "pessoas de bem", nós mesmos? Mais adiante deveremos retornar sobre esses processos e suas explicações.

O CARÁTER POLÍTICO DA
FÉ CRISTÃ: AS BASES TEÓRICAS

A consideração da política na perspectiva da moral cristã[14] requer que atentemos para uma questão decisiva para a reflexão teológica, para a ação pastoral e para a vida moral do crente: a condição pública ou somente privada da fé cristã; e isso à luz da razão e da revelação. Apontemos algumas perspectivas para elaborar uma resposta convincente.[15]

1) O caminho da antropologia é o primeiro e começa por esta questão: qual é a condição última do ser humano relativamente à convivência social: a que é própria de um indivíduo solitário ou, pelo contrário, a de um ser intrinsecamente social, com necessidades vitais de solidariedade? É nisso que vimos insistindo até o momento.

Uma concepção geral do ser humano, uma antropologia que dê sentido à justiça e à solidariedade na convivência, enquanto realidades exigidas pela nossa condição humana e, a seguir, pela fé, é imprescindível. Pelo contrário, se o ser humano, a pessoa, fosse um átomo solitário e fechado, e isso por natureza, mal poderíamos falar dos significados públicos da fé cristã. Faltar-nos-ia corpo onde encarná-la.

---

[14] Sirvo-me de minha reflexão "El carácter político de la fe cristiana", *Razón y Fe* 245 (2002) 423-443.

[15] Cf. um clássico neste tema: SCHILLEBEECKX, E. *Cristo y los cristianos. Gracia y liberación*. Madrid, Cristiandad, 1982. p. 712-821. Mais simples: ALBERDI, R. *La identidad cristiana en el compromiso social*. Madrid, Marova, 1982.

Por essa razão, a condição constitutivamente social do ser humano, da pessoa, supõe o começo da argumentação sobre a política intrínseca da fé cristã. O mesmo se poderia dizer de sua condição histórica e autônoma. Pensar em outra coisa seria montar a vida cristã e suas exigências éticas no fideísmo cru do "eu acho que é assim" e isso me serve.

De outro lado, se damos uma resposta afirmativa à pergunta pela sociabilidade intrínseca do ser humano, pela sua historicidade conatural e pela sua legítima autonomia, como aqui o fazemos, estará aberto diante de nós o caminho decisivo para fundamentar a condição pública da fé cristã, sua intrínseca significação social e política. Por quê? Porque, se entendemos que a fé cristã deve ser plenamente significativa para o ser humano, afetando-o e recuperando-o como ele é, e este se nos impõe como um ser social, histórico e livre, a condição histórica e social da fé, sua constitutiva significação histórica, social e política, será, e é, uma realidade iniludível.

Uma concepção da fé que não fizesse justiça a essa condição social, histórica e autônoma do ser humano, como tantas vezes ocorreu em visões dualistas, falsamente espiritualistas, seria uma ideologia religiosa, conhecimento alienante e manipulador, uma falsificação da condição real do ser humano e da fé na encarnação de Deus.[16]

2) O caminho da teologia toma o testemunho da antropologia. Admitida e refletida essa condição social do ser

---

[16] Pode-se consultar, pois estão em plena vigência: DE LA TORRE, J. *Cristianos en la sociedad política*. Madrid, Narcea, 1982. GARCÍA DE ANDOIN, C. *La presencia pública de la fe*. Bilbao, DDB, 1994. LOIS, J. *Identidad cristiana y compromiso socio-político*. Madrid, HOAC, 1989. MARDONES, J. M. *Fe y política. El compromiso político de los cristianos en tiempos de desencanto*. Santander, Sal Terrae, 1994. PINTACUDA, E. *Breve curso de política*. Santander, Sal Terrae, 1994.

humano, verificada em sua significação para a fé cristã, entramos no âmbito específico da teologia para perguntar-nos que contribuições esta pode dar para que se possa compreender a significação ou condição histórica, social e política da vida cristã e aprofundá-la.

a) Gostaria de deter-me um momento na linguagem precisa com a qual estamos nos referindo ao tema de fundo: as entranhas ou a condição intrinsecamente social da fé. Esse modo de falar obedece ao propósito de sublinhar como a historicidade e a politicidade correspondem à fé não só como uma consequência mais ou menos necessária, de qualquer modo uma consequência final, mas como uma condição de suas entranhas, uma realidade constitutiva e impregnadora de todos os seus modos de existir, os pensados (teologia) e os vividos (práxis cristã). Não vou esconder, no entanto, que essa postura provoca muitas polêmicas teológicas e pastorais, cujos efeitos são incontáveis e determinantes. E ainda perdura a velha discussão sobre se a luta pela justiça libertadora é dimensão constitutiva e imprescindível da evangelização ou preponderantemente uma das consequências que a tornam coerente e confiável. Aqui, vamos trabalhar com a primeira convicção, que, com certeza, está mais do que razoavelmente fundamentada.

b) O caminho da teologia para refletir sobre a condição histórica, social e até política da fé cristã percorre várias trilhas, coerentes e convergentes, em princípio, com a fundamentação racional. Concretamente, quatro podem ser os principais percursos teológicos que nos desvelam o significado intrinsecamente social e político da fé e nos livram de velhos dualismos entre a natureza e a graça, e de suas formas modernas, entre a política e a religião, o privado e o público.

- Em primeiro lugar, o caminho da *soteriologia* ou a concepção cristã da *história* da salvação. Trata-se de responder à pergunta sobre como concebemos, nós cristãos, a história da humanidade e a intervenção salvífica de Deus nela. Deus em Cristo, pela encarnação, leva à plenitude a história do mundo, desde a criação até sua consumação final, e a repõe como uma só história, a história universal da salvação, realizada sacramentalmente com a estrutura dialética do já sim (Jesus Cristo e o Reinado de Deus), mas ainda não (a consumação escatológica). Em palavras mais simples: pela encarnação, Deus em Jesus Cristo resgata definitivamente a inteira história humana e realiza com ela, a partir dela e para ela sua salvação universal. Em consequência disso, a libertação cristã, em todos os seus significados e dimensões, as do ser humano em sua integridade, acarreta e mistura intrinsecamente o processo histórico e sua consumação escatológica; obviamente sem confundir ou identificar ambos os processos da mesma e única história, mas sem possibilidade de separá-los na realidade salvífica que juntos simbolizam e realizam.

Deus aparece, assim, como aquilo que é, o Salvador comprometido desde sempre, desde o início da criação, em nossa história, com um amor e bênção originais, nunca suprimidos; um Deus que cria por amor, por amor nos acompanhou sempre e por amor se volta para a nossa salvação.[17]

- O segundo caminho teológico, em sintonia com o anterior, percorre o itinerário da *cristologia*. Coerentemente com aquilo que cremos a respeito da encarnação, é lógico que voltemos os nossos olhos para a cristologia para que esta nos ajude a reconhecer, na pessoa de Jesus, em suas palavras, atitudes e comportamento, a chave da resposta ao problema da politicidade da fé cristã.[18] Neste sentido é unânime o parecer

---

[17] Cf. TORRES QUEIRUGA, A. *Recuperar a salvação*. São Paulo, Paulus, 1999. Id. *Recuperar a criação*. São Paulo, Paulus, 1999. Id. *Recuperar la resurrección. La diferencia cristiana en la continuidad de las religiones y de la cultura.* Madrid, Trotta, 2003. [Ed. bras. *Repensar a Ressurreição*. São Paulo, Paulinas, 2005.]

[18] Cf. o trabalho de: ALEGRE, X. *Memoria subversiva y esperanza para los pueblos crucificados. Estudios bíblicos desde la perspectiva de la opción por los pobres.* Madrid, Trotta, 2003. Cf. também: BADIOLA, J. A. El mesianismo samaritano de Jesús. Referencias bíblicas y apunte de significados personales y políticos. *Lumen* 51 (2002) 231-261. Id. Jesús de Nazaret, propuesta de esperanza hoy. *Lumen* 52 (2003) 3-32. JOHNSON, E. A. *La cristología, hoy. Olas de renovación en el acceso a Jesús.* Santander, Sal Terrae, 2003.

dos estudiosos sobre o fato de Jesus não ser um político nem propor uma mensagem própria ou diretamente política. Todavia, ao mesmo tempo, sua vida inteira – quase todos o reconhecem – não pode deixar de ter, e terá sempre, uma clara significação pública e até política. Assim o percebeu a sua sociedade, e até os seus, os seus íntimos, tiveram de confrontar-se com essa pretensão.[19]

Com maior claridade, se é que isso é possível, a centralidade do Reino de Deus, concebido como Boa-Nova do Deus da justiça e da misericórdia para todos, especialmente para os excluídos; a preferência inequívoca de Jesus pelos pobres, "porque Deus é assim"; e a ressurreição como confirmação de Deus a essa forma de viver diante de seus carrascos são e foram experiências de claríssima significação política no messianismo de Jesus.

A lógica se impõe nitidamente. Se viver o Cristianismo é cristificar-se, realizar-se como ser humano no seguimento de Jesus Cristo, de sua pessoa e de suas atitudes, de sua intimidade e de suas ações, a vida cristã necessariamente será e terá significação política libertadora. Esta tradução é o nosso desafio quotidiano.

---

[19] Cf. AGUIRRE, R. *Ensayo sobre los orígenes del cristianismo. De la religión política de Jesús a la religión doméstica de Pablo.* Estella, Verbo Divino, 2001.

- O terceiro caminho teológico poderia proceder através da *eclesiologia* e pensar na Igreja como "sacramento de salvação, no mundo do seu tempo". Esta, por conseguinte, é, celebra e realiza sinais eficazes da salvação de Deus em Cristo ("já presente") no mundo, porque o mundo é seu espaço "natural" ("ainda não em plenitude"). A significação social e até política da experiência cristã na Igreja deverá plasmar muito claramente essa sacramentalidade libertadora do Povo de Deus no mundo, porque a história humana é "carne de nossa carne" que o Espírito pode desvelar e desvela em suas entranhas salvíficas com os sinais de sua perene ação libertadora.

- Um quarto itinerário teológico poderia proceder através da *antropologia cristã*, verdadeira teologia pelo fato de reconhecer o ser humano como imagem de seu Criador, a Trindade, por isso mesmo um ser constitutivamente pessoal e social, um ser cuja vocação é a vida em comunhão de amor com os seres humanos e, no fim das contas, com Deus. Essa hermenêutica antropológica da Trindade poderia dar uma contribuição muito importante em vista da fundamentação da solidariedade enquanto categoria moral e política da moral social cristã.[20]

---

[20] Cf. FORTE, B. *Trinidad como historia.* Salamanca, Sígueme, 1988. SCHILLEBE-ECKX, E. *Los hombres, relato de Dios.* Salamanca, Sígueme, 1994. VIDAL, M. *Para compreender la solidaridad.* Estella, Verbo Divino, 1996.

3) O caminho da experiência existencial do ser humano. Os passos dados até agora sobre a sociabilidade e a autonomia constitutivas do ser humano e sobre a argumentação teológica acerca da politicidade da fé cristã são enriquecidos colocando-se a questão a partir do caminho existencial, ou seja, como vive o impacto existencial da fé essa pessoa que diz, quando adulta, "sou cristão", "creio". De que forma a fé afeta a sua existência pessoal concreta?[21]

a) Neste caso deparamo-nos com o fato de o cristão, como todo ser humano, consciente e adulto, perceber o aguilhão da curiosidade existencial ou da perplexidade que o leva a perguntar-se pelo sentido da existência pessoal, o da história em seu conjunto e o da vida na sociedade em particular. A vida e seu sentido, portanto, ele não os recebe programados e resolvidos pelo instinto, pelo menos em todos os seus extremos, mas é a pessoa quem se dá conta de ter uma existência irrepetível e única "em suas mãos". Que fazer? Como orientar-se? Por quê?

b) A resposta a estas grandes questões eleva o ser humano do particular ao universal até o limite, de forma explícita ou implícita, com alguma interpretação global da existência (filosofias ou cosmovisões), em cujo horizonte e seio respondemos cada um àquelas questões de sentido. É assim que se constitui nosso modelo ou

---

[21] Cf. SÁEZ, J. (Ed.). *Escuela de formación socio-política y fe cristiana. El compromiso de los cristianos en la vida pública.* Madrid, HOAC, 1994.

"imaginário" sobre a existência humana em seu conjunto e, portanto, o horizonte que nos caracteriza ao analisar, interpretar, comunicar e agir na história. Não esqueçamos este condicionamento "cosmovisivo". Por que escolhemos um ou outro modelo, dentre os que se encontram vigentes em nossa cultura? Fazemos isso por várias razões, tais como a nossa educação, a família, por intuição, devido a interesses, pela história, por causa da sociedade etc. Pensemos simplesmente em tudo aquilo que nos influencia quando tomamos decisões importantes, desde nossos objetivos na vida até a empatia e a razão, desde a situação familiar e o caráter pessoal até a bondade, a força ou a beleza das coisas... Tudo isso entra em jogo quando nos identificamos com uma visão geral da vida. Esta irá constituir-se no nosso modelo interpretativo da existência em seu conjunto e será, enquanto não sofrer uma virada radical, nosso horizonte analítico, hermenêutico, comunicativo e prático.

c) E o que acontece com a fé em todo esse processo vital das pessoas? Pois também o cristão percorre esse processo e o faz com as luzes próprias de todo ser humano, acolhidas, em seu caso, no molde de uma experiência peculiar: a sensibilidade e as exigências de sua fé. Por essa razão, e trata-se da primeira consequência, fé e razão, ou revelação e autonomia humana, convergem, devem convergir, inseparáveis e repletas de muito respeito, nesse processo existencial de fazer uma interpretação integral da realidade e da vida. Tal interpretação, portanto, deve ser coerente ou respeitosa ao mesmo tempo com a fé e com a razão do ser humano concreto que é o cristão.

Não esqueçamos, e esta é uma questão decisiva, que o Cristianismo, como todas as religiões, precisa articular modelos de interpretação da vida que conjuguem muito bem sua vigência cultural, isto é, a que acolhe os direitos humanos de todos e o respeito à tradição religiosa própria; não o conseguindo, nós, crentes, seríamos tentados pela pior das formas religiosas, a religião de religiões, o fundamentalismo teocrático dos deuses nacionais; o horroroso Deus cujos crentes anseiam matar ou morrer por ele (Rafael Argullol).

d) A fé, como a esta altura já sabemos, baseada na antropologia e na revelação histórica de Deus, muito particularmente em Jesus Cristo, é uma experiência humana de natureza histórica e política que impregna como "cimento e cal" a argamassa de nossa construção pessoal e coletiva, não como um acréscimo do qual se pode prescindir a cada passo. A fé, desse modo, é histórica, como nós mesmos, e política, como nossa existência e nossa pessoa. Por essa razão pode-se afirmar, em relação à vida crente, e obviamente em relação à vida humana, que "nem tudo é política", mas que "tudo tem significação política", já que a caridade, virtude religiosa e cristã onde quer que ela exista, pela justiça, virtude ética e cívica incomparável, deve impulsionar a realização efetiva de nossa sociabilidade como bem comum, particular e universal, em outra globalização para todos.[22] Qual será o impacto específico da fé na política concreta é uma questão que precisa ser aprofundada.[23] Agora, no entanto, trata-se de reconhecer que ela incide claramente no momento da opção fundamental do cristão diante da vida, em suas atitudes mais louvadas e em seus atos políticos quotidianos. E o faz, enquanto ética, no plano dos fins e dos meios. Nada foge ao seu empenho crítico em favor do ser humano. Pode-se dizer, no fim das contas, que essa con-

---

[22] Cf. CALLEJA, J. I. Esbozo sobre la caridad en tiempos de capitalismo global. *Razón y Fe* 243 (2001) 29-40. Id. Pautas y actitudes éticas ante la globalización. *Razón y Fe* 244 (2001) 311-324. RAMONET, J. et al. *Los desafíos de la globalización.* Madrid, HOAC, 2004.

[23] Um exemplo de aprofundamento, na perspectiva da ética social cristã, pode ser encontrado em J. Querejazu, J., *La moral social y el Concilio Vaticano II. Génesis, instancias y cristalizaciones de la teología moral social postvaticana*, Vitoria, Eset, 1993. Outro exemplo de aprofundamento na perspectiva da ação pastoral da Igreja pode ser visto em J. I. Calleja, *Discurso eclesial para la transición democrática (1975-1982)*, Vitoria, Eset, 1988. E outro exemplo temos em F. Placer, *Creer en Euskal Herria. La experiencia creyente de las Comunidades Cristianas Populares y de la Coordinadora de Sacerdotes de Euskal Herria, 1976-1996.* Bilbao, Herria, 2000; Eliza, 1998.

dição política da fé faz dela um dinamismo vertebrador da prática política do cristão naquilo que vemos, defendemos, fazemos e esperamos.

Não estamos diante de uma simples consequência, em síntese, mas diante de uma condição que define sua identidade.

e) Entendo, por conseguinte, que o Cristianismo, como experiência religiosa e vital, joga as suas cartas fundamentalmente no espaço da antropologia, da ética e da teologia. E como já coloquei na primeira parte desta *Moral social samaritana*,[24] meu "instinto" de vez em quando voa na direção desse destino.

- Em primeiro lugar, convoco a renovar nossa atenção em torno da qualidade ôntica do ser humano, sua condição pessoal, bem como da qualidade ética, sua dignidade incondicional, que, estipulada para todos e em todos, guarda para os fracos seu único capital: a condição indisponível de pessoas. É aqui que um tema ontológico se transforma num tema absolutamente histórico, prático e político.[25]

- Em segundo lugar, numa perspectiva ética, reclamo todo o valor de uma atenção centrada na

---

[24] Cf. *Moral social samaritana I. Fundamentos y nociones de ética económica cristiana.* Madrid, PPC, 2004. p. 267ss. [Ed. bras.: *Moral social samaritana I. Fundamentos e noções de ética econômica cristã.* São Paulo, Paulinas, 2006. p. 330ss.] Sobre o tema, cf.: ZIEGLER, J. *Los nuevos amos del mundo y aquellos que se les resisten.* Barcelona, Destino, 2003.

[25] Cf. RUIZ DE LA PEÑA, J. L. *Creación, gracia y salvación.* Santander, Sal Terrae, 1993. Id. *Las nuevas antropologías. Un reto a la teología.* Santander, Sal Terrae, 1986.

constitutiva alteridade do sujeito humano como sujeito moral. Fico emocionado ao saber que a ética (ética comum da hospitalidade) busca caminhos que levam diretamente ao encontro com o outro, o outro igual e diferente, o outro como um tu respeitado em sua "outreidade", aquela que torna possível a do *eu* como sujeito moral: onde está teu irmão? Irás respeitar-me absolutamente e sempre? Por que eles sofrem tanto e tão injustamente?

Refiro-me a esse universalismo concreto que reconhece, diante do abstrato, o direito igual dos outros distintos, que não exclui o diferente expulsando-o ou uniformizando-o; o universalismo concreto que faz memória do ponto de vista das vítimas passadas e presentes para alcançar a dignidade de todos, sem exclusões.[26] Falo do universalismo libertador e integral diante da visão economicista da globalização.

- Em terceiro lugar, numa perspectiva teológica, apelo para uma experiência religiosa e para uma reflexão crítica sobre a fé que sigam as linhas da soteriologia cristã, ou seja, que levem a sério a condição salvífica desta história, sua dimen-

---

[26] Cf. BAUMAN, Z. *Modernidad y holocausto*. Madrid, Sequitur, 1997. ETXEBER-RIA, X. *Ética de la diferencia. En el marco de la antropología cultural*. Bilbao, Universidad de Deusto, 1997. MARDONES, J. M. & MATE, R. *La ética de las víctimas*. Barcelona, Anthropos, 2003. TOURAINE, A. *Pourrons-nous vivre ensemble? Egaux et différents*. Paris, Fayard, 1997. MATE, R. *Memoria de Auschwitz. Actualidad moral y política*. Madrid, Trotta, 2003.

são enquanto "já agora" da salvação, oferecida e acolhida. A teologia fundamental, a dogmática e a teologia prática, toda a teologia, vivida e refletida, está arraigada na convicção da história humana como possibilidade de libertação e salvação. A perda da dimensão utópica, mística e escatológica da fé, e de sua proposta prática, é a perversão do melhor no pior, a ideologia "religiosa" que encobre, oculta e mistifica. Termino assim este capítulo por causa da minha suspeita, infelizmente bem fundamentada, de que a perda da dimensão escatológica da fé e da práxis cristã é uma das carências mais prejudiciais, política e teologicamente, para o Cristianismo. O fato é que devemos perguntar-nos, com seriedade e verdadeiramente: quem vive na expectativa do novo, do absolutamente novo, como tarefa e dom que nos coloca diante do ignorado momento "do dia e da hora"? E caso se perca essa esperança, quem, dentre os cristãos, formulará e levará adiante projetos alternativos de sociedade? Quem e por que irá além da conta na correlação de forças de cada momento? Quem não se resignará à inevitabilidade política como ideologia?

O CARÁTER POLÍTICO DA FÉ CRISTÃ: OS ASPECTOS PRÁTICOS

Prosseguindo em nossa consideração da política na perspectiva da consciência moral cristã, somos agora provocados por diversas questões práticas particularmente interessantes para a ação pastoral da Igreja e para a vida cristã, as quais dizem respeito ao compromisso social dos cristãos em seu efetivo desenvolvimento.

Interessa-nos, de modo muito especial, a legitimação antropológica e teológica do compromisso social da fé, mas não menos as formas concretas em que este se forma e opera. Se o entendemos como o empenho de cristãos e cristãs para que a caridade, por meio da justiça e respeitando a legítima autonomia do mundo, impregne a vida social, em todas as suas formas e relações, até realizar um bem comum universal, os direitos humanos, a partir dos últimos, estamos falando de algo concreto e ao mesmo tempo temos necessidade de maiores esclarecimentos.

1) Podemos prosseguir, agora, no desenvolvimento da Doutrina Social da Igreja (DSI) como mediação qualificadíssima no compromisso dos cristãos para envolverem-se na única história da salvação de Deus em Jesus Cristo e seu Reino. O conceito, a metodologia, os conteúdos e as funções da DSI devem ser objeto de algumas reflexões muito próximas à nossa proposta. Convém não esquecer isso na formação.[27]

---

[27] Cf. CAMACHO, I. *Doctrina Social de la Iglesia. Una aproximación histórica.* Madrid, Paulinas, 1991. CUADRÓN, A. A. (Dir.). *Manual de Doctrina Social de la*

2) Outra questão interessante adquire o seguinte teor.

Se o compromisso social e político dos cristãos obedece, dizíamos, ao compromisso inescusável de que a caridade pela justiça impregne todas as relações humanas, será necessário falar destas e tentar esclarecer quais são, onde ocorrem, a quem competem e como são assumidas. Diremos algumas palavras a respeito, ampliando aquilo que já foi dito quando falamos do conceito de política.

As relações humanas são privadas e públicas, todas afetadas pelo compromisso inspirador da fé. Estamos acostumados a falar de relações pessoais e de relações públicas, mas isso não é o mais adequado; todas as nossas relações são pessoais, e entre elas algumas são privadas e outras, públicas. Não é fácil fazer uma distinção nítida entre essas duas classes de relações, pois todas as nossas relações têm a ver com a pessoa em sua integridade de indivíduo em sociedade. Dependendo da primazia maior ou menor, numa relação, da condição individual da pessoa ou da sua condição social, estaremos diante de uma ou de outra classe de relação humana.

Assim, com tais matizes, falamos de relações privadas quando é preponderante esta condição individual e até íntima da pessoa, e de relações públicas, sejam elas sociais ou públicas em sentido amplo, para referir-nos às relações que estabelecemos na grande rede de instituições de todo tipo que conformam a vida em sociedade (família e vizinhança; ou igrejas, hospitais, bancos, escolas, trabalho e associações de vários tipos; ou estruturas culturais, morais, jurídicas, comerciais, financeiras, produtivas e políticas), bem como às

---

Iglesia. Madrid, BAC, 1993. FUNDACIÓN Universitaria San Pablo – CEU. *Actas del IV Congreso: Católicos y vida pública.* Madrid, Fundación San María, 2003.

relações políticas em sentido estrito, para referir-nos às relações que nós, cidadãos, assumimos com o propósito direto de participar na conquista e, no caso específico, no exercício do poder soberano do Estado na comunidade política ou do poder nas organizações multinacionais.

Correspondentemente a esses modos de plasmar as relações sociais e políticas, ou relações públicas em todos os sentidos, amplo e estrito, irão ocorrer outras tantas maneiras de concretizar o compromisso social dos cristãos em tais relações. Assim, na vida pública, em sentido amplo, os meios serão a incontável variedade de associações, movimentos, ONGs, sindicatos, grupos profissionais, "meios", igrejas, que podemos reconhecer diariamente. E o modo, um compromisso público de caráter geral, seja na forma de voluntariado organizado e duradouro, seja enquanto indivíduo num momento particular. Na vida política em sentido estrito, os meios ordinários, até o presente, são os partidos políticos, e os modos, o voto e a militância política.

Também se pode participar neste tipo de relações políticas estritas por meio de uma organização laboral ou social (grupos de pressão-*lobbies*, sindicatos, movimentos sociais e ONGs) quando alguma de suas campanhas ou ações, sem pretender o acesso ao poder político, contenha um propósito diretamente político, como pode ser o de mudar uma lei ou um programa de governo. É o caso dos grupos de pressão, bem organizados e muito influentes na vida política; ou, numa perspectiva totalmente distinta, o de uma greve geral e política e de outros modos de pressão, tais como diferentes concretizações da globalização alternativa; ou ainda, em determinados casos, da desobediência civil. Essas seriam situações inequivocamente políticas para todos e, ao mesmo tempo, estariam fora dos partidos.[28]

3) Em se tratando de compromisso sociopolítico dos cristãos, pois é disso que estamos falando, a partir de onde continuar uma reflexão esclarecedora? Vamos acenar a algumas outras perspectivas.

a) A primeira deve referir-se aos sujeitos, ou seja, quem e em que sentido estes devem ter consciência de serem requeridos por essa condição ou significação política da fé. A resposta é: "todos", mas vamos abordá-la em detalhes. Quando nos referimos aos cristãos, normalmente surgem as seguintes formas de pensar sobre a comunidade cristã e sua missão:

- os que apreciam a Igreja, sobretudo enquanto comunidade litúrgica e martirial, ou seja, comunidade que celebra e anuncia a fé;
- os que apreciam a Igreja enquanto comunidade litúrgica e martirial, e também diaconal ou solidária, particularmente em relação aos cristãos mais necessitados;
- os que apreciam, em primeiro lugar, a condição diaconal ou solidária da fé, celebrada, testemunhada e oferecida como caridade para com os necessitados, sejam eles homens e mulheres de fé provada, ou mesmo cidadãos leigos. A pri-

---

[28] Cf. PINTACUDA, E. *Breve curso de política*. Santander, Sal Terrae, 1994. VELASCO, D. *Pensamiento político contemporáneo*. Bilbao, Universidad de Deusto, 1997.

mazia é dada à sua condição de seres humanos em estado de necessidade.

Esses afetos pessoais, quando respondem a sensibilidades e carismas autênticos, são legítimos em sua diversidade, mas isso não contradiz a verdade daquilo que diremos a seguir.

- Todos os cristãos, todos – é um desejo –, estamos na vida social, vida política em sentido amplo, a partir de uma opção de signo popular,[29] isto é, a partir de uma vontade de justiça e solidariedade com os mais fracos e esquecidos, observando-se a devida coerência em todos os planos ou dimensões de nossa vida. Tratando-se das opções políticas, é lógico que devemos estar vigilantes, tendo um cuidado muito especial com a honestidade de fundo em relação ao nosso voto e, no que diz respeito à análise, com a compreensão estrutural dos problemas. Essa coerência nos alertará a tempo para não incorrermos em estratégias de desculpa do tipo "não sei", "não posso", "não tenho culpa". Ou então, deste outro modo: "A vida toda, na política, nós somos...".

Partindo dessa interpretação, "os pobres e as estruturas geradoras de pobreza", é mais fácil desenvolver uma mínima qualidade moral dos

---

[29] Cf. DÍAZ SALAZAR, R. *La izquierda y el cristianismo*. Madrid, Taurus, 1998. Id. (Ed.). *Justicia global. Las alternativas de los movimientos de Porto Alegre*. Madrid, Icaría, 2003.

compromissos sociopolíticos, genéricos ou estritos. Com essa intenção teremos possibilidades de superar o tipo de compromisso sociopolítico que se manifesta próximo demais de certo "altruísmo indolor" (Lipovetsky), ou "egoísmo inteligente" (Savater), ou "solidariedade sem obrigações" (García Roca), ou, como prefiro, "solidariedade calculada".

Pelo contrário, se esquecermos este critério hermenêutico, nós nos incapacitaremos para politizar a ação social de caridade, pois nem poderemos compreendê-la estruturalmente, nem ensaiaremos alternativas à ordem estabelecida. Algo disso costuma acontecer quando, resistindo à possibilidade mesma da militância política, optamos por ser voluntários da solidariedade, por vezes uma opção muito calculada quanto a riscos pessoais e abaixo em comparação com a "justiça devida". O resultado prático é claro: o potencial transformador da fé fica prejudicado enquanto inspiração de uma prática cultural e política alternativa.[30]

- Muitos cristãos com alguns compromissos públicos concretos, sejam estes ocasionais (0,7%

---

[30] Para o aprofundamento da questão, cf.: GARCÍA ROCA, J. *Solidaridad y voluntariado*. Santander, Sal Terrae, 1994. Id. *El tránsito hacia los últimos. Crítica política del voluntariado*. Santander, Sal Terrae, 2001. GUERRERO, J. A. & IZUZQUIZA, D. *Vidas que sobran. Los excluidos de un mundo en quiebra*. Santander, Sal Terrae, 2003. ZUBERO, I. *Las nuevas condiciones de la solidaridad*. Bilbao, DDB, 1994. Id. *Movimientos sociales y alternativas de sociedad*. Madrid, HOAC, 1996.

ou mais), sejam duradouros (campanhas específicas do tipo "Dívida externa, dívida eterna") ou estáveis (associações de todo tipo, organizações sociais, sindicatos etc.). Logicamente, em uma democracia, a maioria dos grupos eleitos serão laicos.

- Alguns cristãos, muitos talvez, com um compromisso desenvolvido em mediações estritamente políticas e estáveis, os partidos políticos e seus homólogos, os sindicatos.

b) A segunda perspectiva é a seguinte: como ficamos sabendo sobre a coerência interna de um compromisso político, estrito ou amplo? A verdade é que muitas vezes descobrimos que há uma grande distância entre o pensamento e a vida, o desejo e a vontade, o que dizemos e o que fazemos. Podemos observar isso nos outros e em nós mesmos. Por isso mesmo, como vamos avaliá-lo para não nos perder em generalizações vazias? A meu ver, seria o caso de vigiar a respeito da coerência interna ou harmonia entre algumas dimensões da vida e do compromisso cristão:

- dimensão cosmovisiva de fundo, ou seja: que concepção global da realidade, do mundo, da história e da própria vida nós temos?

- dimensão ética ou moral do compromisso social, ou seja: partindo de que interesses e valores olhamos para a vida, conhecemo-la, interpretamos e opinamos?

- dimensão material do compromisso público, ou seja: qual é o meu modo material de vida e como reajo diante das renúncias que um desenvolvimento inclusivo e universal está me exigindo?

- dimensão prática do compromisso social, ou seja: qual é minha vontade e minha experiência de compromisso ativo numa sociedade civil que já está trabalhando por uma alternativa de globalização distinta e para todos?

- dimensão mística do compromisso, ou seja: que experiências e convicções de fundo me sustentam na luta social? Atuam efetivamente como fonte e poço onde saciar minha esperança diante da dificuldade da luta pela justiça e do fracasso? São o lugar de minha confiança nas possibilidades do Reino de Deus, dos sinais verdadeiros, mas às vezes equívocos e modestos, em que se dá a nós?

A tudo isso será preciso atender se buscarmos a harmonia entre nossas opções de fundo, o que dizemos crer e esperar, e nossas vivências e experiências quotidianas, o que realmente nos ocupa e nos preocupa.[31]

c) A terceira perspectiva que eu seleciono tem por título "sobre o legítimo pluralismo político dos

---

[31] Cf. GONZÁLEZ-CARVAJAL, L. *Con los pobres contra la pobreza.* Madrid, Paulinas, 1991. SEBASTIÁN, L. de. *La solidaridad. ¿Guardián de mi hermano?* Barcelona, Ariel, 1996. SOBRINO, J. *O princípio misericórdia:* descer da cruz os povos crucificados. Petrópolis, Vozes, 1999.

cristãos", e se refere às interpretações da realidade e às práticas políticas concretas. Vamos fazer eco a um problema clássico e muito bem resolvido no Cristianismo do presente.[32] A condição histórica da vida humana e da fé, sua legítima autonomia, mútua e relativa, faz com que as interpretações e as práticas políticas dos cristãos possam ser diferentes sem contradizer-se. O problema surge quando se chega à legitimação teológica de horizontes, atitudes e práticas contraditórias entre si. Surge, então, a necessidade de discernir a identidade cristã das interpretações e das práticas políticas. E isso deve ser feito em referência a duas chaves substanciais da fé:

- a Palavra de Deus, lida na comunidade eclesial, no seio de sua tradição viva e de sua experiência histórica, com suas cristalizações na DSI, em geral, e na vida dos "profetas e mártires";
- O serviço ao próximo e, especialmente, no sentir de Jesus, aos pobres e oprimidos, para olhar e reconhecer, impulsionar e avaliar o crescimento do Reino de Deus no mundo.

Seguindo essas linhas, salvando seu significado profundo, há lugar para a diversidade política sem incorrer em contradição.

---

[32] Um exemplo concreto nos é oferecido no curso de formação sociopolítica para cristãos "da HOAC", que aqui utilizo e ao qual remeto. Cf. SÁEZ, J. (Ed.). *Escuela de formación sociopolítica y fe cristiana. El compromiso de los cristianos en la vida pública.* Madrid, HOAC, 1994. Primeiro curso, quarto tema.

Quanto a mim, formularia isso do seguinte modo, um pouco mais extenso:

- O Cristianismo não é uma solução técnica e política peculiar, nem escolhe uma e a batiza, mas respeita o legítimo pluralismo técnico e político do "mundo", no fim das contas, não esqueçamos, realidade "autônoma".

- A fé, por conseguinte, não é plasmada imediatamente numa proposta política concreta, mas numa "ética", primeira mediação da fé, e numa "antropologia", primeira concreção da fé. Ambas sustentam o discernimento cristão quando nos inclinamos por um projeto ou modelo global de sociedade, quando escolhemos uma mediação política partidarista e quando procuramos, em todos os momentos, que ambos se mantenham no horizonte da justiça e do bem comum.

É fundamental reconhecer que a análise social opera sempre sob o influxo de algumas opções ético-políticas ou aspirações de mudança e de conservação, dependendo da cosmovisão que nos identifica. Por essa razão, a grande diferença estará na criticidade com a qual fazemos o balanço dessa pré-compreensão ideológica e, no caso dos cristãos, do protagonismo do pobre como critério ético-político privilegiado.[33]

---

[33] Cf. CALLEJA, J. I. Afirmaciones en torno a la dimensión social de la evangelización. *Lumen* 37 (1988) 306-327: a análise "científica" da realidade, a perspectiva

- Essa visão global da realidade, e especialmente o modelo de sociedade, deve ser coerente com a fé seguindo três critérios antropológica e eticamente centrais: a dignidade fundamental de cada ser humano (direitos humanos, justiça), sua constitutiva e universal sociabilidade (família humana, solidariedade) e a primazia inequívoca do fraco nas práticas políticas quotidianas, quase sempre divergentes (proporcionalidade). Por isso o legítimo pluralismo político dos cristãos se inspira nesses mínimos morais sobre a pessoa e a sociedade, entendidos a partir da "sorte" dos últimos e perseguidos mediante formas muito variadas de não-violência ativa na ação política.[34]
- Exagerando nesses mínimos, podemos descrevê-los como a vida digna para todos, com especial atenção aos mais fracos e excluídos; a liberdade como exercício de participação protagonista para aqueles que são afetados em todos os âmbitos e, acima de tudo, nos âmbitos mais determinantes para a vida social: a economia, a política e a cultura; a justiça como igualdade de

---

dos pobres no discernimento moral, o grau de fundamentação racional e cristã de uma valoração moral etc.

[34] A tentação de usar a violência, com modos injustos e para fins injustos, é a tentação, em primeiro lugar, "do poder". A suspeita e o cuidado, neste sentido, nunca serão demais. Cf. MIETH, D. & AQUINO, M. P. (Eds.). El retorno de la guerra justa. *Concilium* 290 (2001/2) 5-8. MINGO, A. de. Los dichos de la no-violencia. *Moralia* 27 (2004) 125-146. MULLER, J. M. *El coraje de la no violencia. Nuevo itinerario filosófico*. Santander, Sal Terrae, 2004.

oportunidades para o desenvolvimento integral da pessoa e dos povos, seja através da reforma das estruturas sociais, seja através de uma práxis política alternativa, e o alento caloroso e complementar da solidariedade para com os mais necessitados são outras tantas chaves de identificação moral para os cristãos. Não são as únicas, certamente. Há muitas relações de critérios a esse respeito, e muito pertinentes, mas a chave sustentadora será sempre, a meu ver, a sorte dos mais fracos e pobres, enquanto destinatários da justiça e sujeitos políticos de sua própria causa.

• Esse horizonte antropológico, ético e político constitui o âmbito da livre e pessoal escolha de nossas mediações políticas partidaristas. Sem dúvida, teremos dado ouvidos à grande comunidade, sobretudo em sua teologia moral e na Doutrina Social da Igreja;[35] bem como à comunidade local e ao seu ensinamento social particular (*Octogesima adveniens*, n. 4); teremos dado ouvidos à vida das melhores testemunhas de ontem e de hoje, profetas e mártires da fé; teremos dado ouvidos a outros concidadãos de provada retidão pessoal, sábios em ideias éticas e convicções humanistas (direitos humanos).

---

[35] Cf., num sentido mais amplo do que o do magistério "político" da Igreja, B. Sesboüé, *El magisterio a examen. Autoridad, verdad y libertad en la Iglesia*. Bilbao, Mensajero, 2004.

Todavia, no final, teremos de decidir seguindo a nossa consciência, caso a caso, dia a dia. Sempre atentos, hoje e amanhã, à bondade de nossa escolha histórica. Ninguém irá substituir-nos. Ninguém pode, nem deve. É nossa responsabilidade. É o que exige a nossa maioridade e a autonomia do mundo. Apelamos, sem dúvida, para uma consciência retamente informada, mas a partir do respeito à liberdade pessoal. Todos os grupos políticos, além do mais, padecem carências e formulam objetivos públicos de um modo que pode ser repugnante, em maior ou menor grau, à consciência moral cristã. A consciência retamente *in*-formada, insistamos, atendendo à Palavra de Deus, à tradição viva da Igreja, à comunidade de referência pessoal (*sensus fidelium*), às correntes éticas humanistas nas experiências de outros concidadãos... irá ponderar e fará a sua própria opção. Não há outro caminho.

- Nesse grupo, associação ou partido, ativamos nosso compromisso sociopolítico, na palavra e na ação, sob a responsabilidade pessoal de cada batizado. Os cristãos, portanto, quanto à política, coordenam-se pluralisticamente, não a partir da religião, mas a partir de convicções políticas peculiares.

- A meu ver, pode ocorrer alguma ocasião ou situação em que a comunidade cristã local ou as comunidades particulares façam um discernimento e aprovem um determinado posicionamento "político" comum diante de direitos humanos pouco reconhecidos, pois caso se tratasse de direitos violados não haveria qualquer dúvida a respeito de sua legitimidade pastoral. No primeiro caso, será necessário conceder espaço, no sentido de dialogar e estabelecer pontes, às minorias de cristãos que não aceitam o discernimento comunitário partilhado pela maioria. Será um exemplo do pluralismo desconfortável e convergente de uma comunidade de cidadãos livres; desconfortável, é evidente; mas também convergente em quatro princípios: a opção eficaz pelos necessitados; o perdão entre os irmãos; o amor pelos inimigos; e o respeito à maioria enquanto posição pública mais representativa do sentimento eclesial naquele momento e naquele local.

- Uma vez escolhida a opção peculiar e pessoal, precisamos insistir em que a fé não nos permite ceder em nenhuma de suas obrigações políticas, ou seja, na sua função ou obrigação crítico-profética e na sua função ou obrigação crítico-utópica. Por isso mesmo não cabe a consideração de que a política é independente da moral, uma vez superada a fase de escolha individual de um grupo. Se a missão própria da Igreja é a evangelização do seu mundo, concebida integralmente, esta exige que sejam criadas situações de fraternidade pelo reinado da justiça e da solidariedade.

A obrigação política da fé – criar objetivamente condições de fraternidade – requer que se mantenha o direito e o dever de exercer a denúncia moral quando estiverem em jogo os direitos fundamentais do ser humano, a sua "salvação integral", bem como o direito e o dever de sustentar o protesto com propostas, o realismo com utopia.

Essa obrigação política da fé é exercida, portanto, de várias maneiras e em diferentes dimensões. A primeira delas é a palavra, que se concretiza nas seguintes funções:

– função crítico-utópica da fé da Igreja, propondo o anúncio do ideal do Evangelho em vista da plena realização da pessoa;

– função crítico-profética da fé da Igreja, denunciando as realizações humanas que se distanciam perigosamente do ideal evangélico;

– função ético-construtiva. Por ela descemos à realidade não para competir na perspectiva da Igreja com um programa técnico, mas para indagar na leitura mais concreta dos valores implicados e mostrar, a nosso juízo, as exigências morais, aqui e agora, da greve, da ocupação, da inflação, da democracia, do pluriemprego, dos impostos etc. E por ela assumimos a tarefa assistencial da Igreja diante de situações humanas, que não podem esperar, realizando-a sem paternalismos nem espírito proselitista. Pelo contrário, a partir da justiça, da gratuidade e da experiência de fé;

— função informativo-educativa. Significa que a Igreja trabalha pela mudança de mentalidade e da escala de valores nos cidadãos, a fim de pôr os alicerces de um projeto social verdadeiramente alternativo. É a aspiração a um tipo de ser humano que, educado nos valores mais vigorosos do Evangelho e intrínsecos a ele, possa ser a melhor contribuição da Igreja para a sociedade moderna. Essas funções ou dimensões da "palavra pública da fé" competem a todos os cristãos, com responsabilidades e possibilidades que dependem da situação de cada um. Quando se trata da hierarquia da Igreja, sua intervenção "doutrinal" na vida pública exige cuidados particulares.

Ao nos referirmos à forma falada e diretamente política dessa intervenção, situar-se-á esta no nível dos elementos transcendentais, isto é, dos grandes princípios da imagem cristã do ser humano, ou também no nível das estruturas, das ações e das situações concretas que deformam essa imagem?

É claro que esta poderá atingir ambos os níveis de expressão e que, no caso de situações muito concretas, pode dar-se de duas formas: a denúncia de situações concretas, desumanizadas e desumanizadoras; e a proposição de juízos concretos que, no caso-limite, conduzam a orientações determinadas, criadoras de obrigações objetivas para os cristãos.

Ambas as atuações exigem a observância de alguns requisitos muito estritos para preservar a autonomia individual e social de nosso tempo:

– não incorrer num objetivismo moral com pretensões de fixidez anistórica e universalidade inquestionável;

– diferenciar na Igreja diversas modalidades de intervenção, pluralidade de sujeitos e distintos graus de certeza moral;

– descendo para o caso concreto, explicitar o instrumental analítico usado, a incompetência eclesial para impor soluções técnicas e a qualificação muito específica deste magistério;

– se for necessário impor uma obrigação objetiva, depois do juízo concreto, pois nem tudo é permitido ao cristão, tanto no campo dogmático quanto no campo moral, será um caso-limite e excepcional. Mesmo assim, as medidas técnicas sempre serão variadas e competem à autonomia humana pessoal.

A segunda maneira de exercer a obrigação política da fé é a ação, e se concretiza numa tarefa:

– atuar politicamente, respeitando os postulados antropológico-sociais do Evangelho, optando pelas soluções técnicas plurais, junto a outros cidadãos que realizam as mesmas opções partidárias. Este passo da fé à política concreta, sabemos muito bem, requer mediações, com os detalhes de interdependência e coerência sobre os quais temos refletido muitas vezes;

– fé... antropologia... ética... análise da realidade e leitura crente... política;

– análise da realidade, "científica", mas não única. Queremos dizer "na melhor medida possível", isto é, sem esquecer os valores preferenciais... na fé... os direitos humanos de todos, e especialmente dos pobres.

– o envolvimento ativo, enquanto compromisso pessoal com o significado social e político da fé, é algo de que ninguém está isento. Todos nós, cristãos, somos convidados a levá-lo a sério, pois a distinção de funções ministeriais é posterior àquela obrigação política da caridade samaritana.

A atribuição do compromisso social aos leigos pode ser, dependendo do modo com que é interpretada, sectária e cômoda para os clérigos.[36]

Reflete, quase sempre, a tendência geral a uma

---

[36] Cf. DIANICH, S. *Iglesia en misión. Por una eclesiología dinámica.* Salamanca, Sígueme, 1988. p. 249-255. FORTE, B. *Laicado y laicidad.* Salamanca, Sígueme, 1977. p. 65-66. MARTÍN VELASCO, J. *Increencia y evangelización.* Santander, Sal Terrae, 1988. p. 207-223. CONFERENCIA EPISCOPAL ESPAÑOLA. *Los cristianos laicos, Iglesia en el mundo.* Madrid, PPC, 1991. LOIS, J. *Identidad cristiana y compromiso sociopolítico.* Madrid, HOAC, 1989.

rígida divisão do compromisso, atribuindo aos leigos as tarefas de compromisso social efetivo e reservando ao clero o ensinamento e a iluminação moral e espiritual. Como se fosse possível pensar a espiritualidade cristã à margem de uma experiência pessoal de encarnação! Sem deixar de reconhecer diferentes matizes no compromisso social, essa solução reduz, de fato, a quase nada o compromisso efetivo do clero e dos religiosos, além de ressuscitar a velha distinção de estados na Igreja e dualismos teologicamente superados.

O estudo daquilo que é religioso e especificamente cristão parece apontar para o fato de que não há tal divisão sacroprofana, nem deve haver um binômio clero(hierarquia)-laicato, mas uma verdadeira unidade da missão comum na laicidade, com suas peculiaridades, enquanto na comunidade o único binômio é o que procede da pluralidade de carismas e ministérios. Fé, evangelização e compromisso não são ações separadas na vida da Igreja e do cristão.[37]

d) A última perspectiva que proponho, escolhida dentre outras possíveis, refere-se a um aspecto bastante prático. Diante do pluralismo das sociedades concretas e da diversidade das suas exigências, que atitudes políticas e pastorais deveriam primar entre os cristãos, enquanto indi-

---

[37] FORTE, B. Op. cit., p. 65-66.

víduos, e na Igreja, enquanto realidade social? Vejamos.

Parece-me provado que um compromisso "público" libertador, no sentido de a caridade pela justiça impregnar toda a vida pública e, por consequência, o compromisso da Igreja com o mundo, deve afetar toda a ação pastoral dos cristãos e muito particularmente o seu propósito evangelizador. Em que sentido?

• Em primeiro lugar, exige-nos ser "honestos com a realidade", isto é, suportar os fatos e suas causas; tentar compreendê-los em sua complexidade, sem fugir deles, e não calando sobre como interpelam a própria Igreja. Os direitos humanos serão, sem dúvida, o ponto de referência de maior destaque.

• O compromisso público libertador, além disso, estimula-nos ao exercício costumeiro de uma disposição cívica muito mais democrática, em vista da extraordinária diversidade de nossas sociedades. Estimula-nos, ao mesmo tempo, a uma disposição muito mais crítica, considerando a força cultural de que gozam, pelo menos em certos ambientes da "intelligentsia", a indiferença religiosa, o relativismo axiológico e, não o esqueçamos, formas novas de paganismo.[38]

---

[38] Cf. BUENO, E. *España, entre cristianismo y paganismo*. Madrid, San Pablo, 2002. CALVO, R. *Hacia una pastoral nueva en misión*. Burgos, Monte Carmelo, 2004.

- Este sentido crítico e democrático vai exigir-nos um exercício de convivência social onde aprendamos a desenvolver atitudes muito novas e concretas. Desse modo:
- colocamo-nos no ponto de vista dos outros para conhecer suas opiniões e, em cada caso, ver que direitos reclamam ou que razões aduzem;
- sabemos que a lei deve proteger aquilo que é imprescindível para o bem comum, e é isso o que exigimos em contrapartida. Contudo, a mudança de ideias é um ato de liberdade que corresponde a cada cidadão;
- sabemos que o conflito de bens cívicos deve ser ordenado seguindo-se critérios e maneiras morais, ou seja, apelando para a razão crítica, que argumenta e chega à concordância baseado em meios democráticos, não no pragmatismo ou na irracionalidade dogmática;
- sabemos que a razão crítica tem seu mínimo moral inapelável na pergunta pela sorte dos mais fracos em cada conflito de direitos. A esse respeito não pode ficar em silêncio sem perverter-se;
- sabemos que o objeto do diálogo e da negociação é o estabelecimento de um pacto nos conflitos de interesses e direitos. Estes admitem, por vezes, um ponto de encontro equilibrado porque justo, mas em outras ocasiões o conflito antagônico abre espaços tão somente para

um ponto de encontro democrático que a duras penas nos livra da guerra ou da injustiça radical.[39] A propósito desses casos, cabe referir que os pactos democráticos, por mais provisórios e precários que pareçam, a menos que se queira aplicar a injustiça pura e dura – o que não é um pacto democrático, mas uma chantagem, são sempre mais razoáveis do que as soluções que procedem da simples força. Em se tratando da força do terror, não há a menor sombra de dúvida, mas também deixa muito a desejar a força que se escuda num procedimentalismo democrático tosco;

– sabemos que o possibilismo histórico, quando se refere a consentir o mal menor para conseguir o bem possível, deve ser provado quanto à sua "necessidade", caso a caso, pois o pragmatismo é a primeira tentação da política e talvez da vida em geral;

– sabemos que, na hora de eleger soluções partidaristas, é preciso comparar situações políticas reais com outras que, previsivelmente, também possam chegar a sê-lo, para não falsificar o discernimento moral por causa da carência de sentido histórico;

---

[39] A democracia, lembremo-nos bem, não nos garante a solução de todos os conflitos, mas a possibilidade de que se manifestem a maioria deles (quantos mais, melhor!) e um canal onde os mesmos disponham de procedimentos regulamentados e de referências valorativas em vista de um acordo provisório ou definitivo, dependendo do caso.

– sabemos que meios e fins formam um conjunto ou processo político homogêneo. Todo discernimento moral deve referir-se a essa unidade constitutiva e dialética de meios e fins nos processos sociais;

– sabemos, como cristãos, que a fé exige uma lógica da fraternidade com os irmãos, do perdão aos inimigos e da gratidão nas relações humanas que eticamente vão além da equivalência mercantil e da estratégia política. A fraternidade, o perdão e a gratuidade, bem discernidos, talvez sejam a forma moral mais profunda para acolher cristãmente a experiência pessoal de Deus como misericórdia entranhável. Ao mesmo tempo, dar-lhe uma tradução política, pessoal e estrutural na sociedade e na Igreja constitui a novidade mais peculiar da fé na relação com a sociabilidade humana.

E se diretamente nos concentrarmos no compromisso social dos cristãos, isto é, a tradução social da caridade, poder-se-ia muito bem sublinhar as atitudes que se refletem nesses comportamentos.

• Exemplificamos a presença da diaconia eclesial nos ambientes e problemas sociais com menor eco político e mediático, ou seja, pobres ao extremo a ponto de não ter poder de pressão e de negociação.

- Fomos iniciados em formas e ocasiões quotidianas de presença solidária, porque é o caminho privilegiado para crescer na consciência cidadã.

- Partilhamos gestos solidários com os melhores comprometimentos alheios, renunciando ao protagonismo pelo simples desejo da exclusividade cristã.

- Aceitamos e sabemos viver em meio a um pluralismo eclesial desconfortável, sem dúvida, mas convergente em torno dos pobres, do perdão oferecido e do amor não-violento.

- Estamos vigilantes a respeito dos direitos humanos na vida interior da Igreja e em sua ação pastoral, reconhecendo que apelar para os direitos humanos no seio da Igreja nunca poderá parecer inadequado. Se estes forem pensados a partir da fraternidade evangélica, será mais fácil reconhecer sua riqueza de matizes e seus efeitos democratizadores.[40]

- Insistimos, com o Concílio Vaticano II, na categoria de Povo de Deus e numa compreensão renovada da Igreja que precisa verificar-se na igualdade fundamental de todos os cristãos, quanto à sua dignidade e direitos-deveres básicos, e no exercício comprovado dos ministérios eclesiais como "serviço".

---

[40] Cf. VELASCO, D. *Derechos humanos y doctrina social de la Iglesia:* del anatema al diálogo. Bilbao, Universidad de Deusto, 2000.

- Praticamos a paciência e a prudência no compasso dos mais simples e pequenos para não exercer o monopólio de quem tudo sabe e a todos dirige. Importa-nos o que cada cristão faz por si mesmo, dependendo do seu momento e do crescimento pessoal de seu compromisso.

- Queremos servir, sem ignorar aquilo em que o mundo quer ser servido; aspiramos a um discernimento de ida e volta entre a Igreja e os diferentes grupos da sociedade. Como e em que as pessoas querem ser servidas, se podemos fazê-lo ou não, e por que, são as perguntas que nos ocupam.

- Para além do direito que eventualmente possa nos assistir enquanto Igreja numa sociedade democrática, importa-nos saber como somos percebidos pela sociedade que queremos evangelizar e quais as razões que fazem a situação ser assim.

- Cremos que a melhor contribuição cristã a essas sociedades plurais, complexas e até desconcertadas deve consistir em homens e mulheres com outros hábitos de juízo e de consumo, outra mentalidade ou cultura, uma forma de sentir e de interpretar o mundo que separa o ser do ter, o nosso daquilo que é privado e corporativo.[41]

---

[41] Sobre a questão de uma cultura especificamente cristã, numa das propostas mais primitivas, a da Conferência Episcopal Italiana, cf. "Evangelizzare il sociale", *Il Regno. Documenti* 1 (1993) 11-30 (texto aprovado em 29.10.1922).

- Sabemos que a DSI e toda a Teologia Moral Social estão aí para acompanhar o discernimento e o compromisso efetivo da caridade, em instituições e movimentos solidários, com uma vocação pessoal e estrutural, assistencial e política, material e moral. Não lhes pedimos nada mais, nem eles podem dar-nos menos.

- Estamos conscientes de que trabalhamos somente aspectos parciais da libertação do ser humano, projetando-nos a partir da conversão moral até o compromisso social e político. Fazemo-lo em mediações novas ou clássicas, sabendo que estamos diante de dinâmicas lentas, nas quais aprendemos a viver com os pequenos e, se isso for possível, como eles. Envolvemo-nos sem mitos nem realismos estéreis, conhecedores das possibilidades dos pobres e das nossas possibilidades; nunca esquecemos que "este tesouro nós o carregamos em vasos de barro".

- Damos valor à importância de uma comunidade cristã para viver a fé com toda a riqueza de suas expressões. Cremos que nela pode animar-se alguma forma de vida alternativa e, em todo caso, encontrar numerosos estímulos para tornar mais fácil a sintonia com outros movimentos sociais libertadores, que são, de um modo relativo, como nós, sementes onde germina – já agora – a salvação de Deus, seu Reino de justiça.

- Sabemos, por fim, que nada nem ninguém nos libertará do esforço requerido por um discernimento prudente, feito à luz do Evangelho, bem atento a uma específica situação local (*Octogesima adveniens*, n. 4) e ao modo de vida de cada um. No fim das contas, trata-se de aceitar e exercer a maioridade que, como cristãos e cidadãos, nos corresponde.

OS DIREITOS HUMANOS E A ÉTICA SOCIAL CRISTÃ

Antes de desenvolver uma moral social especial ou concreta (econômica, política, cultural...) e, em seu seio, abordar alguns problemas específicos e particularmente debatidos em cada área, convém prestar atenção à questão dos direitos humanos em si. Talvez devêssemos tê-lo feito no volume anterior, *Moral social samaritana I*.[42] Todavia, sendo mais convencionais, este também é um lugar apropriado.

Perspectivas introdutórias na questão geral dos direitos humanos

Os direitos humanos devem ocupar o lugar próprio de uma chave de abóbada ou metacategoria da ética social contemporânea. De fato, cada vez que nos referimos à justiça, à liberdade, à paz ou ao próprio bem comum não encontramos outro modo de defini-los a não ser como a realização cada vez mais plena dos direitos humanos de todos. Vamos pensar em alguns motivos pelos quais isso acontece.

1) A razão é simples. Estamos diante de uma realidade ou experiência cultural, os direitos humanos, que emergem como foco que ilumina a moralidade em todas as demais áre-

---

[42] CALLEJA, J. I. *Moral social samaritana I. Fundamentos e noções de ética econômica cristã*. São Paulo, Paulinas, 2006.

as da ética.[43] Poderíamos considerá-los como uma categoria fundamental da ética social contemporânea, mediadora da justiça, no caso da ética filosófica, e mediadora da caridade política e da justiça, no caso da moral social cristã. Uma verdadeira metacategoria moral.

2) A razão desta virtualidade teórica e prática dos direitos humanos provém do fato de que neles é formulada uma filosofia ou cosmovisão muito densa. Está subjacente a esses direitos a ideia do ser humano enquanto ser pessoal, possuidor de uma dignidade fundamental, criatura única, irrepetível e insubstituível, sujeito de direitos e deveres fundamentais, anteriores ao Estado por sua própria condição de ser pessoa. Em outras palavras, "lugar axiológico original e autônomo" (Marciano Vidal), "sempre fim e nunca meio" (Immanuel Kant), "o ser que tem dignidade e não, como as coisas, preço" (A. Cortina), criatura que "onticamente é pessoa e eticamente tem dignidade" (Xavier Zubiri), "única criatura que Deus quis por si mesma" (Juan Luiz Ruiz de la Peña).

O conceito de dignidade,[44] portanto, é o conceito-chave dos direitos humanos, e assim o entenderam as declarações internacionais de direitos ao postular que "esses direitos

---

[43] Alguns autores, como Chiavacci, conferem este mesmo significado de categoria central ao tema da paz. Sobre os Direitos Humanos, cf. uma sugestiva introdução em X. Etxeberria, *El reto de los derechos humanos*, Santander, Sal Terrae, 1994.

[44] Como dissemos em outro momento, o conceito de dignidade é um dos mais complexos de definir-se em filosofia. Pode-se afirmar que a postulação antropológica da dignidade é de raiz grega, judeo-cristã e moderna, embora o valor semântico do termo e a justificação da dignidade apelem para diferentes chaves ou referências. Concretamente, pode-se falar de dignidade ontológica (a raiz da dignidade é o ser, o que a pessoa é), ética (a pessoa sempre deve ser tratada como um fim), jurídica (a pessoa tem direitos fundamentais que derivam de sua dignidade) e volitiva (a pessoa é digna porque é livre e quando é livre). Sou sensível, além do mais, aos que têm uma compreensão do conceito cada dia mais histórica, cultural e dinâmica, no sentido de algo que vem a ser.

emanam ou derivam da dignidade inerente à pessoa humana..." *(Preâmbulo* dos Pactos de 1966). Por conseguinte, uma qualidade inerente ao ser humano, que o revela como uma criatura única na ordem da criação: o ser humano tem dignidade, é pessoa.[45]

Seu significado mais clássico, a partir de Suárez (1597), Hobbes (1642) e Grocio (1625), responde à ideia de faculdade moral inerente a cada pessoa, cuja síntese são os direitos humanos como direitos fundamentais ou "naturais, inalienáveis e sagrados", segundo a Declaração Francesa de 1789. Formulada com exatidão na obra de I. Kant (1785), é a característica básica do sujeito moral. O ser que não tem valor relativo para algo, mas valor interno e incondicional, aquele que existe como fim em si mesmo e não como meio; este tem dignidade, este é o ser humano, todo ser humano. E porque tem dignidade, nem a si mesmo nem aos outros pode tratar como meio ou coisa.

A Declaração Universal de 1948 *(Preâmbulo,* art. 1) e os Pactos Complementares de 1966 irão reconhecer essa

---

[45] Recorde-se que esta aproximação ao conceito sempre é dialética à outra, ou outras, que acentue menos a ontologia do ser humano como pessoa e mais sua condição de ser vivo capaz de autonomia moral. Dizemos que o ser humano é pessoa quanto ao seu ser e que eticamente tem dignidade. Isto é, que expressão desse ser pessoa é sua dignidade única, explicitada como liberdade e inteligência. Um exemplo dentre outros sublinhados em R. Valls, *Ética para la bioética y a ratos para a política,* Barcelona, Gedisa, 2003, p. 144: "[...] [A ética moderna] atingiu o topo na concepção do ser humano e de sua dignidade, *radicando-a* na autonomia moral e na soberania política do indivíduo" (grifo meu). "O conceito 'pessoa' merece uma compreensão dinâmica" – prossegue o autor – "porque todos os organismos vivos são, quanto ao ser, *processo,* e os humanos, quanto ao fazer, seres dotados de autonomia moral no desenvolvimento de um vínculo pré-moral com os demais: 'Autonomia, sim; individualismo solitário, não'" (p. 215). Cf. também p. 119-121; 205-215. É conveniente que tenhamos presente essas sensibilidades filosóficas menos fixistas e ontologicistas quanto à natureza em geral e ao ser humano em particular.

dignidade inerente ao ser humano como o fundamento de todos os direitos. Assim entendida, a dignidade intrínseca não é merecida nem perdida, mas se tem sempre e todos a têm. 3) Por isso mesmo, como definir os direitos humanos?

> Por direitos humanos entendemos a existência de uma série de prerrogativas que correspondem a toda pessoa humana pelo mero fato de sê-lo, independentemente das circunstâncias de tempo, lugar, cultura, raça, sexo, religião etc... Possuem, por essa razão, uma irrenunciável base ética, de onde nasce a realidade jurídica atual... São direitos subjetivos, porquanto se referem ao sujeito humano. Todavia, ao mesmo tempo, são universais, imprescritíveis, inalienáveis, irrenunciáveis. São, por conseguinte, exigências ideais que orientam na direção de uma realização mais plena da pessoa humana. Enquanto tais, são anteriores à sociedade, mas sua tomada de consciência, bem como o processo de determinação de seus significados, é histórico e social... São, consequentemente, em certo sentido, uma realidade histórica... Hoje, os direitos humanos básicos são entendidos, em síntese, como direitos à liberdade, à igualdade e à participação.[46]

4) Os direitos humanos são, em suma, o destilado, o resíduo ou o substrato onde são plasmados os valores fundamentais que constituem a consciência ética da humanidade atual.[47] Fazem-no com clareza e, vamos logo dizendo,

---

[46] TORRES, F. Derechos humanos. In: VIDAL, M. (Dir.). *Conceptos fundamentales de ética teológica*. Madrid, Trotta, 1992. p. 667.

[47] Cf. uma fundamentação teológica dos direitos humanos em J. Moltmann, *Teología política. Ética política*. Salamanca, Sígueme, 1987, p. 117-131. Uma fundamentação histórico-possibilista em: BOBBIO, N. *El tiempo de los derechos*. Madrid, Sistema, 1991. Na questão da fundamentação, cf.: GARCÍA, V. Derechos humanos sí,

fazem-no conforme a nossa historicidade. Muitos de nós, e com certeza pouco a pouco todos, não sabemos dar um passo político sem referir-nos a eles como embrião de uma ética planetária.

5) A tradição dos direitos humanos evolui de maneira constante, tanto em seu significado geral como em seu alcance histórico. Muitas pessoas resistem a reconhecê-lo, pois os hábitos mentais em torno de um conceito estático de moral estão aí. Mas esse caráter dinâmico é inapelável. Esta é uma boa razão para afrontar algumas questões que pesam sobre os direitos humanos em sua assunção pela política.

Nesta ordem de coisas, e tendo como pressuposto que o núcleo fundamental dessa cultura do Ocidente são os direitos humanos, a *primeira questão* que nos é proposta é se os direitos humanos são realmente universais ou, pelo contrário, expressam unicamente a sensibilidade da cultura ocidental.

Expressam alguns ideais morais universalizáveis ou são ocidentais e servem, juntamente com a técnica e o mercado, para impor nosso domínio?[48] São convenções úteis, ou trata-se de um referencial normativo, de caráter universal, irrenunciável e exigível, política e juridicamente? Minha resposta segue a linha segundo a qual a universalidade transcultural dos direitos fundamentais obedece a uma concepção das pessoas como seres únicos, iguais, insubstituíveis, seres com dignidade única, mas seres históricos e situados em po-

---

pero ¿por qué? *Moralia* 21 (1998) 161-188. GEVAERT, J. *El problema del hombre. Introducción a la antropología filosófica.* Salamanca, Sígueme, 1981.

[48] Cf. KYMLICKA, W. *Ciudadanía multicultural. Una teoría liberal de los derechos de las minorías.* Barcelona, Paidós, 1996. ZARAZAGA, R. Una aproximación al debate entre liberales y comunitaristas. *Stromata* 54 (1998) 119-168 (ótima apresentação do debate, com bibliografia extensa e comentada).

vos, culturas e contextos peculiares. Isso exige que pensemos os direitos humanos, as culturas e sua diversidade ética sob essa condição do histórico, do processual e do contextual, e sem negá-lo, por sua vez, como um mínimo antropológico e moral que nos permite afirmar, de uma vez por todas e para todos, o próprio e o diferente.

De fato, quando falta essa concepção do ser humano, concluímos que não há forma humana de transcender criticamente aquilo que é próprio e peculiar de nossa cultura, a fim de respeitar com afeto o que é justo, embora diferente e alheio; e exige, além disso, que esses direitos fundamentais sejam desvinculados da cidadania estatal e, por consequência, tutelados como substrato de uma cidadania humana, bem distinta da exclusão de seu gozo, da qual hoje padece a maioria da humanidade. Inspirando-nos em J. Habermas, deveríamos pensar em comunidades políticas concebidas, antes de mais nada, como "comunidades morais" nas quais os direitos fundamentais constituem uma primeira pátria, a miscelânea universal de nossa cidadania. Desvincular o gozo dos direitos humanos fundamentais da cidadania enquanto pertença a uma comunidade estatal concreta é não levar a sério nossa condição de pessoa em todos. Fracassando nesta exigência de universalidade intercultural, assumida e trabalhada dinâmica e historicamente e realizada na perspectiva dos diferentes e dos excluídos, os direitos humanos continuarão constituindo-se o nosso *apartheid* particular, como direitos do cidadão do meu Estado ou do meu povo, estatuto privilegiado que nega o universalismo que afirma.[49]

---

[49] Cf. BELLO, G. *La construcción ética del otro*. Oviedo, Nobel, 1997 (exemplo de sentido crítico diante de toda concepção cultural etnocêntrica). Trata-se, afirma o filósofo Enrique Gil Calvo, de percorrer juntos um mesmo processo civilizador que reconheça o direito ao pluralismo cultural, fundado no princípio da reciprocidade,

Para nós, os direitos humanos, como universalidade historicamente desenvolvida, representam pelo menos o direito a reclamar para e de todas as culturas o respeito que exigimos pela nossa e, por conseguinte, a ética civil universal que reconhecemos imprescindível para conviver co-responsavelmente num mundo único. E muito embora se trate de produtos culturais e particulares do Ocidente, e históricos – como tudo o que é humano –, precisamos concluir que a comparação com outras culturas versará sobre o seu "reconhecimento do direito efetivo das culturas à existência e à busca de fórmulas concretas para articular a pluralidade".[50]

O legítimo particularismo de uma cultura, consequentemente, precisa ser autocrítico, isto é, precisa reconhecer-se a si mesmo como particular e dotar-se a si mesmo dos mecanismos necessários para impedir a tentação da exclusão e da repressão... convertendo em conteúdo e princípio para si o reconhecimento dos outros. Um particularismo, portanto, inevitável, mas criticamente reflexivo, por isso mesmo capaz de autocontrole.[51]

---

que exige respeito aos direitos alheios. Compartilho com essa posição, mas em que se baseia o princípio da reciprocidade além da conveniência inteligente? Gostaria de ir um pouco mais adiante nesse assunto, sem ignorar os perigos de uma fundamentação mais metafísica.

[50] Cf. BERMEJO, D. Postmodernidad y ética. *Lumen* 50/3 (2001) 163-194.

[51] Cf. ETXEBERRIA, X. *Ética de la diferencia*. Bilbao, Universidad de Deusto, 1997. p. 279-287. Ele escreve que os direitos humanos podem ser considerados a referência ético-jurídica que melhor plasma a universalidade transcultural. Sendo uma criação do Ocidente, sua vocação é transcultural e trans-histórica. Todavia, isso sim, sempre afinada pela razão crítica e pelo diálogo intercultural (p. 279), a fim de alcançar o ponto de equilíbrio no qual se faz justiça tanto ao particular que merece respeito quanto aos oprimidos pelo particular que reclamam justiça (p. 287). Este autor estudou profundamente essa questão fundamental da ética no "debate sobre a universalidade dos direitos humanos" em *La Declaración Universal de Derechos Humanos en su cincuenta aniversario. Un estudio interdisciplinar.* Bilbao, Universidad de Deusto, 1993. p. 309-393 (cf. todo o livro). Id. *Derechos humanos*

O *segundo âmbito* de problemas está na classe de sujeitos aos quais devem ser atribuídos os diferentes direitos humanos, ou seja, se os sujeitos dos direitos humanos são sempre os indivíduos ou também os coletivos, como é o caso de certas minorias e certos povos. Uma questão muito discutida que iremos responder mais adiante, no capítulo "Pessoas e povos com direitos fundamentais".

Por fim, a tradição dos direitos humanos é complexa quanto à sua interpretação. Muitas vezes o exercício dos direitos humanos é motivo para conflitos. Como resolvê-los? É claro que o conflito não pode ser resolvido impondo alguns direitos e negando outros. Os direitos humanos são indivisíveis e interdependentes. A "sabedoria prática" da sociedade precisa lidar com as estratégias que melhor realizem *todos* os direitos em conflito, com os condicionamentos próprios do seu equilíbrio histórico, centralizados pelo direito a uma vida digna, especialmente para os mais fracos, como condição de possibilidade dos demais direitos. O problema na vida quotidiana é muito real; basta pensar nas pessoas e nos povos com diferentes possibilidades e necessidades, bem como em sua sempre difícil solução. Mas a linha da vida digna para todos, como fator centralizador, é irrenunciável.

6) Mesmo assim, o problema histórico principal hoje levantado pelos direitos humanos não é o de sua fundamen-

---

y cristianismo. Aproximación hermenéutica. Bilbao, Universidad de Deusto, 1999. FERRAJOLI, L. *Derechos y garantías. La ley del más débil.* Madrid, Trotta, 1999. ZUBERO, I. *El multiculturalismo:* un reto a nuestra historia y a nuestro futuro. Bilbao, IDTP-DDB, 2002. p. 26. Como esses direitos da pessoa, não só do cidadão, devem incluir o "direito de residência" e o "direito de livre circulação" mundo afora, cf. em L. Ferrajoli, op. cit. A respeito das causas econômicas daquilo que só podemos chamar de "migrações forçadas", bem como sobre o "efeito denominado de nossa riqueza diante da sua pobreza", cf. H. M. Enzensberger, *La gran migración*, Barcelona, Anagrama, 1992.

tação última e universal (problema filosófico),[52] mas o de sua proteção (problema político). Neste sentido, N. Bobbio escreve, a respeito da fundamentação dos direitos humanos, que a prova da universalidade, considerada impossível ou extremamente incerta, tem sido substituída pela prova da intersubjetividade. Cremos na universalidade de alguns valores, "no sentido em que universal significa não algo dado objetivamente, mas algo acolhido subjetivamente pelo universo dos seres humanos".[53]

Esta solução é correta e inteligente. Contudo parece-me imprescindível continuar indagando a respeito da fundamentação "crítica" de sua universalidade. Uma fundamentação dessa natureza, "a mais sólida possível", justificaria que todos os povos tivessem de assumir os direitos humanos entre seus valores culturais, não só como convenções úteis, mas como um referencial normativo de caráter universal, irrenunciável e exigível, jurídica e politicamente.[54]

---

[52] Cf. RODRÍGUEZ DUPLÁ, L. Sobre el fundamento de los derechos humanos. *Salmanticensis* 43/1 (1996) 51-64.

[53] Cf. BOBBIO, N. Op. cit., p. 66. Uma reflexão importante a respeito em: VALLESPÍN, F. El problema de la fundamentación de una ética global. In: SERRANO, V. (Ed.). *Ética y globalización. Cosmopolitismo, responsabilidad y diferencia en un mundo global.* Madrid, Biblioteca Nueva, 2004. p. 111-139. A postura deste autor deve ser vista como uma proposta de um possibilismo desde a prática política pela qual, a partir de experiências análogas de libertação em diferentes culturas, são percebidos mais facilmente alguns valores e princípios que constituem o direito das pessoas, suporte da convivência internacional entre povos distintos e com regimes, pelo menos em muitos casos, decentes e toleráveis. Como se vê, uma posição filosófica cheia de matizes, muito comum, de resto, na filosofia política. Cf. RAWLS, J. *Derecho de gentes.* Barcelona, Paidós, 2001.

[54] Cf. VELASCO, D. *Pensamiento político contemporáneo.* Bilbao, Universidad de Deusto, 1997. p. 111-180. As declarações de direitos humanos mais reconhecidas nas p. 157-166. GARCÍA, V. Derechos humanos sí, pero ¿por qué?", cit., p. 161-188: síntese das fundamentações propostas e discutidas na "doutrina" sobre os direitos humanos e seu valor incondicional. N. Bilbeny reflete sobre os direitos humanos básicos, sejam ou não acolhidos por uma Constituição, e os fundamenta no direito

A meu ver isso pode ser alcançado trilhando-se o caminho da ética substantiva, a que afirma os direitos humanos como expressão qualificadíssima de uma dignidade ética e ôntica de cada ser humano, todavia, sem chegar a esse extremo, como condições críticas de um procedimento, ético e político, capaz de respeitar o direito à diferença cultural de seus cidadãos e destes com o ambiente que os rodeia. Os direitos humanos representariam, pelo menos e conforme o que dissemos, o direito a reclamar de todas as culturas o respeito que exigimos pela nossa e, por isso mesmo, a ética civil universal que reconhecemos imprescindível à convivência co-responsável num mundo único.

Nesse sentido, meu colega e filósofo Diego Bermejo escreve que

> a democracia dispõe de um marco de referência, os direitos humanos... A pós-modernidade os entende como marco formal e regulador, transformável e orientado a garantir precisamente o máximo de liberdade e pluralidade... Vê neles justamente o acordo sobre a falta fundamental de acordo e o respeito ao dissenso básico... O que justifica a democracia como forma de organização política e dos direitos humanos como marco garantidor da pluralidade não é o fato de que estes disponham de um fundamento racional último... mas argumentos de tipo pragmático, ou seja, o fato constatado de que atualmente trata-se do melhor marco político para garantir o exercício efetivo da pluralidade... [A cultura ocidental, na melhor de suas versões, já que existem várias, ter-se-ia desenvolvido] como o único particularismo autocrítico,

---

à palavra "como capacidade do indivíduo para expressar-se com autonomia e, moralmente, com dignidade" (p. 250). O direito ao uso da palavra é o primeiro e mais universalizável, pois ninguém pode negá-lo, mas afirmá-lo. Cf. Id. *Política sin Estado. Introducción a la filosofía política*. Barcelona, Ariel, 1998.

isto é, que reconheceu-se a si mesmo como particular e que dotou-se a si mesmo dos mecanismos necessários para impedir a tentação da exclusão e da repressão... [Concluindo] converte em conteúdo e princípio para si o reconhecimento dos demais.[55]

Um particularismo inevitável, mas criticamente refletido, dizíamos anteriormente, diante dos particularismos não refletidos, por isso mesmo capaz de autocontrole ético e político, pelo menos potencialmente.[56]

7) O modo de avançar numa universalidade historicamente crescente – estamos diante de uma nova questão – deve ser plasmado na forma de diálogo intercultural que, se operar em condições de igualdade teórica e política, poderá conseguir, não sem enormes dificuldades, que o alcance de um pensamento político ocidental (direitos humanos) chegue a gozar de uma universalidade trans-histórica e multicultural. Eis aqui a resposta à questão que antes havíamos deixado pendente. Trata-se de que algo nascido em contextos históricos precisos transborde esses contextos e se apresente como uma referência ideal que todos precisamos levar em conta.

Assim, os direitos humanos seriam o ponto em que se faz justiça ao particular que merece respeito e aos oprimidos pelo particular que reclamam justiça (Xabier Etxeberria). Ou, em outras palavras, eles são a linha *transversal* que, pelo menos enquanto desejo ou propósito de humanização, nos conduz na complexidade interior de cada cultura e na sua relação com as demais culturas.

---

[55] Cf. BERMEJO, D. Postmodernidad y ética. *Lumen* 50/3 (2001) p. 163-194.

[56] Cf. um exemplo deste potencial de autocontrole em: BAUMAN, Z. *Modernidad y holocausto*. Madrid, Sequitur, 1997. Id. *La voz de las víctimas y los excluidos*. Madrid, PPC-Fundación Santa María, 2002.

Portanto o respeito multicultural no campo da justiça para que seja possível a paz é legítimo, mas tem necessidade do momento transcultural da justiça internacional para evitar a tirania em relação aos de dentro e aos de fora ou a indiferença em relação aos fracos e desafortunados, próprios e alheios, como também, no fim das contas, da satisfação das necessidades básicas de todas as pessoas, seja qual for o coletivo cultural a que pertencem, correspondente ao seu direito a uma vida digna como pessoas.[57]

E isso para as pessoas e os povos não só de um Estado, mas de todos os povos da Terra, com o consequente problema de saber se as fronteiras estatais e nacionais são ou não, e quando, princípio de justiça ou de injustiça.

Se a mundialização é perigosa e a mera nacionalização, insuficiente, será necessário avançar para modelos que articulem os âmbitos de justiça nacionais com os internacionais, os primeiros direcionados fundamentalmente às dimensões mais culturais das necessidades e capacidades... e os segundos mais direcionados às dimensões preferencialmente materiais de segurança das mesmas... [o que] exige a criação de instituições internacionais democráticas de recolhimento e de distribuição de recursos... Algo, evidentemente, que está longe do que são atualmente o Banco Mundial, o FMI e a OMC.[58]

Por fim, trata-se de fazer com que a multiculturalidade se conecte com a interculturalidade, tanto para preservar a condição de sujeitos ativos e legítimos de todos os povos

---

[57] Cf. ETXEBERRIA, X. *Sociedades multiculturales*, cit., p. 78ss.

[58] Ibid. p. 81.

quanto para assegurar as obrigações e exigências da justiça distributiva entre todos, tendo como pressuposto, onde houver, a paz de cada Estado e de todos juntos.[59]

Tomada de consciência histórica dos direitos humanos

Vamos simplesmente citar um aspecto que pertence mais à filosofia social e política: a história das liberdades fundamentais da pessoa e sua concreção nas declarações de direitos.[60] Essa história começa propriamente com as declarações formuladas pelas colônias inglesas da América do Norte na segunda metade do século XVIII, por ocasião da sua independência, e particularmente com a Declaração de Virginia, em 1776.[61]

---

[59] Esta complexidade interior em cada cultura faz com que eu considere o princípio moral de H. T. Engelhardt, "princípio de permissão", insuficiente. Como não somos todos regidos pelo mesmo sistema de valores, a única coisa que compartilhamos é esse princípio que consiste em permitir aos outros que vivam com seu próprio sistema de valores. Ora, eu me pergunto: mas quando isso ocorre em nosso grupo, no entanto, como fazer para que todos concordem com algo e por quê? Gosto mais da perspectiva que abre para a convivência a chamada moral civil a partir do humano irrenunciável, a dignidade e os Direitos Humanos. Olegario González de Cardedal vê isso com muito mais clareza quando postula sem rodeios – e cito de cor – que a Europa é um projeto histórico partilhado com conteúdo ético e jurídico e com uma identidade cultural própria de claro timbre cristão. Os que se incorporam a esse projeto, a título de imigrantes, têm o dever de acolher esse conjunto de valores e o direito, por sua vez, de dispor de âmbitos precisos de liberdade religiosa e cultural, mas sem contradições ou zonas de ambiguidade.

[60] Cf. BLAS GUERRERO, A. de & GARCÍA COTARELO, R. *Teoría del derecho.* Madrid, UNED, 1988. p. 223-245. TRUYOL SERRA, A. *Los derechos humanos. Declaraciones y convenios internacionales.* Madrid, Tecnos, 2000.

[61] Cf. VIDAL, M. *Moral de actitudes. Moral de actitudes.* 8. ed. Madrid, PS, 1995. v. III, p. 217-235: uma visão geral das declarações de direitos humanos. Sobretudo, Declaração de Direitos do Bom Povo da Virgínia (*Bill of Rights*), 1776. Particularmente notável o estudo de V. García, Los derechos humanos en la historia. *Moralia* 21 (1998) 399-432.

Tanto na América quanto na Europa, a influência da tradição britânica foi marcante,[62] mas a marca definitiva sobre o constitucionalismo democrático provém da Declaração Francesa de 1789 ou *Déclaration des Droits de l'Homme et du Citoyen*. Desde então – escreve Loewenstein – as garantias dos direitos fundamentais pertencem à essência do Estado democrático; e a isso acrescente-se, por sua vez, a cultura política liberal do século XVIII, cujos direitos fundamentais são a liberdade, a segurança e a propriedade, que estabelece um fosso quase insuperável entre os grupos sociais e a repartição do poder.

1) Essa tradição britânica e francesa, contemporaneamente, cristalizou-se em várias declarações de direitos, dentre as quais algumas já desfrutam do reconhecimento internacional. Referimo-nos expressamente a estas três:

* Declaração Universal dos Direitos Humanos, adotada pela ONU, em Paris, no dia 10 de dezembro de 1948.
* Pacto Internacional de Direitos Econômicos, Sociais e Culturais.
* Pacto Internacional de Direitos Civis e Políticos, de 16 de dezembro de 1966.[63]

2) Convém fazer, no entanto, uma advertência inicial: os direitos humanos como expressão de uma burguesia nada desinteressada. As primitivas declarações de direitos, como se sabe, nascidas num contexto liberal, tendo o "imaginário"

---

[62] Três importantes documentos assentarão as bases do Estado de Direito e da proteção dos direitos humanos: a Petição de Direitos (1628), a Ata de *Habeas Corpus* (1679) e a Declaração de Direitos (1689).

[63] Cf. VIDAL, M. *Moral de actitudes*, cit., v. III, p. 190-196.

do individualismo possessivo e o contrato social como pano de fundo, participam de suas limitações formais, ignorando a materialização histórica da dignidade única da maioria desses sujeitos morais.

Representam, em suma, a ideologia de uma burguesia ascendente e o destilado jurídico e político de seu crescente poderio econômico. Será a crítica marxista a estipular uma interpretação situada da dignidade, como realidade histórica, por isso mesmo como exigência de algumas condições básicas para a realização humana. Os direitos humanos adquirem, assim, o significado de uma tarefa política contra aquilo que dificulta ou impede a vida digna no que diz respeito às necessidades básicas de todos.[64]

Seus traços finais são completados pelos Pactos Internacionais Complementares de 1966, cujo *Preâmbulo* reconhece que o exercício dos direitos humanos exige algumas condições objetivas e materiais que o possibilitem.[65]

Pode-se acrescentar que, se os direitos humanos nascem como reconhecimento e defesa da dignidade humana, se desenvolvem como limite ao poder onímodo do Estado

---

[64] Surge aqui – escreve X. Etxeberria – o problema das potencialidades humanas básicas não satisfeitas por tratar-se de algo impossível. É o caso, por exemplo, da vida de doentes terminais. Que significa dignidade nesse caso? Diferentes concepções entram em choque quando se busca uma resposta. A utilitarista, segundo a qual a dignidade consiste em poder escolher a morte de uma vida que já não vale a pena ser vivida; a autonomista, segundo a qual a dignidade é o direito de escolher a morte com dignidade; e a versão da autonomia teônoma, para quem a dignidade é inalienável como direito e como dever, sem que se possa dispor dela ou perdê-la ao escolher um final indigno de nossa dignidade. Cf. Dignidade. *Gaceta Municipal de Vitoria-Gasteiz* 114 (1998) 22-23.

[65] Cf. CALLEJA, J. I. La Iglesia y los derechos sociales: justicia y credibilidad. *Iglesia Viva* 151 (1991) 59-75, especialmente as p. 69ss: "O bem comum não é igual à ordem social", "Os direitos humanos desde a periferia do mundo".

e, por fim, como desafio político em torno da sorte histórica de todos os cidadãos. Com as palavras de J. Moltmann, podemos concluir:

> Não há direitos humanos individuais sem direitos humanos sociais. Não há direitos humanos sem o direito da humanidade a estar protegida da aniquilação massificadora e da mudança genética, e a sobreviver na sucessão de gerações. Não há direitos humanos econômicos sem deveres ecológicos diante dos direitos da natureza. Não há direitos da humanidade sem o direito da terra.[66]

A Igreja Católica diante das liberdades e dos direitos humanos

Abrimo-nos, agora, para uma perspectiva, a da Igreja Católica diante dos direitos humanos,[67] que foi estudada com as mais diversas intenções, teóricas e práticas, e que nós contemplamos sob o ponto de vista teológico-moral.

1) *A teologia católica e os direitos humanos*. Não parece exagerado afirmar que as grandes declarações de direitos do século XVIII acolhem um profundo filão cristão, mais do que eclesial, cuja semente é uma compreensão original

---

[66] Cf. Direitos humanos, direitos da humanidade e direitos da natureza. *Concilium* 228 (1990/2) 135-152. UNESCO. Carta de la Tierra (14 de marzo de 2000). In: BOFF, L. *Del iceberg al arca de Noé. El nacimiento de una ética planetaria.* Santander, Sal Terrae, 2003. p. 148-160. [Ed. bras.: *Do iceberg à arca de Noé. O nascimento de uma ética planetária.* Rio de Janeiro, Garamond, 2002.]

[67] Cf. THILS, G. *Droits de l'homme et perspectives chrétiennes.* Louvain, Faculté de Théologie, 1981. GONZÁLEZ-CARVAJAL, L. *Entre la utopía y la realidad. Curso de moral social.* Santander, Sal Terrae, 1998. p. 63ss. ETXEBERRIA, X. *Derechos humanos y cristianismo. Aproximación hermenéutica.* Bilbao, Universidad de Deusto, 1999.

do ser humano em sua unicidade, em sua relacionalidade intrínseca e, em síntese, em sua dignidade incondicional.

Grande é o acordo dos especialistas ao reconhecer germens substanciosos dos direitos humanos na época patrística ou ao mencionar as bondades doutrinais representadas por santo Tomás de Aquino e pela renovação teológica da Escola de Salamanca. Seu desenvolvimento teórico do direito das pessoas, partindo de uma natureza humana comum e de uma comunidade internacional dos povos, é único.[68]

Esse acordo majoritário quanto ao substrato formalmente cristão (doutrinal) das declarações de direitos do século XVIII chega até nós acompanhado de um lamento, também majoritário, devido à ausência quase total da voz da Igreja em sua proclamação inicial e defesa. Nesse sentido, tampouco é exagerado afirmar que o magistério e a teologia católica moderna viram com receio a doutrina civil sobre os direitos humanos,[69] por mais que seja certo – não há por que esconder – que as cristalizações, teóricas e políticas, na tradição dos direitos humanos, obedeçam a um contexto cultural e laicista. Não é o momento de considerar criticamente a distribuição de responsabilidades históricas neste fato maior da sociedade moderna, mas sua constatação parece ser imprescindível.[70]

---

[68] Em torno do fato do descobrimento, alguns teólogos (Vitoria, Las Casas, Soto, Suárez ou Mariaca) refletem sobre os "direitos naturais" dos indígenas diante das potências coloniais, baseando-se para isso no *jus inter gentes*.

[69] Basta pensar que a Igreja Católica só condena a escravidão definitivamente já iniciado o século XIX, na Constituição *In supremo*, de Gregório XVI (1839). O rechaço da liberdade religiosa irá ocupar, por sua vez, um lugar de grande destaque no magistério de Gregório XVI *(Mirari vos*, 1832) e de Pio IX *(Quanta cura* e *Syllabus*, 1864).

[70] Cf. AUBERT, J. M. Les droits de l'homme interpellant les Églises. *Le Supplément* 141 (1982) 149-177. HAMMEL, E. L'Église et les droits de l'homme. Jalons d'histoire. *Gregorianum* 65 (1984) 271-299. VIDAL, M. *Moral de actitudes*, cit., v. III, p. 224-228.

O que fica claro é que a última palavra ainda não foi dita. A teologia, em concordância com a *Octogesima adveniens*, n. 23, diante da excessiva formalização inerente à tradição dos direitos humanos, há tempos vem trabalhando nos requisitos hermenêuticos e políticos dos direitos humanos de todos os seres humanos, não só do ser humano privilegiado do Norte. Nesse sentido, postula G. Fourez, precisamos falar dos direitos dos seres humanos num determinado contexto social a partir dos fracos, dos oprimidos e dos estrangeiros. E mais, acrescenta F. Wilfred, é preciso redimir os direitos humanos e compreendê-los não a partir do indivíduo abstrato, mas a partir dos sujeitos e das vítimas concretas.[71]

A teologia elaborada a partir da periferia do mundo e do reverso da história também pôs o dedo na chaga das vítimas: Leonardo Boff fala dos "direitos dos oprimidos, dos direitos da maioria pobre";[72] Ignacio Ellacuría prefere a expressão "os direitos humanos a partir dos povos oprimidos e das maiorias populares";[73] Jon Sobrino se refere aos "direitos dos pobres, dos povos crucificados e das vítimas";[74] e Hugo Assmann lembra que a compreensão dos direitos humanos a partir dos pobres não se aplaca com um acréscimo ou com uma ênfase socioeconômica nas declarações de direitos humanos hoje partilhadas; supõem, pelo contrário, uma reviravolta em sua perspectiva central.

---

[71] Cf. WILFRED, F. ¿Derechos humanos o derechos de los pobres? *Selecciones de Teología* 39 (2000) 125-134.

[72] Cf. *Iglesia, carisma y poder. Ensayos de ecclesiologia militante*. Santander, Sal Terrae, 1982. p. 45ss. [Ed. bras.: *Igreja. Carisma e poder*. Rio de Janeiro, Record, 2005.]

[73] Cf. Historización de los derechos humanos desde los pueblos oprimidos y las mayorías populares. *Lumen* 39 (1990) 9-19.

[74] Cf. *La fe en Jesucristo. Ensayo desde las víctimas*. Madrid, Trotta, 1999. [Ed. bras.: *A fé em Jesus Cristo:* ensaio a partir das vítimas. Petrópolis, Vozes, 2001.]

O perigo que os direitos humanos correm, acrescenta, não é o de sua interpretação materialista, mas, acima de tudo, o de ignorá-los para uma maioria à qual é negado esse mínimo vital de natureza material e espiritual, que são os seus direitos.[75] Também a teologia política europeia recuperou a questão dos direitos humanos.[76] Enquanto H. Küng vê condições para um *ethos* básico universal a partir das sensibilidades antropológicas das grandes religiões,[77] J. Moltmann faz uma síntese moral impressionante, levando em conta a crescente inter-relação dos direitos do ser humano, individuais e sociais, com os direitos do gênero humano: os direitos e deveres ecológicos, os "direitos" da Terra e a "dignidade" da vida animal.[78] Em síntese, propõe que sejam consideradas as seguintes asserções:

a) Não há direitos humanos individuais sem direitos humanos sociais.

b) Não há direitos humanos sem o direito da humanidade a estar protegida da aniquilação mas-

---

[75] Cf. El clamor de los pobres en América Latina. In: IX CONGRESO DE TEOLOGÍA. *Iglesia y derechos humanos*. Madrid, Centro Evangelio y Liberación, 1989. p. 98-122.

[76] Cf. Ética das grandes religiões e direitos humanos. *Concilium* 228 (1990/2). Um detalhe que não carece de importância é que se trata de um número dedicado ao ecumenismo. Cf. também: BOFF, L. *Do iceberg à arca de Noé*, cit.

[77] Cf. *Projeto de Ética Mundial. Uma moral ecumênica em vista da sobrevivência humana*. 2. ed. São Paulo, Paulinas, 1998. TORRE, F. J. de la. *Derribar las fronteras. Ética mundial y diálogo interreligioso*. Madrid-Bilbao, UPCO-DDB, 2004. GONZÁLEZ VILA, T. Una moral mundial para un nuevo orden mundial. *Acontecimiento* 27 (1995) 51-57. Um outro mundo é possível. *Concilium* 308 (2004/5).

[78] Cf. MOLTMANN, J. Direitos humanos, direitos da humanidade e direitos da natureza, cit., p. 135-152. ETXEBERRIA, X. *El reto de los derechos humanos*. Santander, Sal Terrae, 1994. Id. *Imaginario y derechos humanos desde Paul Ricoeur*. Bilbao, DDB, 1995. SACHS, A. *Ecojusticia. La unión de los derechos humanos y el medio ambiente*. Bilbao, Bakeaz, 1996.

sificadora e da mutação genética, bem como a sobreviver na sucessão de gerações.

c) Não há direitos humanos econômicos sem deveres ecológicos a partir dos "direitos" da natureza.

d) Não há direitos da humanidade sem o "direito" da Terra, isto é, sem o respeito à comunidade de vida na Terra com todos os seres vivos, respeitando a terra, as plantas e os animais em seu valor próprio, antes de apreciar suas utilidades para os seres humanos.

A "dignidade" da criação é a fonte dos "direitos" naturais dos outros seres vivos e da Terra. Tudo o que existe foi criado por Deus e é reflexo dele. Tudo foi querido por Deus para que, em comunidade de vida, a criação inteira chegue à plenitude sob a responsabilidade do ser humano, a criatura imagem de Deus que o Criador quis por si mesma.

2) *A Doutrina Social da Igreja (DSI)*. A história da DSI apresenta muitos detalhes que tornariam bem natural sua associação com a tradição dos direitos humanos, mas as divergências de concepção e fundamentação eram demasiadamente radicais para que fossem superadas com facilidade. Por essa razão pode-se escrever que a rejeição da Igreja hierárquica Católica aos direitos do ser humano e do cidadão, tal como foram declarados pela Revolução Francesa, é clara desde Pio VI *(Quod aliquantum*, 1791) até Leão XIII, explícita na denúncia do liberalismo na encíclica *Libertas praestantissimum*, 1888.[79] Os católicos, isto sim, em situação de minoria

---

[79] VILANOVA, E. La justicia ante los derechos humanos. Análisis histórico. In: IX CONGRESO DE TEOLOGÍA, *Iglesia y derechos humanos*, cit. p. 66.

social, logo viram os valores positivos e as vantagens para a Igreja das liberdades e direitos recém-proclamados. Por sua vez, toda a Igreja da Europa defenderá o valor intrínseco dos direitos fundamentais por ocasião do surgimento dos totalitarismos políticos.[80]

Mas o certo é que foi preciso esperar até a segunda metade do século XX para ouvir um pronunciamento doutrinal decididamente favorável aos direitos humanos. Referimo-nos a Pio XII em sua rádio-mensagem de 24 de dezembro de 1942, e da mesma forma em 1944. É evidente que já se haviam passado muitos anos desde a Revolução Francesa, e em todo esse tempo é justo reconhecer que a Igreja havia-se preocupado, acima de tudo, em contar com o apoio do Estado para conservar seu ideal de sociedade cristã, e os direitos do ser humano mais pareciam uma ameaça a essa ordem ideal, a esse modelo social de "cristandade".

Pio XII, no entanto, não faz menção expressa da Declaração de 1948 em nenhum dos seus escritos. Esse detalhe não é secundário, e é causado pelo fato de que a Declaração não afirma o fundamento divino da dignidade humana e, consequentemente, a primazia de Deus (e de sua Igreja) e da verdade religiosa no conjunto das liberdades fundamentais.

Coube a João XXIII a honra de ter reconciliado a Igreja com as declarações de direitos humanos da primeira geração. A sua encíclica *Pacem in Terris*, de 11 de abril de 1963, representa a explícita assunção dos direitos humanos por parte da Igreja, com a peculiaridade lógica de seu fundamento teológico e ético em Deus e na lei natural. Mas o

---

[80] Cf. LABOA, J. M. Iglesia y Declaración de los Derechos del Hombre. *Miscelánea Comillas* 91 (1989) 473-493.

lugar reconhecido na DSI à autonomia ética do ser humano e à sua radical sociabilidade será, então, definitivo.

A seguir, o Concílio Vaticano II *(Gaudium et spes*, 7 de dezembro de 1965) recolhe o testemunho e aprofunda o compromisso da Igreja com os direitos humanos. No seio de uma concepção universal da salvação de Deus em Jesus Cristo, a Igreja se sente comprometida com a sorte integral de cada ser humano, "chamado a participar da vida divina".

A fina sensibilidade de Paulo VI irá se expressar em mil ocasiões sobre os direitos humanos, e em primeiro lugar através da *Populorum progressio* (26 de março de 1967). Sua defesa e promoção é vetor central para a missão evangelizadora da Igreja;[81] suas condições materiais de possibilidade pertencem a uma libertação integral do ser humano *(Evangelii nuntiandi*, de 8 de dezembro de 1975); seu reconhecimento formal desafia a purificação interna da Igreja e de suas relações públicas *(Populorum progressio*).

Em fins do segundo milênio, João Paulo II acolherá a questão dos direitos humanos como parte irrenunciável na herança do Evangelho e "sinal dos tempos" do crescimento do Reinado de Deus na história. Desde sua primeira encíclica, *Redemptor hominis* (4 de março de 1979), o respeito incondicional dos direitos fundamentais do ser humano e sua compreensão integral constituem a coluna vertebral de seu magistério ético e político. Sua fundamentação filosófica e, sem contradição possível, teológica, fazem parte do corpo perene da DSI. Integralmente compreendidos e defendidos

---

[81] Cf. SÍNODO DE 1971. Sobre "A justiça no mundo". In: *La Documentation Catholique* 160 (1972) 12-18. Cf. também: SÍNODO DE 1974. Sobre "A evangelização do mundo atual" e sua declaração, "Os direitos do homem e a reconciliação". In: *La Documentation catholique* 1664 (1974) 965-966.

em torno da dignidade sagrada da pessoa, ordenados sob o primado da liberdade de consciência como liberdade religiosa, pertencem, sem dúvida, à missão evangelizadora da Igreja. Além disso, são o espaço natural do encontro ecumênico de todas as igrejas cristãs.[82]

Portanto, repetindo lugares comuns a respeito do tema, pode-se dizer que a DSI conheceu, em relação aos direitos humanos da primeira geração, três períodos muito característicos: um de grande desconfiança a respeito dos direitos humanos, que começa no século XVIII, tendo a experiência da Revolução Francesa (1789) em seu centro, e chega até o século XIX, tendo seu ponto alto no *Syllabus* de Pio IX em 1864; um segundo período de aproximação, mais concentrado nos elementos positivos da cosmovisão dos direitos humanos, que transcorre entre os pontificados de Leão XIII e de Pio XII, pondo o acento numa "concepção cristã da liberdade" e, por consequência, sendo o período da fundamentação dos direitos humanos; e um terceiro período de colaboração com os movimentos políticos e culturais, que a Igreja começa com Pio XII e tem um impulso decisivo a partir de João XXIII, para chegar aos nossos dias como uma das defensoras de maior destaque dos significados éticos, políticos e até religiosos dos direitos humanos.[83]

a) *A DSI diante dos direitos humanos sociais*. O outro percurso fundamental da tradição dos direitos humanos é seu

---

[82] Cf. CONFERENCIA DE LAS IGLESIAS. *Documento de Basilea. Paz y justicia para toda la creación*. Basilea, 1989. Evidentemente, a perspectiva dos direitos humanos na Igreja não é objeto de qualquer consideração.

[83] Cf. HAMMEL, E. L'Église et les droits de l'homme, cit., p. 271-299. LABOA, J. M. Iglesia y Declaración de Derechos del Hombre, cit., p. 473-493. Ocupei-me deste tema com um desenvolvimento mais preciso e amplo em "La Iglesia y los derechos sociales: justicia y credibilidad", cit., p. 59-75.

crescimento como segunda geração ou tomada de consciência histórica sobre as condições de possibilidade efetivamente comprometidas no exercício das liberdades fundamentais por parte de cada ser humano em suas circunstâncias históricas peculiares. Referimo-nos, como é de conhecimento geral, ao Pacto Internacional de Direitos Econômicos, Sociais e Culturais (3 de janeiro de 1966) e ao Pacto Internacional de Direitos Civis e Políticos (16 de dezembro de 1966), cujo *Preâmbulo* reconhece que os direitos humanos só podem ser realizados onde forem criadas algumas condições nas quais toda pessoa possa exercer os direitos proclamados em 1948 e nos pactos.

Também a DSI foi tomando posições diante da dimensão social e política dos direitos humanos. E, infelizmente, também em estágios tardios da história social do mundo. De fato, o Concílio Vaticano I (1869-1870), quase cem anos depois da Revolução Francesa, não se ocupa de nenhum assunto de índole social. Isso certamente é explicado por razões históricas muito convincentes, mas os fatos, ditos assim, precisam ser amadurecidos.

Será necessário esperar mais vinte anos para que apareça um documento de alcance universal e de clara repercussão social. Falamos da *Rerum novarum*, de Leão XIII, de 15 de junho de 1891. Católicos da Alemanha, da França, da Áustria, da Suíça e dos Estados Unidos haviam clamado com firmeza em favor da reconciliação da Igreja com o mundo operário.[84] Não há dúvida que a *Rerum novarum* representa uma filosofia social conservadora, própria de um catolicismo

---

[84] Cf. CHRISTOPHE, P. *Para leer la historia de la pobreza.* Estella, Verbo Divino, 1989. p. 215ss.

96

social paternalista e corporativista; mas a *Rerum novarum* oferece também pontos de vista novos à Igreja quanto ao trabalho e à justiça social.

No dia 15 de maio de 1931, Pio XI prossegue na *Quadragesimo anno* a tradição social recém-inaugurada, e Pio XII, em 1º de junho de 1941, festa de Pentecostes, no cinquentenário da *Rerum novarum*, proclama sua rádio-mensagem conhecida como *La solennità*[85] e recupera o ensinamento tradicional do Cristianismo sobre o destino universal dos bens criados e a primazia do direito ao uso comum dos mesmos.

Nessa caminhada telegráfica sobre a Igreja em relação aos direitos humanos da segunda geração, outra vez a figura de João XXIII abre uma nova época na *Mater et magistra* no dia 15 de maio de 1961. A pobreza de pessoas e povos passa para o primeiro plano na consideração eclesial dos problemas do mundo e de suas soluções estruturais. Outra vez a *Gaudium et spes*, do Concílio Vaticano II, em 7 de dezembro de 1965, e Paulo VI na *Populorum progressio* (26 de março de 1967) e na *Octogesima adveniens* (14 de maio de 1971) abrem um horizonte novo ocupando-se do fato de que todos os direitos, inclusive o direito à propriedade, estão subordinados aos fins mais originários e universais de todas as pessoas e povos: a vida e a dignidade íntegras.

A eclosão das hermenêuticas políticas da fé e, em consequência disso, da sensibilidade eclesial em relação aos direitos humanos sociais, econômicos e culturais, aflora em outras manifestações da DSI, tais como *A justiça no mundo* (Sínodo de 1971)[86] e suas mil vezes analisada afir-

---

[85] Cf. *AAS* 33 (1941) 196-203.

[86] Cf. *La Documentation Catholique* 160 (1972) 12-18.

mação de que "a luta pela justiça é dimensão constitutiva da evangelização".[87] Por sua vez, há também uma filosofia social de fundo que reclama, como direito social primário, o direito dos povos a um desenvolvimento integral.

A própria eclosão das teologias políticas, no caso latino-americano sob a forma da Teologia da Libertação, e a centralidade hermenêutica e prática da opção pelos pobres fecundaram o encontro do episcopado latino-americano de Medellín (Colômbia, 1968) e mais tarde, a seu modo, o de Puebla (México, 1979). A relação de dependência entre a pobreza das maiorias e a riqueza de uns poucos, os direitos humanos individuais e sociais considerados em primeiro lugar como direitos dos pobres e oprimidos, bem como a paz como obra da justiça, são outras tantas perspectivas que revelam a novidade da moral social cristã neste tempo.

Poucos anos depois, um escrito episcopal brilhou com luz própria no firmamento da preocupação da Igreja pelos direitos sociais dos pobres. O documento da Conferência Episcopal dos Estados Unidos da América, *Justiça econômica para todos* (1986), selecionava uma criteriologia moral na qual os pobres e o modo material e espiritual pelo qual os pobres são tratados constitui a linha definitiva dos direitos humanos.

Em nossos dias, os ensinamentos sociais da Igreja readquiriram toda a sua importância no magistério de João Paulo II. Sua encíclica social *Laborem exercens* (1981) inicia a recuperação da DSI contemporânea e introduz a novidade de sua atenção privilegiada aos direitos humanos sociais,

---

[87] Ibid. Cf. Introdução. O ensinamento social da Igreja não voltará a expressar-se nesses termos.

econômicos e culturais, começando pelo direito fundamental ao trabalho. A *Sollicitudo rei socialis* (1987) e a *Centesimus annus* (1991) completam essa atenção muito especial à índole integral do desenvolvimento humano e à sua condição de fundamento inescusável da paz.

b) *Para concluir*:

* Os direitos humanos foram descobertos sob a influência do pensamento cristão, mas pertencem ao domínio da razão autônoma. Não é absolutamente imprescindível fundamentá-los em Deus para seu reconhecimento e defesa. Mas é muito razoável e legítimo, bem como teologicamente necessário, inseri-los na ordem da história da salvação.[88]

* Quanto ao futuro da Igreja em relação aos direitos humanos, precisamos esperar que sua intervenção obedeça a uma compreensão integral do ser humano, para denunciar de forma crítico-utópica a inumanidade reinante, para aspirar por intervenções mais exortativas do que doutrinais ou acadêmicas e para constituir-se, ela própria, em espelho de justiça e da dignidade dos pobres sem direitos.

* O novo enfoque da questão dos direitos humanos torna evidente a insuficiência e o cinismo

---

[88] Cf. POZO, C. (Ed.). *Documentos de la Comisión Teológica Internacional, 1969-1996.* Madrid, BAC, 1998. v. XII: Dignidad y derechos de la persona humana, p. 305-325. MOLTMANN, J. Fundamentación teológica de los derechos humanos. In: Id. *Teología política. Ética política.* Salamanca, Sígueme, 1987. p. 117-131. MUGUERZA, J. et al. *Los fundamentos de los derechos humanos.* Madrid, Debate, 1989.

daquelas posturas que incorrem em algum destes quatro excessos:

— Ignorar toda aproximação histórica e estrutural à vida do ser humano de cujos direitos fundamentais estamos falando. É o véu da ignorância sobre as maiorias populares oprimidas, sem o concurso das quais não se pode falar seriamente de direitos humanos. No Sul e no Norte do mundo as pessoas vivem sua vida em esferas diferentes, com densidade democrática muito distinta. Penso na economia em relação à política e penso em milhões de pessoas sacudidos pela extrema liberalização do mercado de trabalho. E penso na esfera cultural e naqueles que nela controlam uma determinada imagem do mundo e da sociedade, e que a impõem em grande medida como consenso social em torno da inevitabilidade.

— Ignorar a opressão institucionalizada para, no melhor dos casos, atender a pressupostos de repressão e injustiça mais flagrantes.

— Ignorar a passagem, pelo menos enquanto intenção política, entre a proclamação formal dos melhores fins humanos e suas condições materiais de possibilidade, isto é, estruturas de convivência, repartição do poder social e igualdade de oportunidades segundo possibilidades iguais.

— Ignorar que os direitos humanos devem ser desvinculados da cidadania estatal e, por conseguinte, tutelados como substrato de uma cidadania transcultural e universal. Do contrário, afirmávamos, os direitos humanos acabam estabelecendo um *apartheid* particular, o de "direitos do cidadão do meu Estado ou do meu povo", estatuto privilegiado que nega o universalismo que afirma. Não esqueçamos que milhões de pessoas, como os imigrantes, vivem situações de ilegalidade ou alegalidade, sem poder desfrutar dos direitos correspondentes a um cidadão, e muito menos podendo atuar para exigir que os mesmos lhes sejam reconhecidos.

• Os direitos sociais, econômicos e culturais representam as condições históricas de uma alternativa social e exigem dos cristãos uma práxis política consequente. Dentre suas exigências de renovação hermenêutica e prática temos podido comprovar que se destaca a atenção à nossa condição de seres históricos e, por conseguinte, situados na desigualdade, na interdependência e na corresponsabilidade.

• Nosso instinto ideológico nos faz pensar num universalismo eurocêntrico, com sua peculiar relação de prioridades antropológicas. É preciso notar que um novo matiz ou ênfase na interpretação dos direitos humanos, mais social, não faz justiça às necessidades mais urgentes e visíveis da maioria da população mundial: os pobres, vítimas enquanto pessoas, e até enquanto povos, da exclusão ou ameaçados por esta.

- A tradição eclesial precisa ser aprofundada, teológica e pastoralmente, na convicção de que a prática dos direitos humanos dentro da Igreja faz parte decisiva de seu ser e missão, bem como das condições de credibilidade do Evangelho. Ser justo aos olhos do mundo, examinando o modo de operar, de legislar, de possuir e de viver da Igreja, é uma exigência da justiça, requisito de credibilidade e dimensão constitutiva da evangelização. O chamado de atenção do Sínodo de 1974 a respeito de como a exigência dos direitos humanos deve alcançar a Igreja[89] é mais atual do que nunca. Quem clamar por justiça, seja onde for, deve ser justo aos olhos dos seres humanos.[90]

- A relação causal entre pobreza e riqueza constitui um dado analítico muito sólido diante de visões funcionalistas de inspiração ultraliberal, nas quais tudo acontece em função de uma ordem social realista e possível. A ideologia concomitante do universalismo difuso, onde todos somos responsáveis por tudo e, por isso mesmo, por nada, ignora as desiguais possibilidades e responsabilidades, falseando as propostas de implicação social.

---

[89] Cf. La evangelización del mundo actual. In: *La Documentation Catholique* 1664 (1974) 965-966.

[90] GREINACHER, N. Derechos de los cristianos en la Iglesia. *Selecciones de Teología* 95 (1985) 224-228. Segundo esse autor, "se compararmos o novo *Código de Direito Canônico* com o espírito do Concílio Vaticano II, chegaremos à amarga comprovação de que o *Código*, em seu conjunto, significa um retrocesso em relação ao Concílio" (p. 227).

- A penúltima perspectiva que poderíamos considerar dá conta da necessidade de que toda proposta ética e política indague pelas condições históricas que a tornaram possível ou que a impediram. Se não for atingida essa dimensão da proposta, a ética social cristã limitar-se-á a manter as mesmas exigências quanto às reformas necessárias, por mais que não se leve a cabo ou que piore a partilha da riqueza e de poder no mundo. É como se a moral social cristã tivesse um papel prefixado num mundo injusto e se limitasse a cumpri-lo com desenvoltura e resignação.

- Por fim, a questão dos direitos humanos sociais, econômicos e culturais deve ser proposta nas novas condições da realidade, ou seja, a mundialização dos problemas e das soluções políticas. O problema a respeito de qual outra sociedade vai nascer, e se isso se dará com o protagonismo dos setores populares e a serviço de suas necessidades mais básicas, é a questão política por excelência. Os desafios econômico, ecológico, bélico e ideológico nos afrontam hoje com uma profundidade absoluta. Acolhê-los numa proposta ética e política alternativa, desde as mentalidades até as estruturas, é algo que se impõe a nós como um desafio inevitável e integral.

Podemos confiar nas igrejas cristãs como fermento efetivo dessa práxis política libertadora,

a *práxis samaritana?*[91] Descobrirão as igrejas
que sua grande contribuição evangelizadora
pode ser uma mentalidade moral formada pela
justiça e pela solidariedade? Aceitarão as igrejas que o anúncio explícito de Jesus Cristo sem
um compromisso efetivo e radical pela justiça,
em seu interior e na sociedade, é idolatria?[92] E
o farão, as igrejas, com uma sensibilidade especial pelos imigrantes, porque eles refletem a
experiência arquetípica do ser humano, o Sul
mais próximo, a universalidade mais concreta e
a dignidade mais ameaçada?[93]

Concluindo a síntese de algumas noções sobre a Igreja
na tradição dos direitos humanos, ressoa inapelável a outra
face de nossa experiência histórica. Da Igreja diante dos direitos humanos aos direitos humanos na Igreja. Infelizmente,
trata-se de uma das reflexões mais silenciadas, e ao mesmo
tempo debatidas, no presente da moral social intraeclesial. É
claro que merece uma atenção particular e crescente. O tempo
a está exigindo, e a maioridade dos cristãos a converte em
questão moral de vida ou morte. Quanto a mim, e assumo
a crítica, vou fazer nada mais do que um aceno à questão.

---

[91] Cf. *Dios y las cosas. La economía global desde una perspectiva de civilización.*
Santander, Sal Terrae, 1999.

[92] Cf. Ética de las grandes religiones y derechos humanos. *Concilium* 228 (1990). Um
exemplo efetivo desta prática moral da Igreja pode ser visto em J. I. Calleja, *Discurso
eclesial para la transición democrática (1975-1982)*, Vitoria, Eset, 1988.

[93] Cf. TORRES QUEIRUGA, A. El Dios revelado en Jesús o el futuro de la humanidad.
Selecciones de Teología 37 (1998) 34-46.

Os direitos humanos na Igreja, questão urgente para a moral social cristã

A questão dos direitos humanos na Igreja já fez correr rios de tinta.[94] A título de introdução, convém esclarecer que nos referimos ao seguinte: os cristãos, enquanto seres humanos e cidadãos (pessoas), têm os mesmos direitos fundamentais (e deveres) dos demais, dentro e fora da Igreja. Mas há também alguns direitos e deveres próprios da pessoa crente enquanto crente, enquanto fiel em sua Igreja, por causa do batismo, do Evangelho e de seu valor normativo.

Entre essas duas considerações existe uma distinção evidente, mas não há lugar nem para contradição nem para rebaixamento, pois está em jogo a justiça. Os direitos humanos impõem determinadas exigências a todas as organizações sociais. Ambas as considerações são imprescindíveis, pois está em jogo a possibilidade e a credibilidade da evangelização, isto é, o compromisso de perscrutar e discernir os sinais dos tempos também dentro da Igreja. Além disso, por uma

---

[94] Cf. SÍNODO de 1971. *A justiça no mundo*, n. 1. SÍNODO DE 1974. *A evangelização do mundo contemporâneo*, n. 62. ARZA, A. Derechos humanos en la Iglesia. In: *Estudios de Deusto* 35/2 (1987) 407-460. AUBERT, J. M. Los derechos del hombre interpelan a las Iglesias. *Selecciones de Teología* 88 (1983) 299-307. COMISIÓN GENERAL FLAMENCA DE JUSTICIA Y PAZ DE BÉLGICA. Los derechos humanos en la Iglesia. In: *Il Regno. Documenti* 592 (1986) (também localizável no Serviço de Documentação da *Iglesia Viva* 11 [1989]). GREINACHER, N. Derechos de los cristianos en la Iglesia. In: *Selecciones de Teología* 95 (1985) 224-228. HEBBLETHWAITE, P. Derechos humanos en la Iglesia. *Selecciones de Teología* 91 (1984) 193-195. LORENZO SALAS, G. *Derechos humanos y cristianos en la Iglesia. Asignatura pendiente*. Madrid, PS, 1993. QUELQUEJEU, B. Adesão aos direitos do homem e desconhecimento dos "direitos dos cristãos". A incoerência romana. *Concilium* 221 (1989/1) 118-132 (o mais claro e completo). SOBRINO, J. Lo divino de luchar por los derechos humanos. *Selecciones de Teología* 99 (1986) 163ss. VELASCO, D. Los derechos humanos, un reto a la Iglesia. In: *VV. AA. Pluralismo sociocultural y fe cristiana*. Bilbao, Mensajero, 1990. p. 345-365. VELASCO, D. Democratização da Igreja – Um tabu? *Concilium* 243 (1992/5) 7-9.

questão de coerência com a ação salvífica de Deus em Cristo, por causa da plausibilidade ética da fé e pela exigência da inculturação do Evangelho. 1) Como iremos refletir sobre esse tema? No mundo moderno, há uma ideia central. Todo ser humano deve ser tratado como maior de idade (Demetrio Velasco). Se alguém negasse isso, diretamente ou em suas condições de possibilidade, estaria questionando toda a ação eclesial.

A lógica dos direitos humanos, nós já o sabemos, tem sido emancipadora de tutelas políticas e eclesiais, num contencioso longo, ainda não totalmente resolvido. O pluralismo, a secularização geral do pensamento e da ação, o antropocentrismo e a recuperação da sagrada instância da consciência pessoal têm sido elementos que questionam as estruturas tradicionais do pensar e do agir humanos.[95]

A abertura do Concílio Vaticano II à cultura moderna logo sofreu toda sorte de medos e freios e, através de uma estratégia de concentração (*Código de Direito Canônico*, de 1983), foi submetida a interpretações conservadoras guiadas pelo propósito da maior coesão doutrinal e institucional possível. Próxima em suas valorações das tendências neoconservadoras do mundo moderno, a Igreja recupera seu sonho de "Arca de Noé" e abandona, momentaneamente, o sonho de Prometeu (Demetrio Velasco).[96]

Um passo certo e positivo é, sem dúvida, a defesa doutrinal que a Igreja faz dos direitos humanos em todas

---

[95] Cf. LÓPEZ AZPITARTE, E. *Hacia una nueva visión de la ética cristiana*. Santander, Sal Terrae, 2003.

[96] Cf. VELASCO, D. *Derechos humanos y doctrina social de la Iglesia: del anatema al diálogo*. Bilbao, Universidad de Deusto, 2000.

as partes do mundo; a esta deve-se, é bom que se diga, à denúncia ocasional de concretas violações de direitos muito cruentas. O discurso dos direitos humanos é, hoje, claramente o discurso da Igreja e o da evangelização. Mas essa palavra, sobretudo em sua forma de denúncia, sai em praça pública sem suficiente legitimidade institucional, porque a Igreja não reconhece suas próprias carências éticas ao ignorar a dimensão social de suas mediações e das exigências políticas que isso comporta.

A meu juízo, em sua dimensão social, isto é, enquanto parte inequívoca daquilo que chamamos de "sociedade civil", nenhuma pessoa ou instituição religiosa escapa dos condicionamentos e das responsabilidades de suas presenças e de suas opções públicas. Assim são as coisas, quer gostemos, quer não, enquanto formos história humana.

A questão mais profunda é se a Igreja, em seu estar (ser) neste mundo, oferece as adequadas garantias para afirmar, histórica e sacramentalmente, os direitos humanos dos crentes na Igreja, enquanto pessoas, e os direitos fundamentais e a igual dignidade, enquanto fiéis.

Imediatamente, salta aos olhos que uma forma de governo que não respeite eficazmente os direitos humanos de todos e a igual dignidade de todos os crentes, e por isso mesmo sob um ordenamento jurídico de natureza democrática, paralisa gravemente a plausibilidade da proposta moral da Igreja diante da sociedade civil.

2) Onde é mais clara a não-contradição? Antes de observar as possíveis situações de conflito entre os direitos do cristão enquanto pessoa e a realidade dos fiéis em sua Igreja, precisamos reafirmar sem duvidar a não-contradição, mais

ainda, a coerência inequívoca do intrinsecamente humano e cristão. Assim opera a sacramentalidade constitutiva da história da salvação e a lei da encarnação que a sustenta e define. Em consequência disso, estabelecemos estas linhas de fundo:

- Dizemos que não pode haver contradição. Há lugar para diferenças, é verdade, por causa da distinta natureza do Estado democrático e da Igreja; mas nunca em detrimento da qualidade moral e material dos direitos em vigor.
- A base dos direitos fundamentais dos fiéis enquanto tais é o batismo, princípio e fundamento da *communio* e da nossa igualdade fundamental (CIC, § 208); tudo isso, fique claro, sem prejuízo da diversidade de ministérios e carismas, com suas diferenças peculiares.
- Nenhuma diversidade funcional pode ameaçar esta comunhão e igualdade de todos na dignidade de crentes.
- São direitos fundamentais na Igreja, não diante dela, mas sim inalienáveis.
- Se disséssemos que constituem a derivação natural de nossa condição de crentes, estaríamos falando simplesmente da outra face dos direitos inalienáveis que constituem a derivação natural de nossa condição de pessoas.

3) De que direitos ou falta de direitos estamos falando?[97]
Xabier Etxeberria responde à questão do seguinte modo:

---

[97] Para dados concretos de direito canônico, remetemos ao *Código*. Não deixaremos de lembrar que tal *Código* sempre estará submetido à revelação, à Tradição, à ética e à *Communio*.

Devemos destacar três pontos centrais na tradição dos direitos humanos que não encontram eco suficiente na dinâmica interna da Igreja: o da democracia na organização do poder, o da autonomia do cristão e sua correspondente liberdade de consciência e de expressão, e o da igualdade.[98]

forma:

Portanto poderíamos organizar a reflexão da seguinte

a) O primeiro problema ou desafio para a Igreja, na questão dos direitos humanos, é a participação democrática e o controle do exercício do poder nas estruturas eclesiais. A estrutura hierárquica da Igreja, historicamente desenvolvida como poder autocrático, concentra nas mesmas pessoas o tríplice poder de legislar, julgar e executar. É difícil tornar compatível esse fato com uma verdadeira *communio*, porque o poder autocrático e sacral, em sua origem e exercício, reduz muitas vezes o protesto ao abandono ou à desistência (lembre-se, aqui, a importância dada na moral cristã à primazia da consciência pessoal). O mesmo fato faz com que o direito de participação na Igreja dependa sobremaneira da *conditio* dos fiéis, isto é, de seu estatuto jurídico (leigo ou clérigo). Se, ademais, reserva-se às pessoas com ordens sagradas o poder de governo ou a "jurisdição" e reserva-se a consagração "sa-

---

[98] Cf. *El reto de los derechos humanos*. Santander, Sal Terrae, 1994. p. 36.

cerdotal" para varões batizados, a conclusão sobre a desigualdade entre os fiéis, particularmente no que se refere às mulheres, fica evidente.

b) A organização hierárquico-sacral da Igreja, de fato, impede uma verdadeira igualdade entre seus batizados e uma real liberdade no exercício de direitos. No contexto cultural e político da modernidade, com seus próprios excessos, a Igreja defendeu com zelo sua peculiar conformação hierárquico-centralista. Seus efeitos multiplicaram-se pela resistência a toda relativização de um poder doutrinal e organizativo, considerado sagrado em sua origem e em seu exercício. O preço pago em déficit de participação, que passa sempre pela descentralização e pelo princípio da subsidiariedade, é tremendo.[99]

c) A carência de proteção judicial dos direitos fundamentais dos fiéis, através de fórmulas de conciliação e arbitragem e, em última instância, de tribunais independentes, é outro dado inquestionável.[100]

d) A unidade na diversidade: a liberdade de consciência, a livre expressão das opiniões, a legítima oposição, o livre acesso à informação ou a liberdade de pesquisa são outros tantos espaços de revisão.

---

[99] Basta pensar nas concordatas assinadas a partir de Roma ou nos órgãos de consulta, sem poder e muito condicionados.

[100] Hoje, tudo nas mãos do bispo, salvo casos de direito matrimonial.

e) Cultura e direitos humanos: direitos humanos e direito canônico inculturados, sem detrimento da dignidade do ser humano em todos os lugares.

f) Leigos e clérigos na Igreja: diante da diaconia como serviço, função e ministério, retorna a concepção dos dois estados, clérigos e leigos, onde a relação se substancia sobretudo em termos de poder-autoridade.[101]

g) Sacerdotes: em caso de conflito, desamparados. Em caso de abandono, pelo que se ouve – e não faltam provas disso, humilhados. O celibato obrigatório diante da liberdade pessoal de contrair matrimônio é um caso de "discriminação" universalmente reconhecido.

h) Grupos discriminados na Igreja: sacerdotes secularizados (exclusão do ministério), matrimônios mistos e "divorciados", pessoas com deficiência física e psíquica, homossexuais e, acima de todos os pressupostos, a concepção e posição da mulher na Igreja.[102]

---

[101] KREMER, J. Die Frauen in der Bibel und in der Kirche. *Stimmen der Zeit* 213 (1996) 377-386 (cf. texto publicado em *Selecciones de Teología* 38 [1999] 274-280).

[102] Cf. JOÃO PAULO II. *Ordinatio sacerdotalis* (22 de maio de 1994). Segundo a interpretação do então cardeal J. Ratzinger, o *não* ao sacerdócio das mulheres é doutrina proposta "infalivelmente" pelo magistério "ordinário e universal", que, para ser infalível, não necessariamente precisa ser solene. Contudo, uma magnífica apresentação do tema, concluindo que se trata de um tema ainda em aberto, pode ser encontrada em W. Beinert, El sacerdocio de la mujer. ¿Telón cerrado, question abierta? *Selecciones de Teología* 35 (1996) 3-15. KREMER, J. Die Frauen in der Bibel und in der Kirche, cit, p. 377-386. MARTÍNEZ GORDO, J. La ordenación sacerdotal de las mujeres: problema pastoral y embrollo dogmático. *Lumen* 53 (2004) 331-390.

Significado jurídico e ético dos direitos humanos: duas perspectivas

Seguindo nosso propósito de elaborar as noções que articulam o discurso moral e político dos direitos humanos, debruçamo-nos agora sobre como esses realizam um duplo significado, jurídico e ético, dialeticamente integrados (Marciano Vidal), na unidade desta metacategoria moral ou área da reflexão moral concreta.

1) Quanto ao seu significado *jurídico*, os direitos humanos representam valores fundamentais da existência, "direitos fundamentais da pessoa humana enquanto criatura com dignidade absoluta". Sendo anteriores ao Estado, só existem, de fato e de direito, como direitos subjetivos, isto é, como "faculdade jurídica de um cidadão", quando foram positivizados numa lei, embora esta nunca os poderá recolher em plenitude. A positivização, tantas vezes criticada no idealismo moral e pastoral dos cristãos, tem esta virtualidade quase criadora. Frequentemente, resistimos a isso, mas a sociedade não sabe como funcionar de outro modo menos aleatório. Por isso é preciso dizer, com Hannah Arendt, que, se o Estado pode ser o primeiro violador dos direitos humanos, o direito humano fundamental é o direito a ser cidadão, pois só nesse caso é possível exigir o respeito aos demais direitos.

O marco legal de um Estado é aquele que confere sentido, ainda e quase completamente, à pretensão de ter alguns direitos e que estes sejam respeitados. Os direitos são, certamente, exigências éticas da pessoa, mas convertê-los em normas jurídicas no marco legal proporcionado por um "Estado" é irrenunciável. Outra coisa é se esse "Estado" é nosso "Estado moderno particular" ou a "república universal dos povos" que está por vir. Todavia alguma instância à qual apelar para que os próprios direitos sejam reconhecidos e respeitados é-nos imprescindível.

2) Quanto ao seu significado *ético*, sabemos que à expressão direitos humanos subjaz uma cosmovisão sobre o ser humano enquanto ser pessoal, absolutamente digno e incondicionalmente valioso em cada caso, "lugar axiológico original e autônomo", sujeito de alguns "direitos e deveres" fundamentais inerentes à sua condição humana e prévios à sua concessão política e à sua positivização jurídica. De outro modo, pode-se dizer que os direitos humanos do cidadão exigem deste o desenvolvimento de uma consciência cívica democrática, ou seja, articulada pela vivência de virtudes que são exercidas como direito e responsabilidade compartilhada.

É cidadão aquela pessoa que reconhece a existência de outras pessoas, diferentes em muitas coisas e ao mesmo tempo com igual direito a reclamar e ver reconhecidos os seus direitos. É cidadão aquela pessoa que se envolve com a sorte de todos como se fosse a sua própria sorte, e o faz com especial atenção e cuidado para com os fracos e suas necessidades mais elementares. Se o conflito social, como sabemos e veremos, inevitável sempre e insuperável mais de uma vez, ou, por outro lado, a ameaça das forças econômicas transnacionais à identidade, nos convidam a refugiar-nos em referenciais identitários mais tribais e próximos do que o chamado "republicanismo cívico", a vida política democrá- tica só poderá subsistir apelando para o reconhecimento de valores humanos partilhados transcultural e planetariamente. Por consequência:

a) Dizemos que os direitos humanos desenvolvem esse núcleo ético da pessoa que é sua dignidade fundamental,[103] a qual corresponde à sua condição de ser único e insubstituível, e que se expressa como liberdade de um sujeito capaz de autodeterminação.[104]

b) Além de desenvolver o núcleo ético original da pessoa subjacente ao direito positivo, representam o destilado, o resíduo ou o substrato histórico da consciência ética da humanidade.

Concluindo, a positivização faz com que os valores fundamentais existam como "direitos" humanos. E o fator ético faz com que esses direitos positivizados sejam cada vez mais humanos.

Funcionalidade do significado ético dos direitos humanos

Uma vez reconhecidas as potencialidades moralizadoras do direito, não podemos deter-nos num positivismo estreito e cego. Recordemos, agora, como são diversas as funções que procedem da natureza *ética* dos direitos humanos[105] e destaquemos as seguintes:

---

[103] Cf. VIDAL, M. *Moral de actitudes*, cit., v. II (1978), p. 83-134.

[104] Cf. TRUYOL SERRA, A. *Los derechos humanos*. Madrid, Tecnos, 1977.

[105] Cf. VIDAL, M. Verbete "Derechos humanos". In: *Diccionario de ética teológica*. Estella, Verbo Divino, 1991. p. 143ss. [Ed. bras.: *Dicionário de moral*. Aparecida, Santuário, 1992.]

1) Função de *inspiração* e *orientação* na positivização dos direitos humanos, evitando desvios, inspirando interpretações mais justas e exigindo que se progrida na fidelidade ao seu espírito.

2) Função *postulatória* de garantias jurídicas (e também metajurídicas),[106] para a realização dos direitos humanos e de suas exigências internas. Esta função se articula através dos passos necessários para dar virtualidade jurídica aos direitos humanos, cuja originalidade inalienável requer:

a) reconhecimento *político* através de declarações internacionais e das constituições (arts. 1º e 10);

b) positivização jurídica (a lei) que os torne faculdade jurídica, "direito subjetivo do cidadão, que este pode exercer ou reclamar";

c) proteção jurídica dos tribunais, dos que se pode reclamar para que intervenham a fim de restituir-nos o direito (a faculdade subjetiva), até mediante o uso de seu poder coativo.

3) Função *crítico-utópica* diante das condições reais em que ontem e hoje vão ocorrendo os direitos humanos, em vista de:

* provocar mudanças sociais para passar do formalismo à inspiração de novas estruturas políticas;

* livrá-los da ideologia liberal-capitalista que os neutraliza, sem com isso ignorar a dimensão individual dos direitos;

---

[106] Por exemplo: reconhecimento do "princípio da subsidiariedade" para salvar a iniciativa do cidadão particular e das associações da sociedade civil.

- compreendê-los e realizá-los num marco verdadeiramente democrático e solidário;[107]
- um grande objetivo de nossos dias: autêntica vigência e proteção dos direitos humanos em todos os âmbitos da vida e do mundo mediante o estabelecimento de uma comunidade internacional que disponha da "força" para exigir seu respeito, assim como aconteceu no nascimento do Estado moderno. Só se poderá falar de tutela internacional dos direitos humanos quando existir uma jurisdição internacional reconhecida por todos, democraticamente controlada e capaz de impor-se sobre as jurisdições nacionais e, mais ainda, sobre as suas pretensões militaristas.[108]

Três gerações de direitos humanos

Uma contribuição substancial da reflexão filosófica de nossos dias é a tomada de consciência sobre aquilo que se conhece como as três gerações de direitos humanos. Essa ideia é sustentada a partir da consideração dos direitos humanos como realidade histórica, sujeita a tensões, "estreitamente conectada com a transformação da sociedade. A uma socie-

---

[107] Cf. PECES-BARBA, G. *Derechos fundamentales*. Madrid, Guadiana, 1976. p. 54.

[108] Um passo muito interessante foi dado pelo Convênio Europeu para a Proteção dos Direitos Humanos através das possibilidades oferecidas aos cidadãos diante de seu Estado. Mas a prática internacional ainda está longe de reconhecer algumas intervenções humanitárias verdadeiramente tais em sua origem e em seus objetivos. Cf., para todas as questões aqui desenvolvidas: GARCÍA COTARELO, R. *Entre la justicia y el derecho*. Madrid, Eudema, 1992.

dade mais evoluída social e economicamente correspondem novos direitos" (Norberto Bobbio).[109]

As distinções que faremos, contudo, não são nítidas, e até se poderia discuti-las mediante uma detalhada comparação crítica das declarações e pactos internacionais.[110] Todavia prossigamos, por enquanto, com essa fórmula das "gerações".

1) A primeira geração dos direitos humanos é aquela que vigorou nas primitivas declarações de direitos humanos, na Virgínia (1776), na França (1789) e, finalmente, na ONU (Paris, 1948). Diz-e que seu valor-guia é a liberdade do indivíduo (cidadão) diante do Estado e diante dos outros indivíduos (seus concidadãos), reservando para esse indivíduo âmbitos de autonomia pessoal e assegurando-lhe a participação na vontade política do Estado.

O pano de fundo ideológico dos direitos civis e políticos (ou direitos-liberdades) é o imaginário de um "contrato social" que pressupõe os seres humanos, antes de pertencerem a uma sociedade determinada, como indivíduos isolados em possessão absoluta de alguns direitos "naturais, inalienáveis, imprescritíveis e iguais" (individualismo possessivo).[111]

---

[109] *El tiempo de los derechos*. Madrid, Sistema, 1991. p. 119ss.

[110] Sigo essa nomenclatura já clássica das três gerações de Direitos Humanos, mas creio que não é fácil reunir numa primeira e inequívoca geração a francesa de 1879 com a universal de 1948. As diferenças são demasiadamente grandes para equiparar sua qualificação geracional. Alguns autores não utilizam essa distinção, mas falam de direitos civis, os reconhecidos em fins do século XVIII; de direitos políticos, conquistados ao longo do século XIX; e de direitos sociais, reconhecidos em meados do século XX. A esses se poderia acrescentar os direitos de solidariedade, culturais ou coletivos, para referirmo-nos às declarações de "direitos" próprias de fins do século XX. Cf. MARSHALL, T. H. *Ciudadanía y clase social*. Madrid, Alianza, 1998 (original inglês de 1938).

[111] Observe-se, contudo, que este individualismo possessivo já pressupõe, como marco de referência não citado, uma organização social ou nação-Estado. Quando se fala em direitos do indivíduo, entende-se que sejam direitos do indivíduo cidadão de

Aqueles, em consequência de um pacto, acordam em constituir uma sociedade que respeite seus direitos fundamentais na convivência civil e em sua organização política. Esse é o "imaginário" de fundo, um pressuposto teórico que não corresponde à realidade histórica dos direitos humanos, pois estes sempre e somente foram afirmados em relação ao cidadão, isto é, ao indivíduo membro de uma *civis* política ou Estado determinado.

Em consequência disso, o indivíduo-cidadão tem direitos civis e políticos. (Também chamados de direitos-liberdades, porque ao Estado pede-se a ação negativa de preservar algumas regras constitucionais para que seja possível que os cidadãos exerçam algumas liberdades básicas que são anteriores a esse Estado e à sociedade.)[112]

São direitos civis fundamentais a vida, em todos os seus sentidos, bem como outros tão reconhecidos como a liberdade de consciência e a expressão do pensamento, a livre circulação e o asilo, o respeito à honra e à intimidade, a propriedade privada, a inviolabilidade do domicílio, a liberdade religiosa, a liberdade de contratação etc.

Esses direitos-liberdades civis crescem em significado com os direitos-liberdades políticos, que se substanciam em torno da formação da vontade política geral, e que são inseparáveis de nossa condição de cidadãos livres diante das

---

um Estado preciso (francês, americano, britânico etc.), não de outros indivíduos. De fato, a Declaração Francesa afirma: "[...] do ser humano e do cidadão".

[112] Poder-se-ia dizer que, enquanto direitos civis, são direitos-liberdades reconhecidos ao cidadão pela sua condição de pessoa, incondicionalmente digna, uma vez que o pacto abre espaços para uma sociedade civil. Direitos fundamentais do ser humano como concidadão numa sociedade de indivíduos livres. Enquanto direitos políticos, são direitos reconhecidos ao cidadão, por ser sujeito da organização política de sua sociedade. Direitos fundamentais do indivíduo, cidadão e sujeito ativo de sua comunidade política.

pretensões absolutistas dos Estados (liberdade de associação e de reunião, participação política livre, direito ao voto e livre acesso aos cargos públicos, seguridade jurídica, petição etc.). Juntos, os direitos civis e políticos compõem a primeira geração de direitos humanos como síntese dos direitos civis (cidadania cívica ou legal)[113] ou direitos-autonomia, e direitos políticos (cidadania política) ou direitos-participação.

Por outro lado, os direitos da primeira geração são uma resposta à tensão entre os direitos civis e políticos (direitos-liberdades) e os direitos sociais. Enquanto os direitos-liberdades, dizíamos, são "direitos para exercer liberdades", que reclamam que o Estado não obstaculize seu exercício impondo-lhe uma obrigação negativa de não-interferência para sua proteção, os direitos sociais exigem, geralmente, uma ação positiva do Estado em vista da sua proteção (por exemplo: a saúde), sendo sua satisfação mais indefinida, pois depende dos recursos disponíveis por parte do país em questão.[114]

Em outras palavras, enquanto os direitos-liberdades da primeira geração correspondem a deveres negativos que se impõem sem exceção, por exemplo: "não matarás, não roubarás, não torturarás", os direitos econômicos, sociais e culturais correspondem a deveres positivos, cuja justa satisfação, sendo exigíveis da mesma forma, torna-se mais difícil fixar.

O contexto ideológico desta primeira geração, já o dissemos anteriormente, é a ideologia liberal mais ortodoxa, inspiradora das revoluções burguesas do século XVIII (John Locke):

---

[113] O indivíduo-cidadão tem uma carteira e um passaporte que lhe conferem determinados direitos e liberdades cívicas.

[114] Cf. este enfoque na *Declaração Universal dos Direitos do Homem* de 1948, art. 22.

119

- Sacralização do indivíduo isolado, de sua vida e de sua liberdade individual. Cada indivíduo é dono absoluto de si mesmo e decide, sozinho, o que lhe convém (individualismo possessivo).
- Sacralização da propriedade privada (capitalista) como possibilidade para essa liberdade.
- Sacralização do Estado liberal de Direito, que deve limitar-se a defender as liberdades individuais mediante a não-ingerência e a defesa até às últimas consequências do livre mercado.
- John Locke (1632-1704) reduziu esses direitos-liberdades a três: "vida, liberdade e propriedade".

Seu destilado social, primeiro capitalismo industrial, será uma experiência histórica em que o exercício ilimitado dos direitos individuais gerou exploração e miséria para a maioria da população, assalariada ou desempregada.

Sua valoração não pode senão recolher a queixa mais insistente sobre a insuficiência no momento de tornar possível a mínima liberdade para todos. Pelo contrário, garantem a liberdade de alguns à custa das liberdades da maioria: "Raposa livre em galinheiro livre".

2) A segunda geração de direitos humanos é aquela que cristaliza os Pactos Complementares de 1966 sobre os direitos civis e políticos das pessoas e, a novidade, sobre os direitos econômicos, sociais e culturais. Seu valor-guia afirma-se ser a igualdade, e seu resultado, o reconhecimento da cidadania social juntamente com a cidadania propriamente legal ou cívica e política. Refletem a tensão dos direitos-liberdades (civis e políticos) diante dos direitos socioculturais e, por

outro lado, apontam para o começo da tensão entre os direitos individuais e os direitos dos coletivos.

A pressão da ideologia socialista contra o liberalismo levado ao extremo, através do movimento operário, a aparição dos primeiros partidos de massa e das primeiras reivindicações "feministas" questionarão as bases liberais das declarações de direitos humanos, reclamando condições objetivas e possibilidade para esses direitos e liberdades. Os direitos civis e políticos se converteriam em meras "liberdades formais" se, ao mesmo tempo, não fossem respeitadas algumas condições mínimas de tipo econômico, social e cultural. Agora, exige-se do Estado uma intervenção positiva e decidida para torná-los possíveis.[115]

Surgem, assim, os Pactos Internacionais de 1966, cujo *Preâmbulo* já recolhe a intenção de preparar as condições que nos permitam superar as simples declarações. Seu conteúdo fundamental: os direitos civis e políticos, vigentes desde a primeira geração e agora aprofundados, e os direitos econômicos, sociais e culturais, dentre os quais destacam-se o direito ao trabalho e o direito à educação, o direito à saúde e o direito à seguridade social.[116]

Enquanto direitos econômico-sociais, desenvolvem as condições objetivas ou materiais de possibilidade dos outros direitos. Há os que alcançaram eficácia jurídica equiparável aos direitos civis e políticos – por exemplo: o direito ao

---

[115] Escreve Lacordaire: "Onde há fortes e fracos, a liberdade oprime e a lei liberta".

[116] Tais Pactos Internacionais de 1966 contêm o polêmico direito de autodeterminação dos povos, no *Preâmbulo* que ambos os Pactos compartilham. A esse respeito, cf. a bibliografia comum aos manuais de filosofia política.

trabalho – e há os que são só equiparados a princípios programáticos (propriedade, direito ao trabalho, salário justo...) necessitados de leis que os regulamentem.

Resultado de um compromisso, seu marco político é um novo Estado mais intervencionista, Estado social de Direito ou Estado de Bem-Estar, ao qual se pede:

- que assegure a mínima realização social desses direitos;
- que arbitre a compatibilidade dos mesmos entre si e com os interesses da produção;
- que o poder político atue limitado por um sistema de garantias jurídicas ou Estado (social) de Direito.

Essas duas tradições ou gerações de direitos humanos já foram reconhecidas explicitamente pela comunidade internacional na ONU com igual grau de exigibilidade moral e política, mas com as diferenças de operacionalidade jurídica já evidenciadas.

3) A terceira geração ou "direitos da solidariedade" é aquela que surge incontida ao redor de diversos sujeitos coletivos de "direitos" como a família, as comunidades culturais ou identitárias (os povos em geral, as minorias étnicas, as populações indígenas, as nações sem Estado, os povos descolonizados, os imigrantes), as "gerações futuras" e a humanidade como família com destino partilhado.

Tal surgimento de novos sujeitos coletivos, e a discutida consideração das gerações futuras e, mais ainda, da "natureza" como "sujeito de direitos",[117] acontece em meio à tomada de consciência de vários desafios:

- a revolução tecnológica das comunicações na aldeia global única de fim de milênio;
- a interdependência geral dos povos num mundo único e globalizado;
- a emergência do Sul reclamando uma nova ordem econômica internacional, sobre a base de uma verdadeira comunidade internacional dos povos e diante do individualismo, do nacionalismo e do imperialismo;
- a sobrevivência das gerações futuras num planeta habitável.

Diz-se que o valor-guia da terceira geração de direitos humanos é a solidariedade, e seu objetivo central é a paz na justiça de cada povo e entre os povos, a qualidade de vida para todos, hoje e amanhã, isto é, sincrônica e diacrônica. Seu destilado, o reconhecimento da cidadania cosmopolita, além da cívica, política e social.

---

[117] Cf. ETXEBERRIA, X. *El reto de los derechos humanos*, cit., p. 15-20. Partindo-se da tradição dos direitos humanos, seria lógico falar de direitos em relação àquilo que não é humano? Para a corrente denominada "ecologia profunda", a resposta é afirmativa, pois entende-se que o velho antropocentrismo individualista deve ser abandonado em nome da "subordinação da espécie humana aos direitos do todo, num igualitarismo biosférico cujo primeiro direito e dever é manter os equilíbrios ecológicos da totalidade em sua complexa interdependência" (p. 19). No entanto, embora pareça legítimo estender a categoria "direitos" às futuras gerações, potencialmente presentes hoje e, em seu caso, vítimas de nossas decisões, não é assim tão clara a questão relacionada à natureza em si mesma. Sua "dignidade", base última de "direitos", é, na tradição dos direitos humanos, dignidade *in solidum* com a humana e irmanada com esta. Assim, a dignidade humana exige que se cumpram deveres de respeito à natureza, lugar e companheira da realização integral do ser humano. Ou seja: manter-se-ia um antropocentrismo relativo, mas ao mesmo tempo aberto à comunidade global da vida. Cf. JONAS, H. *Le principe responsabilité*. Paris, Cerf, 1992.

Seu conteúdo aponta para o reconhecimento e a proteção do direito à paz diante da ameaça nuclear; direito ao desenvolvimento integral e sustentável para todos os povos; direito ao autogoverno dos coletivos identitários que reclamam distintos exercícios de seus direitos políticos como condição para sobreviver com liberdade; direito a um ecossistema saudável; direito a desfrutar do patrimônio cultural específico; direito à informação livre e integral; direito à assistência humanitária etc. (Os que se identificam com esta sensibilidade frequentemente incluem em sua proposta o reconhecimento de "direitos" como o aborto livre e gratuito e o direito a morrer com dignidade ou eutanásia ativa. É bem sabido que a moral cristã se opõe frontalmente a ambos e, em particular, ao primeiro dos casos.)

Expressões destacadas desta geração são as diversas declarações de direitos da mulher (1952), da criança (1959), dos portadores de deficiência (1971 e 1975), dos povos na Declaração de Argel (1976), dos anciãos (1982), Declaração sobre o Direito ao Desenvolvimento (ONU, 1986).

Em sintonia com as declarações de direitos, análoga sensibilidade se manifesta nos acordos finais dos mais variados encontros da comunidade internacional: III Conferência das Nações Unidas sobre Meio Ambiente e Desenvolvimento (Rio, 1992), III Conferência Mundial sobre População e Desenvolvimento (Cairo, 1994), Conferência das Nações Unidas sobre o Desenvolvimento Social (Copenhague, 1995), IV Conferência Mundial sobre a Mulher (Pequim, 1995).

Todas essas declarações de "direitos" não gozam do reconhecimento político das declarações e pactos internacionais citados, mas representam a ampliação dos direitos nas distintas vertentes da vida humana e de seu protagonista, a pessoa. Já são parte do seu patrimônio moral e, aos poucos, com crescentes efeitos jurídicos. Todos juntos perfazem a consciência moral dos países com tradição liberal, constituindo o núcleo substantivo de sua moral civil.[118] Sua conquista efetiva deve envolver cada vez mais a sociedade civil na luta política, superando atitudes de moral patética, "o lamento que paralisa", ou de passividade cívica, "os políticos sabem o que precisam fazer".

Consideradas em sua evolução, pode-se concluir que as três gerações[119] dos direitos humanos refletem a evolução na concepção do ser humano como sujeito de direitos, desde o ser humano abstrato e individual do liberalismo (de fato, cidadão de um Estado) até o ser humano que participa de alguma comunidade política (Estado) e que vive no mundo em ambientes coletivos com necessidades básicas muito concretas. Por fim, o ser humano com suas novas necessidades e

---

[118] Cf. CORTINA, A. Moral cívica como ética de mínimos. *Herria 2000 Eliza* 143 (1995) 34-37 (reflexão muito simples e clara, com bibliografia).

[119] Até à quarta geração? Hoje, usa-se essa linguagem em referência aos direitos que dizem respeito ao genoma humano e às possibilidades de intervenção "artificial" nele. Sem dúvida será – já está sendo – um campo de reflexão ético-jurídica imprescindível. Remetemos para sua compreensão em "Convenio Europeo de Bioética", *Moralia* 20 (1997) 413-428. BLÁZQUEZ, N. *Bioética*. Madrid, BAC, 2000.

com uma consciência crescente e universal de seus direitos e deveres,[120]em comunidade de vida com toda a criação.[121]

Na nova situação, a cidadania cívica, política e social, baseada num pacto entre iguais dentro de cada Estado, é posta em cheque pelas exigências da cidadania cosmopolita, a qual exige de nós dar corpo político ao reconhecimento recíproco das pessoas, e das pessoas em seus povos, segundo necessidades e situações desiguais, na república intercultural e universal. Estamo-nos referindo à "globalização" da justiça e da solidariedade entre cidadãos e povos que se reconhecem – e se exigem! – mutuamente, como pessoas, e, por consequência, que se ajudam em reciprocidade cosmopolita. Se nossa condição última é a mesma e nossas necessidades interdependentes e desiguais, as obrigações de justiça e solidariedade são evidentes.

---

[120] Cf. KÜNG, H. & KUSCHEL, K. J. *Hacia una ética mundial. Declaración del Parlamento de las religiones del mundo.* Madrid, Trotta, 1994. TORRE, F. J. de la. *Derribar las fronteras*, cit. GONZÁLEZ VICA, T. Una moral mundial para un nuevo orden mundial. *Acontecimiento* 27 (1959) 51-57: "Salvo que consideremos ser mais provável um suicídio coletivo da espécie ou o pré-genocídio radical e total das futuras gerações... precisamos confiar no fato de que a humanidade dará o salto qualitativo de ordem moral ao qual é obrigada para poder subsistir" (p. 52). Na tarefa moral, acrescentará o autor, possuem um papel de destaque as grandes religiões mundiais, decisivas para o enraizamento de uma moral mundial, com motivações eficazes e radicais. Um exemplo da nova consciência ética da humanidade pode ser visto em "Proyecto de Declaración Universal sobre las Responsabilidades del Hombre", Conferência de Punta del Este, 1982.

[121] Sobre o problema de saber se os direitos humanos são sempre "direitos de um sujeito individual" e dos indivíduos coletivamente, ou se há direitos humanos de sujeitos coletivos, voltaremos mais tarde. Sou muito mais favorável à primeira hipótese. Creio que uma coletividade, povo ou instituição não é sujeito moral no sentido pleno. No âmbito coletivo, continuamos sendo indivíduos que decidem por si e para si. Não é possível decidir colocando-se no lugar de um sujeito plural, pois continuamos sempre com nossa específica maneira de ver as necessidades e o futuro do coletivo, atendo-nos às regras do pacto entre maiorias e minorias.

O Estado nacional, fundado no pacto entre iguais, coloca-se a anos-luz dessa utopia social da justiça na república universal. Os povos e culturas que apelam à sua especificidade única para reclamar uma estrutura política e moral ao abrigo de toda valoração partilhada são uma ruptura inaceitável do humano irredutível dos direitos humanos. Se a escravidão, o genocídio, a tortura, o *apartheid*, as execuções arbitrárias, os desaparecimentos forçados e, em geral, as mais cruéis formas de atentar contra a dignidade humana não forem o lugar primordial dos direitos humanos, universalmente exigíveis; e se, com seu controle democrático, não forem fonte de obrigações de assistência e, dependendo do caso, de "ingerência humanitária internacional", então o comunitarismo se converterá num salvo-conduto para o pior dos poderosos ou dos fanáticos.

Uma coisa é a tomada de consciência crítica da historicidade dos direitos humanos, de suas dependências culturais e contextuais, portanto de sua evolução e peculiaridades; outra, bem outra, é renunciar a esse núcleo de dignidade humana que é constituído para todos e em todos os lugares, e que, num diálogo intercultural e trans-histórico, vai se concretizando em "declarações" muito nítidas e valiosas e em positivizações mais necessitadas de concreção política e de respeito da diversidade cultural.[122]

Porque, não nos esqueçamos, o problema fundamental dos direitos humanos é o de seu cumprimento histórico para todas as pessoas e seus povos, em seu interior e em suas relações na república universal.

---

[122] Cf. MUGUERZA, J. (Ed.). *El fundamento de los derechos humanos*. Madrid, Debate, 1989.

A VERTENTE BÍBLICA:
O NOVO TESTAMENTO E A POLÍTICA

O ponto de partida mais original de uma ética política cristã foi e continua sendo a pessoa e a palavra de Jesus Cristo. O conhecimento de sua pessoa e de sua vida, utilizando os mais diversos estudos sobre o Novo Testamento, em especial as contribuições da crítica bíblica e cristológica, deve dar-nos uma primeira e irrenunciável referência moral. Sabemos, além do mais, que a história, em todas as suas ramificações, sentida particularmente a partir dos pobres, bem como a experiência espiritual da relação íntima do crente com Deus, são as outras fontes irrenunciáveis de uma teologia moral *samaritana*.

Com o propósito de síntese geral que agora perseguimos, que dados se impõem na doutrina compartilhada pelos especialistas?

1) O primeiro de todos é este: nem o Novo Testamento é um manual sistemático de politologia, nem Jesus Cristo é um "mestre" de ética política. Em outras palavras: as referências textuais do Novo Testamento[123] nunca dirimiram, pura e simplesmente, os diferentes problemas políticos de cada momento. Em consequência disso, como em todos os

---

[123] Visões realistas ou experienciais (Mt 10,17-18; Mc 10,42), questão do tributo a César (Mc 12,13-17 par.), a resposta a Pilatos (Jo 19,11) e Jesus diante de Herodes (Lc 13,31-32).

âmbitos da moral, na política é necessário recriar respostas "tradicionais" a questões "novas", fazendo-o segundo o sentir de Jesus e conduzidos pelo seu mesmo Espírito. O propósito é claro: evitar fáceis projeções de nossas ideologias políticas sobre as tradições evangélicas e submeter-nos à lógica já conhecida do discernimento moral no social: análise da realidade, leitura crente dos dados e releitura da fé a partir desta experiência, fidelidade à tradição e imaginação para recriar as atitudes e os critérios cristãos em nossa vida, bem como conversão interior e compromisso público efetivo.[124]

Jesus diante da política[125]

Uma resposta pessoal à questão do título exigiria de nós uma pesquisa sobre a situação política do Judaísmo do tempo de Jesus para conhecer e interpretar a sua posição política em cada caso e diante de cada grupo.[126] Longe de tentar aqui esse caminho, é justo que nos atenhamos ao melhor da doutrina cristológica, assumindo que, para a posteridade, uma coisa é clara: a proposta de Jesus é diretamente religiosa (e moral) (R. Schnackenburg), jamais um programa político e, menos ainda, um manual de ética social e política (cf. as tentações: Mt 4,2-10; Lc 4,3-12; "meu reino não é deste mundo": Jo 18,36). A fidelidade à sua missão, o Reinado de Deus como

---

[124] Cf. o trabalho de X. Alegre, *Memoria subversiva y esperanza para los pueblos crucificados. Estudios bíblicos desde la perspectiva de la opción por los pobres*. Madrid, Trotta, 2003; Cf. também: BADIOLA, J. A. *El mesianismo samaritano de Jesús. Referencias bíblicas y apunte de significados personales y políticos*. *Lumen* 51 (2002) 231-261. Id. *Jesús de Nazaret, propuesta de esperanza hoy*. *Lumen* 52 (2003) 3-32.

[125] Trata-se, propriamente, de um tema de cristologia, e para lá remetemos para seu aprofundamento.

[126] Cf. THEISSEN, G. *Sociología del movimiento de Jesús*. Santander, Sal Terrae, 1979 [Ed. bras. *Sociologia do movimento de Jesus*. Petrópolis, Vozes, 1989.]. Id. *Estudios de sociología del cristianismo primitivo*. Salamanca, Sígueme, 1985. Id. *El Nuevo Testamento. Historia, literatura, religión*. Santander, Sal Terrae, 2003.

Boa-Notícia de salvação para os pobres, o distanciam da pretensão de envolver-se com o poder político de sua sociedade ou competir por ele para salvar-nos.

Jesus, no entanto, vive em absoluta proximidade às realidades humanas e em confronto com as injustas relações sociais e religiosas que as determinam. Esse entroncamento histórico e público de seu ministério, vivido e falado, não poderia deixar de ter um significado político que ninguém deixou passar. Vimos isso na primeira parte deste projeto de moral social cristã samaritana.[127] Lá, ao referir-nos à vida moral como seguimento de Jesus Cristo, dizíamos que sua mensagem religiosa, sua atividade e sua pessoa têm uma inequívoca "incidência ou significação política" sobre o exercício da autoridade e sobre o desenvolvimento da vida pública. Isso é o que deriva da centralidade absoluta do Reinado de Deus, concebido como Boa-Nova de justiça para os pobres, "porque Deus é assim"; da morte de Jesus compreendida como consequência necessária de seu modo de vida diante dos poderosos; e da própria ressurreição como reconhecimento divino do modo de vida de Jesus diante das pretensões de seus carrascos. Por todos os lados flui incontida essa significação social e política da pessoa e da vida de Jesus, como também do modo em que ele é o Cristo de Deus.

Se fizermos a síntese desses significados, considerando-se a política como o exercício de uma autoridade por parte de alguém, concluímos o que segue:

- Jesus, diante do Estado (a política), o respeita, mas exige que não seja absolutizado. O César

---

[127] Cf. *La moral social cristiana como seguimiento de Jesucristo*, cit. [*sic*], p. 17ss.

não é divino. "Dai a Deus o que é de Deus" (Mc 12,13-17).

- O que importa é o Reino de Deus, cuja realização nunca se identifica com um Estado ou sociedade concretos (teocracia), nem com um "templo específico", mas com a experiência da bondade de Deus, em e a partir dos pobres, e com as relações de amor por ela geradas.

As primeiras comunidades cristãs diante da política

Se prestarmos atenção à experiência de nossos antepassados no caminho da fé, as primeiras comunidades cristãs, concluímos que nossos primeiros predecessores na fé não dispunham de uma doutrina sistemática sobre a ação política. Inicialmente, eles dependem de sua ação "cristã" diante das situações peculiares nas quais a vida os situa.

Os apóstolos e missionários itinerantes geralmente respeitam as autoridades; pedem-lhes unicamente que não tentem ocupar o espaço religioso de Deus, o único absoluto. Como as comunidades se sentem o lugar primordial da nova justiça possibilitada pelo Espírito, não haveria razão para conquistar o poder do Estado. O que importa é contar com liberdade para realizar o modo de vida cristão, sua justiça comunitária (1Tm 2,2). Esta é a prioridade política do Cristianismo.

São Paulo, em Rm 13,1-7 – um texto paradigmático como poucos –, solicita dos cristãos obediência às autoridades constituídas, pois do contrário estariam roubando o lugar de

Deus.[128] Na mesma linha exprimem-se 1Pd 2,13-16; Tt 3,1-38 e, conforme o que dissemos, 1Tm 2,1-39. A ambivalência, enquanto identidade e possibilidade de fazer o bem e o mal, é algo que acompanha sempre as instituições políticas. Neste caso, todavia, vale a pena lembrar que é preciso obedecer a Deus antes que aos seres humanos (At 5,29).[129]

Em Ap 13, outro lugar comum na reflexão moral cristã, num contexto histórico muito diferente para a comunidade, manifesta-se uma postura beligerante em relação ao Estado. Mas aqui já se trata de um Estado divinizado e totalitário, que exerce a política de forma tão inumana que só se pode pensar que o seu poder procede do próprio diabo.

Em suma: a atitude política das primeiras comunidades cristãs deve ser descrita mediante a síntese dos três lugares mais significativos, sem esquecer o horizonte geral de uma escatologia compreendida sob o signo do "já sim, mas ainda não":[130] Mc 12,13-17 ("Dai a César..."); Rm 13,1-7 ("Todos sejam submissos às autoridades constituídas...") e Ap 13 ("A Besta"). E não somos os primeiros a inventar essa síntese. O. Cullmann o fez por nós. Reconhecido universalmente

---

[128] Cf. ÁLVAREZ VERDES, L. *Caminar en el Espíritu. El pensamiento ético de san Pablo*. Roma, Academia Alphonsiana, 2000.

[129] Cf. GONZÁLEZ, A. *Teología de la praxis evangélica. Ensayo de una teología fundamental*. Santander, Sal Terrae, 1999. p. 366-367.

[130] Cf., neste sentido, a reflexão de: LOHFINK, G. *El sermón de la montaña, ¿para quién?* Barcelona, Herder, 1989. O autor tenta provar que o sermão da montanha tem como destinatário a Igreja, o seguimento dos discípulos na Igreja, entendida como sociedade de contraste onde se pode e se deve viver com radicalidade as bem-aventuranças, sobretudo a não-violência radical. Isso não significa que este destinatário desconheça as faces pessoal e política do sermão, mas sempre através de uma Igreja comunidade de contraste que fascina. Sobre a não-violência evangélica, cf. p. 45-70 e 196-210. Cf. também: MINGO, A. de. *Los dichos de la no violencia (Mt 5,38-41). Moralia* 27 (2004) 125-146.

como mestre na matéria, ele formulou a atitude neotestamentária diante da política com base nos seguintes elementos:[131]

- apoio leal à existência necessária do Estado;
- vigilância diante de sua "idolatrização";
- distanciamento de manipulações ideológicas da fé;
- "já sim, mas ainda não" como núcleo hermenêutico da salvação cristã;
- o Estado deve reconhecer onde estão os seus limites, as suas tentações e as suas vítimas. A cruz de Jesus é memória perene contra a sua tendência a esquecer-se do "justo" e a excluir os "pobres".

Alguns comportamentos políticos no ambiente dos cristãos[132]

Esta observação do passado, tão importante para nós, deve interessar-se pela vida quotidiana das primeiras comunidades cristãs. Sabemos que a sociedade romana observava com preocupação alguns comportamentos políticos dos cristãos, que considerava desviados, e neles podemos reconhecer, ainda, elementos de fundo e forma irrenunciáveis. Vejamos:

1) Mantinham-se distantes dos cargos públicos, porque, na opinião da comunidade, implicavam alguma relação com o culto aos ídolos e andavam lado a lado com o uso da coação física. Em seu ponto mais alto, essa coação deveria ser exercida como *ius gladii*, que os cristãos rechaçavam.

---

[131] Cf. *El Estado en el Nuevo Testamento*. Madrid, Taurus, 1966. p. 105-106.

[132] Cf. THEISSEN, G. Vers une théorie de l'histoire sociale du christianisme primitif. *Études Théologiques et Religieuses* 63 (1988) 199-225 (transcrição em *Selecciones de Teología* 113 [1990] 50-62).

2) Adquiriam a fé cristã por conversão pessoal, isto é, por uma decisão individual, o que a elite romana reprovava, considerando-a uma pretensão desmedida para a plebe.

Escolher pessoalmente a fé é um comportamento elitista, realizado "de baixo para cima", fruto de uma decisão pessoal e, por isso mesmo, digno da aristocracia. Nas mãos de um bando, só podia parecer uma atitude subversiva. A prova é sua atitude diante dos judeus. A elite romana não apreciava uma repugnância como aquela diante de sua peculiaridade religiosa, pois o judeu era judeu e agia por tradição!

Para atenuar o conflito político provocado pelo conjunto dessas atitudes religiosas, afirmou-se que foi solicitado encarecidamente aos cristãos o consenso político-moral com a sua sociedade, adotando comportamentos comuns a seu mundo, embora correndo o risco de ocultar outros valores cristãos. A esse propósito, deve-se pensar se o Cristianismo, em determinadas ocasiões, quando age subversivamente, não o faz mediante a adoção de posições extremas no respeito ao que é exigido pelo consenso social de seu tempo. Vejamos:

a) Rejeitam o culto ao imperador, distanciando-se de uma legitimação religiosa direta, "divinização ou idolatria", enquanto se lhe concede uma legitimação ética plena, exigindo obediência decidida e clara (Rm 13,1ss). Os cristãos devem dar exemplo aos outros (1Pd 2,15).

b) Rejeitam a escravidão, porque em Cristo não há escravos e todos somos livres nele, ao mesmo tempo que se exorta os escravos a suportar seu trabalho, até a injustiça, como seguimento de Cristo (1Pd 2,18). O argumento: não fazer com que a doutrina cristã corra perigo diante da sociedade (1Tm 6,11).

c) Atitude também surpreendente diante da mulher. Por um lado, na comunidade, todos são iguais, homens e mulheres; por outro, as mulheres são exortadas à submissão exemplar ao varão, para além daquilo que é exigido culturalmente.

Fica claro que este caminho tão interessante da prática pública das comunidades também não vai dar-nos uma resposta definitiva sobre a ética cristã na convivência política contemporânea.

SISTEMÁTICA DE UMA ÉTICA POLÍTICA CRISTÃ: FUNDAMENTAÇÃO E CONTEÚDO

Na tentativa de impregnar nossas opções políticas democráticas de sentido moral cristão, deparamo-nos, no fim das contas, com a necessidade de construir um sistema de moral política na medida das nossas circunstâncias e responsabilidades. Eis duas linhas ou guias que nunca deveríamos esquecer: a história, com sua novidade inquestionável, e especialmente a sorte dos últimos, bem como nossa responsabilidade, que sempre deve ser ativada. Para consegui-lo, e sem esquecer a primazia do horizonte da fé, vejamos o que podemos aprender das tradições morais de nossa cultura.

Fundamentação de uma moral política e conteúdo[133]

A pergunta de fundo é a seguinte: a política tem uma dimensão ética? Se a resposta for afirmativa, com que conteúdos? A história dessas questões é quase interminável. Oscila, além do mais, entre o propósito de reduzir política e moral a uma só realidade e a tentativa de separá-las em mundos paralelos e distantes.

---

[133] Cf. bibliografia em: VIDAL, M. *Moral de actitudes*. 8. ed. Madrid, PS, 1995. v. III, p. 527-528. Destaco: LÓPEZ ARANGUREN, J. L. *Ética y política*. Madrid, Guadarrama, 1968. RICOEUR, P. Éthique et politique. *Esprit* 101 (1985) 1-11. SETIÉN, J. M. Razón política y razón ética. *Iglesia Viva* 122/123 (1986) 155-174.

1) Um rápido olhar para o passado nos mostra que o desejo de unificar política e certeza moral permaneceu constante na história das ideias morais e políticas até a época moderna. Seja pelo caminho da religião (Bossuet defendia "a política tirada das Sagradas Escrituras"), seja pelo caminho da razão (Kant defende a liberdade como o "poder para fazer o que devemos querer"), os seres humanos têm pretendido identificar moral e política, considerando fora de discussão que a verdadeira política é aquela que conseguir reproduzir os postulados supremos da moral. É a concepção monista da relação da moral com a política.

A tradição monista da época moderna atingirá sua consagração na obra de G. W. F. Hegel, onde o Estado é "o racional em si e para si", o momento último da eticidade ou do desenvolvimento efetivo do Espírito na história. O monismo hegeliano, no entanto, unifica moral e política, mas o faz mediante a redução da ética à razão de Estado. É o triunfo totalitário da política sobre a vida social.

2) Diante da concepção monista, a partir de Nicolau Maquiavel (1469-1526) desenvolve-se, na época moderna, uma concepção dualista, na qual a política reclama regras autônomas sob a direção da razão de Estado: *Salus republicae, suprema lex*. É o maquiavelismo político.

Um pouco mais tarde, a separação total entre ética e política encontrará firmes apoios teóricos na tradição utilitarista inglesa, quando J. Stuart Mill[134] ensina que tudo aquilo que se expressa em regras e preceitos, não em afirmações baseadas em fatos, é arte e não ciência. Tal é a condição da moral. A política se torna realidade autônoma.

---

[134] Cf. NILL, J. S. *El utilitarismo*. Madrid, Alianza, 1984.

Na mesma tradição dualista situa-nos M. Weber. Enquanto exige uma rigorosa separação do saber empírico e dos juízos de valor, ele proclama que na política estamos diante de uma realidade que requer um universo ético específico. Nela é preciso assumir as consequências previsíveis dos atos políticos, de modo que se trata de levar em conta, sabiamente, as exigências da ética da responsabilidade diante das tentativas dos políticos iluminados para pôr em prática, aconteça o que acontecer, a ética da convicção. Os políticos com princípios éticos são admiráveis, todavia não quando querem impô-los rigidamente em todos os seus pressupostos, mas quando sabem plasmá-los com habilidade na maioria dos casos. E se, num determinado momento, não encontram uma forma humana capaz de aceitar as consequências, abandonam a política para salvar, neste ponto, os seus princípios.[135]

A partir do magistério de Weber, a filosofia política do Ocidente, no século XX, levanta o estandarte do relativismo moral na vida humana associada (H. Kelsen). Esse relativismo moral ensejará a rejeição do essencialismo moral, religioso ou racionalista, até conduzir, em alguns casos,[136] ao cultivo de atitudes antidemocráticas.

Depois da Segunda Guerra Mundial, contudo, o relativismo liberal que imperava na filosofia política acabará sendo abandonado pela sua inoperância efetiva diante dos fascismos. As novas correntes irão refugiar-se em modelos de pensamento moral onde possam ser avaliados os atos

---

[135] Cf. WEBER, M. *El político y el científico*. Madrid, Alianza, 1993.

[136] Cf. KELSEN, H. *¿Qué es la justicia?* Barcelona, Ariel, 1982. Id. *Teoría pura del derecho* (1934). Tradução espanhola de M. Nilve. Buenos Aires, Ed. Universitaria, 1960. BECK, U. *La democracia y sus enemigos*. Barcelona, Paidós, 2000. DAHL, R. *La democracia y sus críticos*. Barcelona, Paidós, 1997.

políticos por suas consequências e pela responsabilidade moral neles implicada.

Nosso tempo, no entanto, não voltou as costas ao absolutismo moral. As convenções humanas, pensa-se, mais do que as convicções religiosas, metafísicas e ideológicas, são o espaço moral imprescindível para ordenar a ação política e as normas de conduta nesta ação, já tomando as devidas distâncias da ideia moral do dever pelo dever e, mais ainda, do fundamentalismo moral, religioso ou ideológico.[137]

3) Portanto, reduzidas a tipificações ideais, as posições históricas de resposta às questões iniciais se repetem uma que outra vez em quatro direções:

a) *Integrismo ético:* ética e política são realidades opostas. É preciso optar pela ética, porque o exercício da política é vicioso, conaturalmente perverso e imoral. Exemplos disso podemos encontrar em manifestações como as seguintes: rechaço puritano da política: não se manchar com a vida pública. Retorno ao privado como se fosse "ao limpo". Pense-se nas concepções políticas mais comuns entre a burguesia, seja ela cristã ou não em suas crenças; rechaço acrata da política, porque o poder corrompe tudo o que toca; rechaço teológico a partir de concepções dualistas sobre a relação divino-humano.

b) *Realismo político:* ética e política são realidades opostas e é preciso optar pela política.

---

[137] Cf. GARCÍA COTARELO, R. & PANIAGUA SOTO, J. L. (Dirs.). *Introducción a la ciencia política.* Madrid, UNED, 1994. p. 39-47.

Exemplos solitários podem ser: o maquiavelismo político ao estilo Maquiavel; a autonomia total da política, quando interpretada – na linha de M. Weber – sob a regra da "política como ciência"; o realismo político moderado de Hans Kelsen e, posteriormente, de John Rawls.

c) *Confusão entre ética e política:* representada por aqueles que refletem e atuam a partir da suposição de que é possível fazê-las coincidir num projeto histórico de sociedade. Exemplos destacados seriam: o totalitarismo político das principais interpretações de Hegel e Marx; os fundamentalismos religiosos ou pseudorreligiosos, entendidos como uma atitude, mais do que uma ideologia, que induz a ditar a ação política a partir de uma religião ético-política análoga cuja lógica é "absorver tudo em todos os âmbitos da existência humana"; a concepção teocrática da política, entendida como realização social que reserva à autoridade religiosa essa primazia de vigilância moral sobre a autoridade política e a convivência pública em geral; a defesa de uma pseudoética que se substancia na formulação de máximas "*i*-morais", politicamente irrelevantes (por exemplo: "só a verdade e o bem têm direitos numa democracia digna do ser humano").

d) *Síntese dramática e provisória de ambas:* ética politizada e política moralizada, para orientar a decisão sobre seus fins, a qualidade de seus meios e a coerência de suas conquistas parciais. Nada deve ser se não pode ser, mas é preciso fazer o impossível para que o justo seja possível.[138] O Estado Social e Democrático de Direito, enquanto conceito, seria um bom exemplo desta pretensão histórica. No entanto, os fatos têm mais a ver com essa correlação de forças tão desigual, que permite nada mais do que um raquítico possibilismo político, legitimador do real.

Nas três primeiras hipóteses existem alguns pressupostos teóricos que nelas incidem de modo determinante.[139] São eles a suspeita em relação ao poder, todo poder, e ao poder político em particular. Mas por quê? A meu ver, isso se deve ao fato de partirem de uma visão, religiosa ou não, muito pessimista sobre a natureza humana e suas possibilidades. Por consequência, pouco ou nada se pode esperar do encontro entre ética e política, a não ser a redução de uma à outra, ou, se isso não for possível, a convicção de que só alguns, no movimento político dos "conscientes", são capazes de uma política moralmente digna.

Por sua vez, sobretudo na terceira das hipóteses, com maior ou menor radicalidade encontra-se subjacente uma concepção da sociedade civil e do Estado como realidades não só distintas, mas separáveis. O Estado, enquanto organização e atividade política, surge como um acidente da história

---

[138] CORTINA, A. *Ética aplicada y democracia radical.* Madrid, Tecnos, 1993. Um exemplo de síntese entre ética e política, obediente a esta intenção, pode ser encontrado em Secretariados Sociales Diocesanos del País Vasco, *Más allá de la política* (abril/1980). San Sebastián, Idatz, 1980.

[139] Cf. SECRETARIADOS SOCIALES DIOCESANOS DEL PAÍS VASCO. *Más allá de la política*, cit.

humana, suscetível de ser eliminado para que se chegue à perfeição da convivência na sociedade civil. O anarquismo e o marxismo são teorias políticas nas quais essa hipótese se verifica de forma mais evidente, mas não são as únicas a moverem-se baseadas nessa presunção sociopolítica.

O conteúdo da moral política em chave cristã[140]

A tradição moral cristã, em suas formas sistematizadas, situa-se entre aquelas que creem possível e necessária a síntese entre ética e política a serviço de um projeto comunitário de vida humana digno desse nome. Situados nesta corrente de pensamento e vida, podemos considerá-la em sua dupla expressão, a de Doutrina Social da Igreja e a de moral social cristã, ou Teologia Moral Social propriamente dita.

1) A *Doutrina Social da Igreja*. Para além dos elementos conceituais que definem este modelo de moral social cristã, bem como suas épocas e resultados de conjunto,[141] se considerarmos os principais conteúdos de uma moral política cristã[142] o ensinamento ou Doutrina Social da Igreja os expressou como segue.

---

[140] Cf. o capítulo IV de *Gaudium et spes*, nn. 73-76. No que se refere ao presente capítulo, moral política em chave reformista, tanto na Doutrina Social da Igreja quanto na Teologia Moral Social, o leitor poderá encontrar aqui pouco mais do que uma síntese do manual de M. Vidal, *Moral de actitudes*, cit., v. III, p. 527-557. Pode-se ver também a síntese de Ricardo Alberdi na área da moral política através do trabalho de R. Giménez, *Ricardo Alberdi:* entre el realismo y la utopía, San Sebastián, Idatz, 1993, p. 315-356. No próximo capítulo, moral política em chave crítico-utópica, minha proposta é muito mais pessoal.

[141] Cf. CALLEJA, J. I. Moral social samaritana. Nociones desde el cristianismo. *Lumen* 53 (2004) 3-46.

[142] Cf. as insistências temáticas nos manuais de Teologia Moral Social. Podem ser encontradas em: QUEREJAZU, J. *La moral social y el Concilio Vaticano II*. Vitoria, Eset, 1993. p. 267-480. Cf. bibliografia em: VIDAL, M. *Moral de actitudes*, cit., v. III, p. 534-535.

A comunidade política, no sentido de sociedade politicamente organizada (Estado em seu significado genérico),[143] é uma exigência necessária para a realização mais plena dos seres humanos (*GS*, n. 74), como eixo integrador dos interesses sociais e como sujeito que supre a sociedade civil em seus esquecimentos e descuidos. É uma experiência histórica insuperável que os grupos intermediários da sociedade não conseguem alcançar, com a necessária harmonia e justiça; o bem comum necessário para o desenvolvimento integral de todos os indivíduos e de seus grupos (bem comum).

O Estado, no sentido de autoridade regrada e soberana na comunidade política, o poder político (significado restrito de Estado), é uma necessidade, histórica e cultural, absoluta:

> O poder político é inerente a toda sociedade. Sem ele nenhuma sociedade poderia subsistir diante da ameaça da desordem que lhe advém do exterior e do próprio interior da sociedade... O poder não é unicamente uma exigência baseada na natureza do ser humano caído, em seu pecado e em seu instinto passional, mas uma condição de possibilidade para levar adiante sua tarefa de sujeito responsável pela história.[144]

Contudo, é primordial perceber que, para a Doutrina Social da Igreja, o poder político nunca deve ser visto como um fim em si mesmo, mas como *instrumento* imprescindí-

---

[143] Observe-se que a palavra "Estado" tem dois significados, um genérico e outro mais estrito. Além disso, estamos acostumados a referi-la a uma realidade concreta como o são os Estados-nação que conhecemos. Estes representam uma forma histórica de organizar a comunidade política, que pode ser substituída por outros modelos de organização da mesma comunidade e da autoridade nela.

[144] SECRETARIADOS SOCIALES DIOCESANOS DEL PAÍS VASCO. *Más allá de la política*, cit., n. 13.

vel a serviço da pessoa e da sociedade civil, e baseado nas seguintes linhas morais:

a) deve ser exercido dentro da ordem moral objetiva (*Pacem in Terris*, nn. 46-52). (Será necessário retornar ao tema quando tratarmos da objeção de consciência e da desobediência civil);

b) está a serviço de um bem comum dinamicamente concebido (*Octagesima adveniens*, n. 46; *Gaudium et spes*, n. 74);

c) as formas de governo, como expressão de uma liberdade vivida historicamente, devem ser inequivocamente democráticas (*PT*, n. 52; *GS*, n. 74);

d) deverá respeitar o pluralismo político (*OA*, n. 25; *GS*, n. 75) e a participação cidadã (*OA*, n. 24);

e) quanto à sua relação com as iniciativas da sociedade civil, está submetido ao princípio da subsidiariedade e, ao mesmo tempo, ao princípio da solidariedade, que se interessa pelas necessidades de todos, particularmente dos pobres (bem comum);

f) tem como dobradiça de sua existência o respeito à "ordem jurídica democrática, a única legitimamente estabelecida".[145] O "Estado de Direi-

---

[145] O caso da objeção de consciência e da desobediência civil ou insubmissão merece uma reflexão à parte, para expor as condições de sua legitimidade jurídica, quanto à sua objeção, e ética, quanto à desobediência civil ou insubmissão. Cf. VIDAL, M. *Para comprender la objeción de conciencia y la insumisión*. Estella, Verbo Divino, 1995.

to" é exigência política imprescindível da ética cristã;

g) o Estado moderno é uma das formas históricas do poder político, entendido como organização da comunidade política e da autoridade soberana nela. Também não podemos esquecer sua contingência histórica, nem ignorar sua racionalidade "humana" de fundo.

Enfim, os cidadãos (e os povos) têm direitos (e deveres) fundamentais e inalienáveis, interpretados no horizonte do bem comum de todos os membros da sociedade e da comunidade internacional. Os direitos humanos, dizíamos, são indivisíveis em sua realização histórica.

2) A *Teologia Moral Social*. Como não poderia ser diferente, a Teologia Moral Social ou moral social cristã tem abundantes postulados éticos análogos aos da Doutrina Social da Igreja, imprimindo-lhes algumas peculiaridades no caso de adotar em sua proposta de moral política, em maior ou menor grau, uma orientação de coloração reformista ou uma orientação de corte crítico-libertador.

a) Ética política cristã em chave (de-para) reformista

O modelo reformista é comum à Doutrina Social da Igreja e à Teologia Moral Social, e quase único no mundo das publicações católicas. Salvo algumas incipientes sínteses morais, elaboradas no horizonte das teologias políticas e, além do mais, referentes à mediação dos novos movimentos sociais, conhecem-se apenas algumas exceções ao modelo reformista. No entanto, as exceções acolhidas no horizonte hermenêutico das Teologias da Libertação, tanto como sínteses completas quanto como aspectos particulares que nos advertem a respeito de uma incipiente mudança metodológica e temática, vão acabar em propostas muito ricas em matizes teológicos e políticas alternativas.

O modelo reformista no qual agora nos concentramos comporta elementos de crítica ao sistema social e político hoje triunfante e que denominamos "neoliberalismo". Quanto a isso não deve haver nenhuma dúvida. Sua peculiaridade, contudo, reside em como este obedece, quanto à teoria moral, à seguinte vontade de fundo: participar da melhoria do sistema social vigente. A meu ver, o modelo moral reformista não aspira a uma mudança radical e substantiva do modelo neoliberal, seja porque não a julga necessária, seja porque não a considera possível. O que quer é melhorá-lo, O neoliberalismo, enquanto ideologia da inevitabilidade histórica, teria posto a perder esse projeto moral cristão, recrutando-o para um possibilismo antiutópico.

Consequentemente, o modelo reformista cristaliza-se como uma ética política cristã que deve ser acolhida e vista numa relação dialética com outros modelos cristãos de tom mais crítico, bem como com outras tradições morais humanistas de inspiração laica e solidária.

Quais são seus conteúdos ou insistências temáticas? É o caso de citar e pensar, essencialmente, nos seguintes:

1) A existência da sociedade como comunidade política. A existência da sociedade como comunidade política, isto é, a sociedade organizada sob a direção de uma autoridade soberana, para

conduzir-nos na busca do bem comum, é requerida para a realização integral do ser humano, individual e social (*GS*, n. 74). É isso o que nos impõem as carências da sociedade civil para alcançar o bem comum das pessoas, famílias e grupos intermediários, bem como o que requer de nós a politicidade de uma condição humana integralmente entendida (*GS*, n. 74).

Como a comunidade política desempenha o seu fim próprio? Reconhecendo os seres humanos como cidadãos com direitos e deveres fundamentais, e perseguindo um bem mais amplo do que o bem individual, no qual os cidadãos e suas "associações" ganham novas possibilidades, com "iguais" oportunidades para todos.

A última forma histórica de organização da comunidade política é o atual Estado, cujo destino, como toda obra humana, é a reforma e, no fim do processo, sua substituição.

A vida numa sociedade politicamente organizada, no entanto, não tem seu fundamento último num contrato social, fortuito e contingente, mas na condição natural do ser humano; por isso mesmo pertence, de algum modo, à ordem das coisas prevista pelo Criador. Essa providência não chega ao regime político concreto, mas à politicidade humana (*GS*, n. 74), à sua liberdade e responsabilidade, e à nossa igualdade.

2) Legitimidade ética do poder político, em geral ou abstratamente. O poder ou autoridade política se justifica pela busca eficaz do bem comum

da sociedade (direitos humanos). Fora desse objetivo, necessário para cada um de nós, sós ou associados, a autoridade política seria puro e simples domínio injusto: "O bem comum abrange o conjunto daquelas condições de vida social com as quais os seres humanos, as famílias e as associações podem atingir, com maior plenitude e facilidade, sua própria perfeição" (*GS*, n. 74).

3) Ética da autoridade política, em particular como organização e ação concretas. A autoridade (poder) é uma exigência da comunidade política para sua coordenação, imprescindível em vista do bem comum. Seu fundamento último é a natureza humana (*GS*, n. 74), mas não se pode dizer que "provém de Deus" (*PT*, n. 46), a não ser num sentido "ontológico".

Em seu sentido histórico e político, a autoridade política provém da comunidade política soberana, que é seu sujeito: o povo ou a sociedade. As formas concretas de designação da autoridade são variadas e livres, mas sua condição democrática é irrenunciável (*PT*, n. 52).

A organização concreta do poder político obteve suas melhores conquistas através da repartição equilibrada de poderes no Estado de Direito ou "democrático" (*GS*, n. 74): legislativo, executivo e judiciário.

A ação dos governantes goza de legitimidade ética quando é exercida dentro da ordem jurídica legítima, isto é, a que respeita em seu desenvolvimento a ordem moral. Por isso mesmo, a serviço do bem comum. Neste caso, os cidadãos ficam obrigados moral e juridicamente a obedecer.

Quando essa legitimidade ética não é clara, porque a ação de governo ou as leis se distanciam de forma manifesta da "ordem moral objetiva", é natural e justo que os cidadãos protestem e, se for o caso, exijam o direito à objeção de consciência e, no caso de pressuposição de injustiça absoluta, apelem ao seu dever de resistência (*GS*, n. 74). Em casos extremos, a reflexão moral clássica estendeu esse direito até à "legítima rebelião" e ao "tiranicídio",[146] mas em nossos dias a preferência é dada inequivocamente à não-violência ativa. Sem rechaçar de modo completo o pressuposto de uma insurreição vio-

---

[146] Cf. VIDAL, M. *Moral de actitudes*, cit., v. III, p. 754-765. HÄRING, B. *Libertad y fidelidad en Cristo*. Barcelona, Herder, 1983. v. III, p. 176-180. GONZÁLEZ-CARVA-JAL, L. *Entre la utopía y la realidad. Curso de moral social*. Santander, Sal Terrae, 1998. p. 335-345. Assim, a moral política da Doutrina Social da Igreja inclina-se decididamente pela não-violência ativa (SAGRADA CONGREGAÇÃO PARA A DOUTRINA DA FÉ. *Libertad cristiana y liberación*. Madrid, PPC, 1986. nn. 76 e 79). O mesmo acontece com a teologia moral de corte moderado. A teologia moral de corte radical ou crítico-utópico também cristaliza-se numa proposta de não-violência ativa, mas nela a atividade "política" à qual se refere essa não-violência ativa pode adquirir formas de pressão muito fortes. Talvez algo disso tenha sido insinuado por João Paulo II quando disse que "a força, portanto, é uma realidade claramente diferente da violência", em *Discurso à União de Juristas Católicos Italianos* (6 de dezembro de 1980), citado por L. González-Carvajal, op. cit., p. 340-341. Essa confluência geral da moral política cristã em torno da não-violência ativa acaba revestindo-se de diferentes perfis na ação política concreta dos vários grupos cristãos que a acolhem.

lenta em situações extremas, o magistério atual da Igreja é cada vez mais resistente em reconhecer que possam dar-se as condições morais que a teologia tomista elaborou a respeito.[147] Muito embora Paulo VI, na *Populorum progressio*, tenha escrito seu famoso número 31 com o reconhecimento do recurso extremo à violência "no caso de tirania evidente e prolongada que atente gravemente contra os direitos fundamentais da pessoa e prejudique perigosamente o bem comum do país", um ano depois, em 1968, em seu discurso de abertura da II Assembleia Geral do Episcopado Latino-Americano, desapareceria toda e qualquer menção a esse propósito, o mesmo acontecendo também na *Evangelii nuntiandi* (1971). É verdade que a segunda instrução da Congregação para a Doutrina da Fé sobre a Teologia da Libertação, de 22 de março de 1986, recuperou a citação de Paulo VI no n. 31 da *Populorum progressio* para, de imediato, limitar sua efetiva possibilidade e avaliar as possibilidades atuais da não-violência, surpreendentemente expressas na *Instrução* como "resistência passiva".[148] Quando o magistério de João Paulo II toma esse testemunho na questão, o princípio do compro-

---

[147] Cf. a ótima síntese de L. González-Carvajal, op. cit., p. 337.

[148] Cf. SAGRADA CONGREGAÇÃO PARA A DOUTRINA DA FÉ. *Libertatis conscientia* (22 de março de 1986), n. 79.

misso não-violento pela paz recebe todo o afeto intelectual e moral do sentir cristão na matéria. A não-violência ativa é a mais evangélica, por isso mesmo cristã, a mais digna do ser humano e, por ser moral, das respostas humanas ao conflito mais extremo.

4) Exigências éticas da participação política. O modelo moral reformista pode ser reconhecido em afirmações como as que seguem quando se trata de afirmar a participação soberana da cidadania: "Todos os cidadãos têm o direito e o dever de participar na vida da comunidade política" (*PT*, n. 73. *GS*, n. 75); precisamos ampliar os espaços e aprofundar-nos nas formas dessa participação democrática (*OA*, n. 47); devem ser criadas condições reais de participação política democrática através de um ordenamento jurídico que efetivamente a possibilite, exija e proteja (*GS*, n. 75).

5) O Estado como organização política moderna e seus mínimos morais. A moral social cristã reformista denuncia alguns excessos nas concepções do Estado que impossibilitam a justiça social. Ei-las: o Estado mitificado diante do Estado como realidade secular e histórica; o Estado totalitário como uma realidade histórica, encarnação do Absoluto; o Estado liberal, exaltado e realizado como liberdade formal para todos e privilégio efetivo para alguns; o Estado

de Bem-Estar ou Estado Social de Direito que, sem detrimento de todas as suas conquistas e possibilidades, corre o risco de transformar-se num Estado burocrático, providencialista e "minorizador" de seus cidadãos; o Estado tecnocrático, estendido amplamente na atualidade e com "perigos" que a moral reformista não deixa de denunciar:

- conduz-se quase que exclusivamente por critérios "técnicos", escolhidos a serviço de objetivos funcionais, sem que se preste atenção à valoração de sua qualidade moral (fins morais);
- a política transformada em simples administração burocrática e gestão técnica;
- a luta ideológica entre concepções globais da justiça dá lugar ao simples conflito de interesses materiais e ao pacto entre as elites. A vida democrática transforma-se, assim, numa alternância de elites satisfeitas dentro de um sistema que lhes favorece.

A grande exigência ética – o Estado de Direito, como organização e atividade política, é regrada pelas seguintes máximas:

- Império da lei, como expressão da vontade geral.
- Separação constitucional de poderes.
- Legalidade da Administração: controle e responsabilidade.

- Reconhecimento de direitos e liberdades fundamentais da pessoa e de suas associações, com proteção jurídico-formal e mediações efetivas de realização material.

6) Tarefas do Estado que se destacam na síntese moral reformista. O modelo moral reformista tem conhecimento das múltiplas tarefas do Estado, mas é especialmente sensível à moralização das que seguem:

- Crescente e *legítima* intervenção do Estado na regulação equilibrada dos conflitos de interesses (*GS*, n. 74), progressivamente discutida pelas concepções neoliberais com a proposta de "máximo mercado e mínimo Estado", como algo desejável em si mesmo;[149]
- Importância ética decisiva do respeito ao princípio da subsidiariedade na ação política do Estado, especialmente no campo econômico e cultural, pois sem ela não poderá subsistir a liberdade de iniciativa social.[150]

7) Uma diferença de fundo na família das éticas políticas reformistas. O fato de que falemos de "modelo reformista de moral política cristã" (Doutrina Social da Igreja e Teologia Moral Social) não significa que não haja diferença al-

---

[149] Cf. meu trabalho Neoliberalismo económico y moral cristiana, *Moralia* 20 (1998) 229-280.

[150] Cf. GUTIÉRREZ, J. L. Principio de subsidiariedad. In: Id. *Conceptos fundamentales de la doctrina social de la Iglesia*. Madrid, Centro de Estudios Sociales del Monasterio de la Santa Cruz del Valle de los Caídos, 1971. v. IV, p. 299-309.

guma dentro dessa família teológica. Talvez a mais significativa se concretize, a meu ver, na forma em que cada autor ou texto acolhe e resolve a relação entre "lei moral objetiva" e "leis democráticas", ou, o que é a mesma coisa, entre verdade e liberdade.

Desse modo, a Doutrina Social da Igreja reconhece uma clara diferença entre ambos os conceitos, mas apenas acena-se ao seu conflito histórico ou efetivo. Para a Doutrina Social da Igreja, a resposta é "liberdade na verdade" e, se não andarem de mãos dadas, ambas se perdem. Um efeito político desta atitude metodológica da Doutrina Social da Igreja é sua dificuldade para digerir a existência de uma moral civil e, em tempos de eleições – um caso muito concreto nas democracias –, a intenção de reservar para si a palavra "natural" e última em algumas questões de moral pessoal.

O modelo moral cristão que é a Doutrina Social da Igreja, a meu juízo, sente-se muito desconfortável no caminho de solução aberto pela objeção de consciência e, em seu caso, pela desobediência civil diante de casos concretos de conflito entre moralidade e leis democráticas, verdade moral e liberdade humana. Consequentemente, a Doutrina Social da Igreja não costuma citar essas figuras morais como mediação satisfatória diante desses ou de outros contextos de conflitos, embora tampouco as rechace explicitamente.

A Teologia Moral Social reformista, com toda a sua diversidade de realizações, acolhe com a maior naturalidade o papel destacado da liberdade para ter acesso à verdade moral histórica para corrigir os desatinos morais, segundo o parecer cristão, de uma legalidade democrática, e para sintonizar com os propósitos de uma moral civil identificada com os direitos humanos de todos. A família da Teologia Moral Social, portanto, sente-se mais à vontade com as soluções de conflitos entre liberdade e verdade que de fato são propostas recorrendo-se às possibilidades oferecidas pela objeção de consciência e, no caso específico, pela desobediência civil. Em consequência disso, e no geral, a Teologia Moral Social cita essas figuras morais, desenvolve-as expressamente e propõe-nas como solução moralmente muito razoável para os conflitos de consciência. Seu efeito político é que a Teologia Moral Social não se sente obrigada a lembrar a cada passo as suas reservas diante da moral civil de sua sociedade nem a denunciar a imoralidade "absoluta" de leis democráticas concretas suficientemente discutidas.

b) Ética política em chave (de e para) crítico-utópica

O projeto ético social dos cristãos também pode ser organizado a partir de uma intenção crítico-utópica. A tradição bíblica e teológica sobre "os pobres", a memória das vítimas da história, a assunção da categoria "práxis cristã de libertação" ou o "samaritanismo libertador" proporcionam, e o farão mais ainda no futuro, um viés muito peculiar para alguns dos novos projetos de moral social cristã.

Quanto a mim, dou muita importância ao impacto das teologias da práxis que, em sua forma de teologia política europeia e de teologia latino-americana da libertação, aparecem no horizonte da Igreja lá pela década de 1960. São as teologias políticas ou "teologias do político".[151]

Como se disse mil vezes, elas representam um novo paradigma teológico, isto é, uma nova maneira de fazer teologia ou de integrar os elementos que conformam o saber crítico sobre a fé. E o fazem diante do paradigma teológico neo-escolástico, pré-Vaticano, ancorado no dedutivismo metodológico e de natureza pré-crítica. E diante do paradigma teológico concomitante ao Concílio, caracterizado por um antropocentrismo de natureza individualista.

Mas nada é totalmente novo sob o sol. As "novas" teologias políticas são teologias possibilitadas pela virada antropológica que desde R. Bultmann (1884-1976) até K. Rahner (1904-1984) toda a teologia havia dado. Seu significado poderia ser substancializado do seguinte modo: todo enunciado teológico deve ser significativo, interpelante para o ser humano que o escuta nesta hora e neste momento histórico. Como esse ser humano se entende a si mesmo na hora atual? Como um ser com outros, numa alteridade política constitutiva. Como ser fiéis a esta chave antropológica? Se

---

[151] Cf. BOFF, C. *Teologia e prática. Teologia do político e suas mediações*. 3. ed. Petrópolis, Vozes, 1993.

o ser humano só pode ser entendido como um ser estruturalmente situado, como um ser que descobriu sua dimensão política enquanto dimensão constitutiva de sua existência, impõe-se uma hermenêutica política da mensagem cristã.

O objetivo é claro. Os enunciados teológicos dever ser mediados politicamente para que, ao ser humano consciente de nossos dias, se tornem significativos e tenham valor antropológico. As conclusões só podem ser estas:

- Só pode ser significativa para nós aquela teologia na qual "o político" se constituir em momento interior à produção teológica.

- A teologia precisa abandonar sua inocência histórica e social, isto é, sua pretensão de posicionar-se à margem da história e da sociedade. A crítica social e ideológica a afeta e a obriga a re-situar-se politicamente.

- Não estamos diante de uma teologia da política ou sobre o político (simplesmente um tema a mais ou um objeto material), mas de uma teologia politicamente mediada (a práxis política libertadora faz parte do objeto formal do fazer teológico: J. B. Metz e J. Moltmann).

- A teologia abandona sua pretensão de oferecer uma construção sistemática sem sujeito social, porque os pobres emergem como grito que apela à responsabilidade moral da fé cristã e de sua inteligência crítica.

- A teologia sente-se convocada a dar resposta às interpelações de um mundo étnica e culturalmente policêntrico, complexo e mestiço.

- A teologia, em suma, vê-se impelida a superar a dupla imaturidade política do Cristianismo: a que provém do desafio kantiano – "Atreve-te a saber e a pensar por tua própria conta" – e a que provém da crítica do Iluminismo não cumprida – "Atreve-te a reconhecer que és ignorante e não sabes tudo, que te manipulam e pensas ser livre e inocente".[152]

- O centro nevrálgico e a novidade qualitativa, consequentemente, é que a práxis de libertação integral (práxis pessoal e política, ética e religiosa) é compreendida como um momento interior e hegemônico da epistemologia teológica, enquanto outros projetos teológicos o entendem como um objeto a mais da reflexão crítica da fé ou como uma consequência pastoral da teoria teológica.

- O conceito "práxis", por conseguinte, precisou tornar-se objeto de uma recepção muito bem pensada no seio da prática teológica e pastoral. Primeiro, em seu sentido kantiano, como uso crítico da razão para a conquista da emancipação teórica do indivíduo. Ao mesmo tempo, em seu sentido marxista, como uso político da razão

---

[152] Cf. METZ, J. B. La pugna de la teología para la integración de la historia y de la sociedad. *Cristianismo y sociedad* 98 (1988) 61-67. A respeito deste tema, cf. também: MALDONADO, L. Nuevos problemas y cambio de enfoques (¿o de paradigmas?) en la teologia finisecular. *Revista Española de Teología* 58 (1998) 403-420. QUEREJAZU, J. El impacto de la praxis. La "Teología política". In: Id. *La moral social y el Concilio Vaticano II*. Vitoria, Eset, 1993. p. 133-164.

crítica, para superar as condições materiais que a condicionam até conquistar uma emancipação teórica e prática. As teologias políticas, segundo matizes e peculiaridades muito concretas, captam e assumem ambos os sentidos, dotando a teologia de uma extraordinária novidade: teologias políticas como teologias práticas de transformação pessoal e social da realidade.

- Sua pergunta mais central é esta: que práxis política está na origem, no desenvolvimento e nos fins de uma prática teológica e pastoral? E: Esse lugar é ocupado pela práxis integral ou pela práxis libertadora?

- A caridade, referência fundamental da ética cristã, cresce em significados que vão desde a caridade interpessoal até a caridade político-estrutural (caridade política), até ser compreendida como um conjunto de condições que possibilitem relações humanas para todos. Numa linguagem mais teológica, é a expressão sacramental da fraternidade da família humana mediante a justiça. Assim, a Igreja é também portadora sacramental de uma mensagem de libertação integral diante de uma sociedade que tende ao esquecimento dos que caíram no passado, no presente ou no futuro. O pobre, a opção preferencial pelos pobres, é a categoria hermenêutica fundamental e o lugar por excelência da ação eclesial, da ética e da teologia.

- A ética política cristã desenvolvida no horizonte das teologias da práxis será a instância mediadora, junto à Igreja, dessa fé crítica, pública, prática e utópica.[153]
- A legítima diversidade de correntes teológicas, portanto, deve ser teórica e ao mesmo tempo muito prática. A meu ver, contudo, uma moral social cristã libertadora e crítica só será possível no contexto de hermenêuticas teológicas (teologias políticas e teologias da libertação) que articulem expressamente a condição política e crítica da fé e, por conseguinte, o lugar central da práxis libertadora. A mesma coisa, eu o reconheço, pode ser afirmada de vários modos, mas a fome e a sede de justiça para todos, os vivos e os mortos, o interesse pela justiça indivisa, portanto a partir dos últimos, pertence às premissas da busca autêntica da verdade.

O único interesse adequado para falar de Deus é a fome e a sede de justiça indivisa, e só os homens e as mulheres que não aprisionem a verdade, com a injustiça de um interesse corporativo, estarão em condições de ter acesso à verdade da

---

[153] Só se pode falar de uma ética social desenvolvida pela teologia política europeia. Só se pode falar, de acordo com os escritos de J. B. Metz, de algumas perspectivas capazes de causar impacto num projeto de Teologia Moral Social. Ou seja: incremento hermenêutico para uma Teologia Moral Social, apreensão política do sujeito ético pessoal, rigor epistemológico como saber ético e teológico, relação teoria-práxis e primazia epistemológica da práxis (para, em e a partir de), Teologia Moral Social com alcance intereclesial. Desenvolvimento dessas ideias e obras de J. B. Metz em: QUEREJAZU, J. *La moral social y el Concilio Vaticano II*, cit., p. 631-632.

divinde e, por consequência, da humanidade. A práxis cristã será, por essa razão, mística e política. Práxis social e política em oposição à opressão estrutural; práxis utópica e lúdica em oposição à alienação humana; práxis salvífica e litúrgica em oposição ao pecado pessoal e social. Enfim, práxis política, porquanto pretende a eficácia transformadora das realidades do mundo, e práxis mística, porquanto vive da confiança nas possibilidades inéditas da história por sua abertura escatológica.[154]

À luz das teologias políticas, os diversos temas do tratado de moral social cristã começam a ser reinterpretados com significados políticos muito peculiares. Vejamos alguns exemplos.

1) *Poder e ética.* O primeiro problema da política, em sua consideração ética, é a justificação mesma de sua existência enquanto poder soberano, avalizado pela força coativa ou violência legítima. Já vimos que a ética de orientação reformista o justifica a partir do seu fim primordial: a realização do bem comum. Tal ética não afronta em profundidade a contradição "poder-violência-ética", preocupando-se apenas com o seu modelo de coerência histórica. O fato pertence à chamada "natureza das coisas", e não é a essência da autoridade.

Hoje, todavia, os estudiosos abandonaram as explicações míticas e religiosas sobre o poder político e o uso da

---

[154] Cf. MATE, R. *Mística y política.* Estella, Verbo Divino, 1990. MOLTMANN, J. *Teología política y ética política.* Salamanca, Sígueme, 1989.

força coativa ou violência legítima. A pergunta, então, surge incontida: se o poder tivesse a ver, antes de mais nada, com a desigualdade humana, como poderia levar-nos à justiça? A sua ambiguidade ética é inevitável precisamente no altar da justiça histórica?

A resposta, no diálogo interdisciplinar da ética com a filosofia social, deve ser fruto da consideração de várias perspectivas:[155] a força coativa (poder) da autoridade no Estado de Direito está submetida à lei democrática; sua finalidade primordial é a exclusão da violência arbitrária de todos contra todos; seu uso limita-se ao grau imprescindível (razoável ou civilizado) para restaurar a ordem democrática ameaçada; sua legitimidade, imediata e suficiente, é o respaldo dado pelos cidadãos a algumas regras de jogo para todos.

Sem negar o peso do medo, do costume, da apatia, do pragmatismo, do interesse etc., o respaldo cidadão a algumas regras democráticas de jogo inicialmente valida a aparição do poder político, podemos concluir. Todavia, que dizer da sua legitimidade última e universal? Digamos que os velhos arquétipos teóricos, que alguns sem desprezo chamariam de "mitos", sobre o ser humano e sua dignidade, sua "bondade" e sua "maldade" etc., têm, aqui, suas legítimas oportunidades.

Sua necessidade, por conseguinte, a inequívoca necessidade de algum tipo de força coativa para a subsistência da comunidade política, está fora de qualquer cogitação para a imensa maioria, na qual eu me coloco. Aqui, há lugar para esforços de todos os tipos no sentido de chegar-se a um

---

[155] Cf. "El poder". In: PINTACUDA, E. *Breve curso de política*. Santander, Sal Terrae, 1994. p. 119-138. GINER, S. M. *Carisma y razón. La estructura moral de la sociedad moderna*. Madrid, Alianza, 2003. ZAMORA, J. A. (Dir.). *Radicalizar la democracia*. Estella, Verbo Divino, 2001.

consenso normativo de grande qualidade política e moral em torno dos direitos humanos. Os modelos de comunidade política democrática podem ser muito peculiares quanto à organização do poder. Mas a sociedade civil, sempre vigilante e crítica, nem pode renunciar à sua necessidade, nem pode esquivar-se da responsabilidade de assumir os custos sociais que sempre tem o uso da força por seu Estado de Direito.

Nesse sentido impressiona a tese de G. Bailie sobre o que ele chama de "caos social" dos nossos dias em referência à crescente incapacidade da sociedade atual para distinguir as violências e aceitar como sua a "violência" que adquire a forma de uso legítimo da força, enquanto recurso imprescindível de todos contra alguns no caso do "delito". Pelo contrário, e seguindo essa lógica, quando não reconhecemos nenhuma violência organizada como nossa, acabamos considerando todas elas iguais e praticando-as, seja diretamente, seja através do silêncio e da cumplicidade, contra os "bodes expiatórios" de todos os medos do grupo: "Embora a deslegitimação da violência tenha muitos efeitos saudáveis, Bailie acredita que a queda do muro entre violência legítima e ilegítima desencadeia paradoxalmente uma violência ainda maior, a qual, longe de unir as comunidades, desintegra-as".[156]

2) *Democracia e igualdade real.* A democracia, em sua realização neoliberal ou simplesmente liberal, como capitalismo democrático, é objeto de todo tipo de discussões acerca de seu enraizamento e efetividade históricos.

---

[156] BRACKLEY, D. Para un *ethos* radical. *Moralia* 21 (1998) 24. Refere-se a: BAILIE, G. *Violence unveiled:* humanity at the crossroads. New York, Crossroad, 1995. Cf. também: GIRARD, R. *La violencia y lo sagrado.* Barcelona, Anagrama, 1983. Uma apresentação das teses de R. Girard pode ser encontrada em X. Etxeberria, *Ética de la diferencia*, Bilbao, Universidad de Deusto, 1997, p. 166-193.

Enquanto alguns a consideram, nesta forma precisa, o fim da história, outros acham que o capitalismo, mais do que exigi-la por essência, a converte em seu sucedâneo. Qualificativos como formal e elitista, tecnocrata e corporativista, leve e ameaçada, são habituais quando se faz referência à democracia contemporânea.[157]

Evidentemente, uma ética política em chave utópica não menospreza as conquistas da democracia liberal nos dois últimos séculos. Foi-se o tempo dos maximalismos – marxistas, acratas ou nacionalistas –, que desmereciam, e ainda por cima negavam, o interesse pelas formas democráticas, porque estas não realizavam integral e radicalmente a participação cívica e a distribuição igualitária dos bens e direitos. Dito isso, no entanto, a intenção crítico-utópica da ética defende a democracia como uma ordem social perseguida pelas condições políticas e culturais que tornam efetivas a liberdade, a justiça e a solidariedade. O desenvolvimento humano integral dos indivíduos e dos grupos consiste precisamente em universalizar os objetivos democráticos, os direitos humanos de todos e para todos.

As instituições e os procedimentos regrados da comunidade política, nesse sentido, devem promover positivamente esse bem comum complexo na forma de melhoramento das condições de vida humana para todos, e especialmente para os fracos. As pobrezas, a marginalização e a exclusão são, no fim das contas, negações relativas ou absolutas, depen-

---

[157] Cf. VELASCO, D. *Pensamiento político contemporáneo*. Bilbao, Universidad de Deusto, 1997. p. 313ss (veja-se sua abundante bibliografia). DAHL, R. *La democracia y sus críticos*. Barcelona, Paidós, 1992. DUSSEL, E. *Hacia una filosofia política crítica*. Bilbao, DDB, 2001. TEZANOS, J. F. (Ed.). *La democracia post-liberal*. Madrid, Sistema, 1996. ZAMORA, J. A. (Dir.). *Radicalizar la democracia*. Estella, Verbo Divino, 2001.

dendo do caso, mas sempre radicais, do sistema público democrático. O ressentimento que a desigualdade provoca, além disso, é o melhor caldo de cultivo para o terrorismo, e sem uma reproposição radical e racional dos problemas econômicos e sociais do planeta as perspectivas do século XXI são muito negativas.

É claro que nem tudo, nem só, é questão de estruturas históricas de justiça, pois a vida cívica depende também de atitudes nas pessoas. Contudo, pelo que me parece, esta dialética precisa, em nossos dias, da evidenciação expressa e destacada das condições estruturais da convivência na justiça e na solidariedade. Na justiça, primeiro, como uma forma de assegurar a todos os cidadãos a igualdade de oportunidades exigida pela sua comum condição. Justiça enquanto possibilidades históricas equivalentes em sujeitos, pessoas e povos que participam da mesma dignidade, dos mesmos deveres e dos mesmos direitos. É clara a importância que damos, na presente reflexão ético-social, às possibilidades de trabalho e de voz para todos. E, mais profundamente, à participação e capacidade de decisão de todos os afetados por aquelas decisões políticas e econômicas que diretamente lhes competem.

A solidariedade, além do mais, por ser o reconhecimento dos outros como iguais e diferentes, pondo-se em seu lugar, a partir da experiência da comum família humana, permite concretizar a dimensão histórica da justiça nesse lugar e nesses sujeitos. Possibilita, por sua vez, a solidariedade, o atendimento dos casos daquelas pessoas para as quais a igualdade de oportunidades só pode ser uma quimera, dada a diferença peculiar ou as necessidades extremas e imprevistas que concorrem em sua vida. A responsabilidade de uns para com os outros, o princípio da solidariedade, surge para exigir as condições imprescindíveis da justiça, nunca para substituí-las e para compensar suas insuficiências insuperáveis. Não é em vão que nossos tempos de capitalismo global exigem uma atenção específica, e muito nova, aos efeitos sociais negativos gerados pelo modo desenvolvimentista e mercantilista de organizar a economia. Por isso, "urge pensar e ter o atrevimento de propor um novo modelo de solidariedade que passe, invariavelmente, por uma profunda revisão do modelo de desenvolvimento e de estilos de vida atuais".[158]

Nesse sentido, somos movidos por algumas pretensões como estas:

a) Chegar até o modelo de produção e consumo, como sistema geral de vida e de desenvolvimento, deve ser a pretensão que, como horizonte e estímulo, tenha a maioria das propostas éticas que possamos fazer. Organizar tudo a partir dos direitos iguais dos fracos e diferentes, aceitando o custo pessoal e grupal que isso possa requerer, não parece nem fácil nem evitável numa consideração integral do desenvolvimento para hoje e amanhã.[159]

---

[158] OLLER, M. D. *Ante una democracia de "baja intensidad". La democracia por construir.* Barcelona, Cristianisme i Justicia, 1994.

[159] Cf. minhas reflexões em "Desarrollo y solidaridad: aportaciones de la doctrina social de la Iglesia", *Corintios XIII* 75 (1995) 19-80; e em "Neoliberalismo económico y moral cristiana", art. cit., p. 229-280. CENTRO NUEVO MODELO DE DESARROLLO. *La fábrica de la pobreza.* Madrid, Ed. Popular, 1994. DÍAZ SALAZAR, R. *Redes de solidaridad internacional. Para derribar el muro Norte-Sur.* Madrid, HOAC, 1996. MATE, R. *Mística y política.* Estella, Verbo Divino, 1990. ZUBERO, I. *Las nuevas condiciones de la solidaridad.* Bilbao, DDB, 1994. SCHWEICKART, D. *Más allá del capitalismo.* Santander, Sal Terrae, 1997.

b) Na perspectiva política, integralmente entendida, temos a questão do controle democrático de todos os âmbitos da vida social (política, economia, trabalho, cultura e associacionismo cívico), que apela, hoje, à participação dos sujeitos afetados, isto é, de todos os cidadãos em tudo. Quando grupos sociais muito característicos não têm importância para ninguém, os marginalizados e excluídos; quando setores determinantes da vida humana, como a atividade econômica ou a informação, fogem de qualquer tipo de efetivo controle social, na maioria dos casos por razões de liberdade, eficácia ou especialização nos conhecimentos, a sorte da democracia, enquanto igualdade de oportunidades e possibilidades, está lançada.

Como escreve Manuel Castells, a globalização dos mercados é algo real. O é, sobretudo, nas finanças, e o é em todas as atividades proibidas. Sem dúvida, isto é politicamente insustentável, porque o déficit democrático cresce entre aqueles que gerenciam o global (quem são?) e os cidadãos refugiados no local. De fato, o que conta é o global e o que nos importa, quase sempre, é o local. Daí a tensão na qual nos movemos, desconcertados e ansiosos.

Diante disso, pode-se dizer, com base no senso comum, que, se o mercado é um instrumento de distribuição de recursos que incita a criatividade e a eficácia técnica, não se deve, todavia, impedir o controle social das finalidades no uso alternativo da escassez e, no fundo, a vigilância ativa da coesão social como pressuposto objetivo de uma política democrática.[160]

O primado das necessidades humanas das maiorias e a participação cidadã no afrontamento das mesmas são mínimos morais que nenhum sistema social eticamente consistente pode deixar de se propor. A perspectiva do bem comum, conceito tão discutido pela complexidade social que representa, enquanto desenvolvimento humano integral e equilibrado de todos os direitos e de todos os sujeitos, situa a democracia na ótica da responsabilidade intergeracional ou globalização da solidariedade e da justiça, hoje e amanhã, com os nossos e com todos.

O problema da igualdade se coloca, então, na inter-relação equilibrada de todos os planos da vida social onde se jogam a justiça e a solidariedade, bem como no protagonismo geral, portanto, do povo, pelo povo e para o povo. Certo é que atribuir aos cidadãos e grupos uma esfera de liberdade que limite o poder político é mais fácil do que convocá-los e envolvê-los na participação democrática, dia após dia, e ainda mais nas situações de crise, diante de propostas complexas.[161] Mas a participação de todos, expressão co-responsável da maioridade em direitos e deveres, é a forma privilegiada

---

[160] Cf. ALBARRACÍN, J. *La economía de mercado*. Madrid, Trotta, 1991. ORMEROD, P. *Por una nueva economía. Falacias de las ciencias económicas*. Barcelona, Anagrama, 1995. SEBASTIÁN, L. de. *Mundo rico, mundo pobre*. Santander, Sal Terrae, 1992. BOWLES, S., GORDON, D. M. & WEISSKOPF, T. E. *Tras la economía del despilfarro. Una economía democrática para el año 2000*. Madrid, Alianza, 1992.

[161] Cf. OLLER, M. D. *Ante una democracia de "baja intensidad"*, cit. Cf. também: SECRETARIADOS SOCIALES DIOCESANOS DEL PAÍS VASCO. *La crisis de la democracia* (nov./1987). Id. *Refundar la democracia* (maio/1995).

na qual se expressa transversalmente a impregnação e o empenho da ética em todas as esferas da vida em sociedade.

Os cidadãos precisam mobilizar-se em vista de outros instrumentos políticos de suas sociedades – voltamos a lembrar as ideias de Manuel Castells – que respondam à nova situação. O principal problema desta "sociedade em rede" não é a tecnologia, mas a política, porque os velhos Estados, sozinhos, não podem nem sabem orientar os fluxos globais em benefício dos cidadãos. Eles são parte da solução e parte do problema quando se trata de lançar mão desses outros instrumentos políticos para evitar desigualdades e crises.[162]

O Informe da chamada Comissão Mundial sobre a Dimensão Mundial da Globalização, apresentado em fevereiro de 2004 por insistência da Organização Internacional do Trabalho (OIT),[163] confirma claramente que não contamos com as ferramentas institucionais, normativas e pactuadas para impor uma outra gestão da globalização que aproveite as suas vantagens e feche a porta às suas desvantagens. A criatividade e a vontade política devem ser os instrumentos para chegar a um marco institucional de vigilância mútua adequado.

Quanto aos sujeitos, os atores, estes devem ser numerosos e muito plurais, tanto estatais quanto não-estatais. Nenhuma das instituições globais existentes, nem mesmo a ONU, é verdadeiramente poderosa o suficiente para garantir de imediato um controle democrático e eficaz dos mercados globais, ou para, pelo menos, corrigir as desigualdades

---

[162] Cf. CASTELLS, M. *La era de la información: Economía, sociedad y cultura*. Madrid, Alianza, 1997-1998. v. I. *La sociedad red*; v. II: *El poder de la identidad.*

[163] *Por uma globalização justa. Criar oportunidades para todos* (Genebra, 2004).

básicas entre os países. Assim, a crise de legitimidade democrática das instituições internacionais é muito profunda, mas a sua reforma, atualização e recriação é, sem dúvida, mais confiável a curto e médio prazo do que a hipótese de um governo mundial que viabilize tudo com um passe de mágica.

De fato, todo mundo está de acordo que é preciso reformar o Conselho de Segurança, mas é difícil encontrar um grupo de países que pense o mesmo a respeito. Por outro lado, incontáveis atores sociais e redes crescentes de coletivos e de cidadãos devem entrar, e podem fazê-lo, num mundo de interações e reações que dará conta de todas as suas dimensões, do local ao global. O governo do mundo, sua "governança global", terá como ponto de partida o respeito ao melhor governo local possível, um governo civilizado e democrático, e estabelecerá algumas regras mais justas para a economia global, algumas políticas internacionais mais solidárias, como as que foram propostas na ONU pela Aliança contra a Fome em setembro de 2004,[164] e algumas instituições multilaterais mais democráticas e responsáveis diante dos povos.

Começam a existir ideias e propostas, como o prova o Informe citado. O mercado das ideias começa a rechear-se de reflexões ao redor de uma sociedade civil global, do poder global e da cidadania mundial, da diversidade cultural e dos direitos humanos etc. Falta, acima de tudo, vontade política nos agentes sociais mais representativos, encabeçados pelos Estados, e sobram pressões antagônicas das empresas transnacionais, bem como pretensões hegemônicas de algum Estado e do mercado liberalizador.

---

[164] Cf. *Cúpula da ONU contra a Fome* (Nova York, 20 de setembro de 2004).

Quanto a mim, proponho não descuidar a hipótese de uma sociedade civil conquistada pouco a pouco por grupos que postulem uma cultura da contestação ao sistema de ideias hegemônico, escolhendo o ponto de vista das vítimas; grupos que projetem ações coerentes com aquela visão contestadora das coisas, embora acabem resultando mais simbólicas do que efetivas e políticas; grupos que constituam redes de solidariedade alternativa, chamados a plasmar efetivamente a sua significação política.

Dou importância decisiva a esse protagonismo da sociedade civil que, tanto no Norte quanto no Sul, com diferentes possibilidades, é conquistada para causas políticas e econômicas mais justas, austeras, eficazes e inteligentes. Falo de iniciativas populares onde germina um grande movimento cívico que se empenha imediatamente na possibilidade do novo para todos, não só em "ilhas de humanidade" aos nossos, e onde se regenera a correlação de forças políticas que, no presente estado de coisas neoliberal e uniformizado, para as vítimas e para os setores populares, não tem mais nada a oferecer.

Trata-se, portanto, de resistir e crescer diante das forças hegemônicas; resistir criativamente em projetos modestos que tiram o máximo proveito da ação local e da criatividade popular.[165] Gosto de dizer que se trata de introduzir uma alternativa à racionalidade mercantilista do sistema, cuja linha seja a vida para todos; seu lugar, milhares de iniciativas populares; seu símbolo, as formigas e aranhas diante do poder dos elefantes; e sua manifestação, redes locais e

---

[165] Cf. DÍAZ SALAZAR, R. (Ed.). *Justicia global. Las alternativas de los movimientos del Foro de Porto Alegre*. Barcelona, Icaria-Intermón Oxfam, 2002. ZIEGLER, J. *Los nuevos amos del mundo y aquellos que se les resisten*. Barcelona, Destino, 2003.

internacionais de solidariedade cultural e prática diante do partido vanguardista consciente que dirige por e para todos a revolução única e total.

3) *Dimensão universal da convivência política.* Uma das necessidades políticas mais claras do mundo atual é a que se refere à tomada de consciência efetiva de nossa comum condição humana, e isso acima de diversidades culturais certas e legítimas. O jogo de relação e proporção entre o que é devido à nossa condição de seres individuais e ao mesmo tempo comunitários e sociais é uma pergunta cuja resposta é inadiável. Os modos de conceber a moralidade política no horizonte, exclusivo e excludente, de uma comunidade nacional na qual devemos muito mais uns aos outros tem alguns fundamentos éticos escassamente argumentados. Por outro lado, é tão falso o apelo à solidariedade para com "os nossos" quando as sociedades neoliberais têm dificuldades cada vez maiores para convencer os satisfeitos sobre a sua responsabilidade, inevitável e proporcional às suas possibilidades, numa saída para todos os "nacionais"!

No entanto, este é um âmbito de inigualável valor para levar adiante um "imaginário" alternativo à lógica das ideologias hegemônicas, hoje, em valores, regras e propósitos. Sabemos quais são: aquele que tem, pode e sabe; aquele que tem, é; aquele que não tem, nem sabe, nem pode, apenas existe. Afrontar o ser, isso é o que decide. Por consequência, difícil há de ser estender e conquistar todos para esse apreço pela nossa condição humana comum, ou única família humana, que a universalidade na dignidade exige de nós.

Quão longe isso está de uma globalização neoliberal para poucos, a atual, feita na medida das necessidades hegemônicas de cada país, segundo suas particulares aspirações e possibilidades de poder! E quão longe isso está também da outra forma de negar, hoje, o universalismo ético da dignidade e dos direitos humanos: a que se escuda em encarnações demasiadamente específicas dos direitos fundamentais em nome de uma inculturação respeitosa da identidade grupal!

Bem sabemos que este comunitarismo extremo é a estratégia ou meio que muitos Estados, ou que aspiram a sê-lo, e até religiões, utilizam para impedir a interculturalidade ética, anular os dissidentes e, no fim das contas, reter o poder ou conquistá-lo, caso não o tenham. A ideia de que somos uma humanidade comum pelo fato – e só por esse fato – de que somos seres capazes de criar culturas, mas todas elas diferentes e absolutamente respeitáveis, sem comparação possível, lança-nos num relativismo ético e político insuportável.

Essa concepção das culturas "essencialista e naturalista", afirma Zubero, que

> supõe que as culturas sejam incomensuráveis... sendo, por isso mesmo, todas as crenças e todos os comportamentos, na medida em que resultem [ser] coerentes e funcionais com sua cultura de referência, igualmente respeitáveis... esse multiculturalismo relativista acaba convertendo-se em niilismo prático.[166]

---

[166] ZUBERO, I. *El multiculturalismo:* un reto a nuestra historia y a nuestro futuro. Bilbao, IDTP-DDB, 2002. p. 13. A respeito deste tema, cf. também: PROGRAMA DAS NAÇÕES UNIDAS PARA O DESENVOLVIMENTO. *Informe sobre o desenvolvimento humano. A liberdade cultural no mundo diferente de hoje* (Bruxelas, 2004). BAUMANN, G. *El enigma multicultural.* Barcelona, Paidós, 2001. HUNTINGTON, S. *El choque de civilizaciones y la reconfiguración del orden mundial.* Barcelona, Paidós, 1997. SARTORI, G. *La sociedad multiétnica. Pluralismo, multiculturalismo y extranjeros.* Madrid, Taurus, 2001. TOURAINE, A. *¿Podemos vivir juntos? Iguales y diferentes.* Madrid, PPC, 1997.

Pelo contrário, diferenciar entre direitos e deveres estritamente universais, e direitos e deveres especificamente de modo diferente nas distintas culturas, ou, de outro modo, buscar uma universalidade de direitos e deveres consistente mas mediada contextual e culturalmente numa medida relevante, por isso mesmo aberta à diferença, é uma perspectiva que deve ser aprimorada, embora seja, desde já, necessária[167] e, partindo-se de um conceito de dignidade cada vez mais apurado mas inapelável em sua evidência, suficientemente fundamentada.

Empenhar-se nessa articulação dialética entre o particular e o universal dos direitos humanos e concluir a partir daí por uma ética universal, sobretudo no sentido de alguns princípios e valores fundamentais que expressam o humano irredutível; de alguns critérios hermenêuticos para a vida em comum que o possibilitam; e de algumas atitudes fundamentais em nós dignas de nossa dignidade, deverão proporcionar-nos não só a inspiração, mas ao mesmo tempo a concreção de um código moral mínimo universal. É, sem dúvida, o lugar ético de uma interculturalidade universal que percorre o mundo e perpassa, cada vez mais intensamente, todos os povos e seus cidadãos.

É precisamente aqui que o Cristianismo poderia dar ou continuar dando mais claramente uma contribuição significativa a essa consciência universal na responsabilidade de todos com todos e com tudo, "em comunidade de vida com toda a criação". Seu "imaginário" teológico, bem nutrido de conceitos e experiências tão tradicionais como a paternidade

---

[167] Cf. ETXEBERRIA, X. *Universalismo ético y derechos humanos* (manuscrito). Id. *Sociedades multiculturales*. Bilbao, Mensajero, 2004.

de Deus, a filiação do Filho e, no Filho, de todos os seres humanos; e na filiação de todos, a fraternidade samaritana, transcultural e universal; a vocação de dar frutos de caridade para que o mundo viva no bem comum e a escatologia universal que certamente já nos afeta, embora ainda não em plenitude, todo esse "imaginário", impulsionado pelo Espírito de Jesus, o Cristo, vivo no meio de sua comunidade e no mundo, é uma fonte inesgotável de justiça e de solidariedade universais, de samaritanismo libertador.

Sem dúvida, o magistério da Igreja, no mais recente ensinamento social, participa desta consciência moral que percebe a dimensão universal dos problemas sociais e culturais. A paz, o desenvolvimento integral das pessoas e dos povos, a interdependência de todos os povos e pessoas na justiça, a atenção exigida por estruturas e atitudes sociais que parecem distantes da sorte infeliz dos excluídos e pobres e a sustentabilidade do sistema integral da vida foram e continuam sendo lugares-comuns no pensamento social cristão (*Mater et magistra*, nn. 200-211; *Pacem in Terris*, nn. 10-145; *Populorum progressio*, nn. 43-80; *Gaudium et spes*, nn. 77-90; *Laborem exercens*, n. 11; *Sollicitudo rei socialis*, nn. 19; 32-34).

A última expressão desse magistério, em forma de encíclica social, formula esse propósito nada menos do que como a necessidade de "um pacto mundial pelo desenvolvimento", base da justiça e da paz (*Centesimus annus*, nn. 10; 27-28; 36; 52).

A experiência dos crentes e a consequente reflexão teológica impelem igualmente para essa proposta universal e interdependente da convivência humana, requerida como fruto exigível (dever moral) da justiça devida a todos os seres humanos sem exceção, justiça política para a posteridade, e da solidariedade devida, diacrônica e sincrônica, que complementa aquela sem substituí-la.

Tudo isso começa a ser repetido tantas vezes que pode parecer um eco. Mas silenciá-lo deveria ser o último triunfo de uma ideologia antiutópica cuja máxima – "já temos o suficiente com os nossos pobres" – nada mais é do que a maneira de viver naquilo que se pode chamar de "éticas de veludo", pois nos permite viver como vivemos revestidos da suave sensação da inocência. A práxis política e cultural dos povos "cristãos" diante desse universalismo potencial tem sido etnocêntrica e colonizadora, individualista e estadista. Todo mundo o reconhece.

Como pressionar pela realização da universalidade concreta dos direitos humanos na *polis* da globalização?[168] Como reconhecer essa tarefa no centro da ação evangelizadora das igrejas cristãs, não como vocação ou opção de alguns, mas como vivência evangélica que impregna a intenção de todos em todas as funções pastorais, sem escapatória possível, "porque Deus, o Deus de Jesus, é assim"?

Certamente, há um serviço que, como tradição cristã, podemos prestar desde já. Representantes como somos da concepção jusnaturalista em sua versão mais biologicista,

---

[168] Cf. LACROIX, M. *El humanicidio. Ensayo de una moral planetaria.* Santander, Sal Terrae, 1995. KÜNG, H. *Projeto de uma ética mundial. Uma moral ecumênica em vista da sobrevivência humana.* 2. ed. São Paulo, Paulinas, 1998. KÜNG, H. & KUSCHEL, K. J. (Dirs.). *Hacia una ética mundial. Declaración del Parlamento de las religiones del mundo.* Madrid, Trotta, 1994. UNESCO. *Carta de la Tierra* (14 de marzo de 2000). In: BOFF, L. *Del iceberg al arca de Noé. El nacimiento de una ética planetaria.* Santander, Sal Terrae, 2003. p. 148-160. [Ed. bras. *Do iceberg à arca de Noé. O nascimento de uma ética planetária.* Rio de Janeiro, Os Visionaltas Garamond, 2002.]

quanto ao pano de fundo, e dedutivista, quanto ao método, poderíamos aprofundar-nos mais crítica e biblicamente nela, tentando libertá-la de seus excessos temáticos e metodológicos; e, no fim das contas, de uma universalidade que fosse, de fato, uma imposição de nossa particularidade cultural. Nosso apreço irrenunciável pela dignidade única do ser humano, esse núcleo trans-histórico e transcultural no qual fundar a universalidade dos direitos humanos, não deveria impedir-nos de fazer ajustes hermenêuticos que os conhecimentos e a experiência histórica nos permitem. E não poucas vezes nos exigem!

Do lado prático, por sua vez, não deveríamos aceitar que a última palavra sobre a ONU já tenha sido dita no atual estado de coisas. Por mais que sua reforma seja necessária, de modo que todos os povos possam contar com ela nas proporções adequadas, a convicção de que as Nações Unidas são indispensáveis deve ser uma máxima da moral social cristã em sua expressão mais prática. De fato, com todos os seus defeitos, tratou-se da concreção histórica da noção de comunidade internacional, nome leigo do conceito cristão de família humana. As situações de genocídio, de violação massificadora dos direitos humanos ou de presumível ausência de governo tornam imprescindível sua intervenção, e só a sua, com os meios diplomáticos e com a força de que terá que ser dotada.

A ONU deverá contar com verdadeiras forças armadas sob sua bandeira e sob seu comando, tendo também os serviços de inteligência mais desenvolvidos à sua disposição, o que lhe permitirá exigir o respeito às normas internacionais com toda celeridade e, se for o caso, tomar as medidas punitivas requeridas pela situação. O tempo em que as diretrizes, protocolos, declarações e recomendações da ONU não tinham obrigatoriedade para os Estados enquanto estes não as incorporassem ao sistema legal nacional já passou, porque passou o tempo desse Estado para privilegiados.

As situações de fome e de doença, verdadeiras "guerras esquecidas" de nossos dias, a destruição do meio ambiente provocada por um modo de vida insustentável e o confronto cultural e até moral no qual parece expressar-se, hoje, o desencontro das civilizações tornam manifesta a necessidade da ONU enquanto âmbito necessário para o pacto ou contrato planetário que se ocupe desses conflitos.

Sem dúvida, já são muitos, embora ainda longe do necessário, os que defendem a reforma das Nações Unidas como a grande prioridade política de nossos dias, pois seus fins são imprescindíveis para nós: um governo democrático global; o reconhecimento efetivo dos direitos humanos em todo o mundo; a paz como segurança baseada na justiça e na liberdade; o desenvolvimento humano sustentável, hoje e amanhã; o combate democrático contra o terrorismo internacional, aceitando que a reação legítima contra ele não pode reduzir-se a operações repressivas e punitivas, mas que deve ser levada adiante também no plano político, conhecendo e evitando as causas que originam as situações de injustiça que frequentemente levam aos atos mais cruéis; além disso, no âmbito pedagógico, o alcance de uma educação e de uma cultura do respeito dos direitos humanos, particularmente da vida dos inocentes em toda e qualquer circunstância.

4) *Contestação violenta do poder político "injusto".* A questão da violência política tem sido um tema muito debatido na ética cristã. Contemporaneamente, a moral política da Doutrina Social da Igreja inclinou-se decididamente pela

não-violência (ativa) (*Libertatis conscientia*, nn. 76 e 79). Foi Paulo VI, na *Populorum progressio*, nn. 30-31, quem se referiu à vigência moral do velho pressuposto da revolta social revolucionária como "último remédio" para acabar com uma "tirania evidente e prolongada". Pouco depois, na *Evangelii nuntiandi*, n. 37, o mesmo papa reinterpretou o velho princípio indicando que o uso da violência sempre vai acabar, de fato, em situações mais injustas do que as que aspirava substituir. Em nossos dias, a referência à revolta revolucionária como saída extrema e violenta desapareceu da Doutrina Social da Igreja em favor da não violência (ativa) (*LC*, nn. 76; 78-79, e *Orientações*, n. 56). O mesmo pode-se dizer da teologia moral de corte moderado ou reformista.

Por sua vez, a teologia moral de corte radical ou crítico-utópica reflete sobre a velha tese da "legítima rebelião contra a tirania", aplicando-a como possibilidade diante de pressupostos concretos de exploração e de opressão totais. Na base da moral crítico-utópica, todavia, está cristalizada uma proposta de não violência ativa[169] como modelo de intervenção revolucionária mais eficaz, politicamente, e mais coerente com o sentir de Jesus, com a sua prática pública e com a exata identidade de seu messianismo: gratuito e kenótico. É claro que tal caminho, o da não violência radical, precisa ser considerado como mais humano do que qualquer outro, com o aval dos argumentos, do testemunho coerente de vida nos militantes e nas suas propostas crescentemente eficazes.

Essa confluência geral da moral política cristã em torno da não violência ativa obviamente tem interpretações muito

---

[169] Cf., a respeito do tema: MÜLLER, J. M. *El coraje de la no-violencia. Nuevo itinerario filosófico*. Santander, Sal Terrae, 2004.

diferentes na ação política concreta dos distintos grupos cristãos que a acolhem em contextos sociais absolutamente desiguais e diferentes. De qualquer modo, a confluência geral dos cristãos não significa, ainda, uma negação explícita da formulação mais clássica sobre a legítima rebelião em casos extremos, a "resistência à tirania", mas o silêncio e as omissões a esse respeito devem fazer-nos pensar em sua *re*-interpretação.

Nessa mesma direção apontam as novas formulações do Cristianismo sobre a paz e, concretamente, sobre as práticas pacifistas preferidas em todo lugar, bem como sobre a crise de vigência da chamada "teoria da guerra justa". Alguns autores diferenciam com perspicácia um duplo paradigma ético, o possibilista e o radical, na questão da guerra e sua legitimidade,[170] provando que o paradigma atual da Igreja sobre a guerra bem que poderia merecer a avaliação segundo a qual, embora algumas intervenções de João Paulo II tenham circulado sobre o paradigma radical, o conjunto da reflexão teológica e das expressões do magistério estão exigindo uma posição bem mais clara a propósito.[171]

---

[170] Cf. VIDAL, M. *Moral de actitudes*. 8. ed. Madrid, PS, 1995. v. III: *Moral social*, p. 898-905. Id. *Para comprender la objeción de conciencia y la insumisión*. Estella, Verbo Divino, 1995. Sobre esse tema, cf. também: JOHNSTONE, B. "El pensamiento actual sobre la paz y la guerra: ¿se debe abandonar la teoría de la guerra justa?" In: Id. *La justicia social*. Madrid, PS, 1993. p. 341-356 (breve e clara apresentação de seis claras posições a respeito do tema da guerra justa). MIETH, D. & AQUINO, M. P. (Eds.). O retorno da guerra justa. *Concilium* 290 (2001/2) 5-8. MATTAI, G. Dalla guerra all'ingerenza umanitaria. *Asprenas*. *Rivista di Teologia* 42/2 (1995) 249-262. RUIZ MIGUEL, A. Paz y guerra. In: Id. *Filosofía política*. Madrid, Trotta, 1996. v. II: *Teoría del Estado*, p. 245-264. WALZER, M. *Guerras justas e injustas*. Barcelona, Paidós, 2001.

[171] Cf. JOHNSTONE, B. Op. cit., p. 341-356. SEGURA, J. *La guerra imposible. La ética cristiana entre la "guerra justa" e la "no-violencia"*. Bilbao, DDB, 1991. Durante os últimos 15 séculos, a doutrina da guerra justa se impôs como a posição mais aceita na doutrina e na reflexão teológica do catolicismo. Quanto à sua formação, a

Outros autores diferenciam, percebendo uma certa continuidade, entre a não-violência radical e a não violência moderada, da qual a ingerência humanitária extremamente controlada seria uma das formas.

Mas a verdade é que, a meu ver, podemos sentir-nos bastante orgulhosos do crescimento moral da comunidade cristã neste campo. Partindo dos textos neotestamentários em que Jesus rechaça inequivocamente qualquer violência,[172] o Cristianismo avança marcado por uma experiência radical que Joseba Segura resume do seguinte modo: "A atitude fundamental e constante de Jesus, tanto teórica quanto prática, é profundamente pacífica e oposta a toda vingança. A não violência é um dato cristologicamente essencial".[173]

É verdade, todavia, que depois da conversão do imperador Constantino (313) e sobretudo com o Edito de Tessalônica (380), que tornou obrigatório o Cristianismo em todo o Império Romano, o abandono progressivo do pacifismo foi um fato, e o princípio da realidade acabou ocupando um espaço de enorme importância. Embora a prática pacifista do Cris-

---

teoria moral da guerra justa começa a ser formulada em Santo Agostinho (A cidade de Deus, XIX, 7), sendo sistematizada por São Tomás de Aquino (ST II-II, q. 40). Desenvolvida e aplicada à nova realidade dos Estados modernos e das guerras de colonização pela Escola de Salamanca (Francisco de Vitoria) e pela Escola Teológica da Companhia de Jesus (Suárez, Molina), é repetida sem variações pela teologia moral desde o século XVII até Pio XII, no século XX. O núcleo configurador da teoria moral é constituído por algumas condições que tornariam toleráveis certas guerras, até mesmo de natureza ofensiva. Tais critérios costumam ser ordenados em dois tipos, dependendo se os mesmos se referem às condições que devem ser cumpridas antes de iniciar-se a guerra (ius ad bellum) ou às que devem orientar seu desenvolvimento (ius in bello), que facilmente podem ser encontradas em qualquer dos trabalhos que acabamos de citar.

[172] Mt 5,9.39.43-48; 26,51-53. Cf. GONZÁLEZ-CARVAJAL, L. Entre la utopía y la realidad. Curso de moral social. Santander, Sal Terrae, 1998.

[173] SEGURA, J. Violencia y guerra. In: VIDAL, M. (Ed.). Conceptos fundamentales de ética teológica. Madrid, Trotta, 1992. p. 812.

tianismo primitivo tenha sido uma tendência muito marcante, de forma alguma as instituições militares foram consideradas ilegítimas. O debate interno no Cristianismo a partir de Tertuliano[174] terá um influxo muito grande no Ocidente, fixando os dois polos entre os quais oscilará a consciência moral cristã: a não violência e a objeção de consciência, por um lado, e a legítima participação na guerra justa, por outro. Sempre, no entanto – escreve Luis González-Carvajal –,

> os cristãos continuaram julgando antievangélica a violência, [que] às vezes lhes parecia inevitável. Viam-se obrigados a recorrer a ela, mas nem por isso atreviam-se a declará-la legítima... E nesse clima mental a cristandade, já que considerava inevitáveis as guerras, propôs-se pelo menos regulamentá-las, com o fim de reduzir seus males na medida do possível. A partir do século IV começou a ser elaborada a teoria da guerra justa... E essa contradição manteve-se viva durante muito tempo... [Posteriormente foi degenerando] e a partir do século XI foi dado o último passo convocando-se as cruzadas... A guerra chegou a ser considerada um instrumento ordinário para a realização da política nacional... Esqueceu-se por completo, ademais, a doutrina da guerra justa, e... durante a guerra, tudo parecia permitido.[175]

Hoje, no entanto, o mundo cristão está retornando ao espírito do Evangelho. As posições de Pio XII diante da iminente Segunda Guerra Mundial (rádio-mensagem de 29 de

---

[174] Cf. TERTULIANO. *Apología* 37 (ano 197): ele considera conveniente a participação dos cristãos em todas as esferas da vida pública, inclusive da vida militar. *De corona* 1; *De idolatria* 19, 3 (ano 211): pergunta sobre a licitude da presença dos cristãos no âmbito militar, e dúvida sobre a compatibilidade do ofício militar com a vida cristã.

[175] GONZÁLEZ-CARVAJAL, L. *Entre la realidad y la utopía*, cit., p. 357-366.

agosto de 1939) e sobretudo de João XXIII na *Pacem in Terris* (11 de abril de 1963) e do Concílio Vaticano II na *Gaudium et spes* (7 de dezembro de 1965), negando toda legitimidade às guerras ofensivas e condicionando ao extremo as defensivas (n. 79d), trazem-nos à atualidade, onde João Paulo II, e em geral "todas as igrejas cristãs", se aproximam do paradigma radical: rejeição de qualquer guerra ofensiva como meio legítimo para fazer justiça, dado o potencial destruidor do armamento moderno e diante da possibilidade – e, em suma, da obrigação moral – de recorrer a meios de caráter não violento antes desconhecidos e hoje cada vez mais garantidos e efetivos: a pressão financeira internacional; a pressão diplomática da ONU e de outros organismos multilaterais; e a pressão comercial e da opinião pública internacional, que representam formas de não violência muito ativa que não podem deixar de ser qualificadas de força não violenta.

Baseados nesses recursos pode-se superar, com vantagem moral e política, a renúncia à guerra ofensiva. Falta vontade política, mas pode-se. É óbvio que também a rebelião democrática tem sua forma moral mais coerente no uso da força, que é a não violência ativa.

Nessas mediações da não violência ativa, além disso, aumenta, se é que é possível, a coerência da rejeição moral também merecida pela guerra ofensiva. Sendo praticamente impossível salvaguardar o princípio de proporcionalidade entre os prejuízos evitados e os causados, às partes beligerantes ou a terceiros, pois os meios que devem ser empregados são tais que se torna de fato impossível fazer com que as calamidades provocadas sejam menores do que a injustiça que se quer reparar, pergunta-se: que é que poderia legitimá-la, sem cair na contradição de querer justificar os meios pelos fins?

De fato, a guerra ofensiva de tal modo representa expressões do mal que, sem comparação quantitativa nem qualitativa, por necessidade acaba sendo o mal maior.

Se, como já se disse, a guerra ofensiva não admite mais qualquer exceção moral, pois "serviu para legitimar todas as guerras havidas no mundo", pelo fato de fazer do ofendido juiz e ao mesmo tempo parte na questão, "discriminando as nações mais fracas" em favor das fortes, e se hoje "não há proporção possível entre os prejuízos de uma guerra e o bem que se pretende fazer", proponho deduzir que a própria guerra defensiva esteja moralmente com suas asas cortadas.

Para mim, os meios representados pela força da não-violência ativa, em suas expressões nacionais e internacionais, pessoais e estruturais, aí incluindo, portanto, a ingerência humanitária em todas as suas formas rigorosamente controladas, fecham historicamente todos os caminhos à guerra ofensiva e, quase sem exceção real, à guerra defensiva. No fim das contas, passando da teoria para os fatos, nas relações internacionais contemporâneas só as grandes potências estão em condições de iniciar guerras ofensivas, e são elas precisamente as únicas que contam com meios para iniciá-las e também para evitá-las.

Por conseguinte, se podem evitá-las, como se poderia justificar que as comecem? E só as grandes potências têm condições, de fato, para iniciar ou permitir guerras defensivas, pois sem o seu concurso ou autorização as guerras defensivas podem apenas acontecer. Por isso, se podem autorizá-las ou iniciá-las, por que não poderiam substituí-las com vantagens através da força da não-violência ativa, praticada em todas as suas expressões, dentre essas a presença de forças armadas da comunidade internacional, isto é, as Nações Unidas?

Portanto, não tem sentido falar de guerras justas, mas de causas históricas que geram os conflitos e dos organismos e meios internacionais que podem provocá-los, pois os critérios da guerra justa (defensiva e com efeitos proporcionais) perderam quase todo o seu significado e se tornaram, de fato, inviáveis.

Ora, se o pensamento moral cristão aponta para o fato de que a guerra moderna implica um grau tão elevado de violência que torna impossível considerá-la como um "mal menor", verificando-se em si mesma sempre um mal, e com certeza um "mal maior", esse é o horizonte político que nos interpela. Abordá-lo, para superá-lo, é o futuro, e o futuro já está aqui. A questão da guerra e de sua legitimidade já é a questão do trabalho pela paz. Em outro momento, como fechamento dessas noções de moral política cristã, vou ocupar-me em dar um significado estrito a esta grande palavra, "a paz como metacategoria moral" no modelo crítico-utópico, considerando-a como um princípio regulador da vida social e como atitude nas pessoas, na vida política em todos os seus níveis e na coerência interna do sujeito.

Agora, olhamos para a paz na perspectiva de superação da guerra e pensamos nos caminhos que devem ser trilhados para evitar essa estratégia tão perversa. Um desejo, é bem verdade, mas com ares de realização histórica. Pensamos no fim da corrida às armas e na destruição dos arsenais. O compromisso antinuclear de todos, para que todos nos salvemos, é o começo imprescindível de uma "ordem internacional" (*GS*, n. 82). E juntamente com as armas nucleares, as demais armas de destruição em massa e as centenas de armas convencionais, desenvolvidas com os propósitos mais inumanos, muitos dos quais piores, se possível, do que o de matar. Pensamos num mundo mais justo em suas relações comerciais e políticas, porque "o desenvolvimento é o novo nome da paz" (*PP*, n. 87) e "a paz só será possível como fruto da justiça" (*SRS*, nn. 10 e 39. *CA*, n. 52).

A paz só será alcançada com a realização da justiça social e internacional, bem como com a prática das virtudes que favorecem a convivência (*SRS*, n. 39).

Pensamos, segundo a citação anterior, naquilo que alguém chamou de "desarmamento dos espíritos", isto é, um homem com consciência e mentalidade novas, o único que pode permitir que as regras internacionais de negociação, pacto e pressão funcionem. Pensamos, sem ingenuidade mas com convicção, na ONU como autoridade democrática universal, e na encomenda de uma força confiável e, se for o caso, efetiva para a intervenção humanitária da comunidade internacional onde for necessário, "uma autoridade supra-estatal à qual se conceda o monopólio da violência legítima".[176]

Temos conhecimento da realidade e da dupla medida moral e política utilizada pelas grandes potências e particularmente pela potência de maior destaque, os Estados Unidos da América. A "guerra do Iraque" abriu os nossos olhos por muito tempo. Os interesses estratégicos, econômicos, armamentistas e culturais nela reunidos nos fazem estar muito conscientes das dificuldades da paz; mas a recontagem de possibilidades históricas mais morais está aí e é irrenunciável.

---

[176] Ibid., p. 380.

A guerra pode e deve ser substituída por formas de pressão não violentas, com aquela legitimidade que lhe é conferida pelo controle democrático de uma comunidade mundial representada nos órgãos de decisão e de controle. A educação para a paz e o próprio surgimento de uma cultura da paz têm nesses propósitos todas as suas oportunidades e dificuldades, e seu fruto mais tangível deveria ser "a desmilitarização da defesa, da sociedade e das consciências".

Se a militarização da sociedade, da cultura e das pessoas, em sua versão mais crassa, significa o controle dos centros de poder de uma sociedade pela instituição militar, nas sociedades democráticas e desenvolvidas do ambiente que nos rodeia tal fenômeno acontece através dos fortes condicionamentos do aparato militar sobre o poder político e sobre a vida social (M. Vidal):

- hipertrofia do aparato militar em gasto público e emprego de efetivos sociais;
- peso do aparato militar no tecido econômico de um país (pesquisa, produção, comércio);
- cultura militarista expandida pelo corpo social em valores, símbolos, educação etc.

A militarização supõe uma das estruturas mais disfuncionais para a democracia participativa. Enfrentar esse fenômeno implica considerar seu significado político (interesses materiais), cultural ("imaginário" simbólico de uma sociedade) e militar propriamente dito (defesa, exércitos, serviço militar).

A terceira dimensão é a mais visível, não a mais radicalmente decisiva. Em vista dela, fala-se, em nossos dias, da "desmilitarização da segurança e da defesa, em seus objetivos, instrumentos e âmbito"[177] e da "reorientação dos exércitos para incumbências de pacificação internacional", que de forma alguma nos livra de novos dilemas. A última questão sobre a instituição militar, enquanto tal e em sua evolução, é a que se refere à sua própria existência: a sua existência é contraditória com a ética cristã?

O Concílio Vaticano II, a respeito, dá a seguinte orientação: "Os que, a serviço da pátria, encontram-se no exército, considerem-se instrumentos da segurança e da liberdade dos povos, pois, desempenhando bem essa função, contribuem realmente para estabilizar a paz" (*GS*, n. 79). Mas o certo é que, nas atuais circunstâncias do mundo, os exércitos nacionais surgem como uma herança histórica a ser superada num futuro mais humano, uma estrutura em algumas de suas formas necessária e ao mesmo tempo contrária ao espírito do Evangelho.

Enquanto não a superamos, é sempre possível a desmilitarização da instituição militar nos modelos de resposta aos conflitos, nos modelos de socialização "patriótica" ou nos modelos de relação entre os Estados da comunidade internacional.[178] A desmilitarização da defesa, da sociedade civil e das consciências: eis o caminho da moral social cristã. A sociedade civil deve ser cada dia mais o sujeito privilegiado de uma ética da paz diante das elites.

---

[177] Cf. VIDAL, M. *Para comprender la objeción de conciencia y la insumisión*, cit., p. 144ss. Veja-se, ali, o desenvolvimento de tais ideias.

[178] Cf. bibliografia sobre a matéria em: VIDAL, M. *Para comprender la objeción de conciencia y la insumisión*, cit., p. 158-159. Importante: UNESCO. "Carta de la Tierra" (14 de marzo de 2000). In: BOFF, L. *Del iceberg al arca de Noé*, cit., p. 157-159: texto integral nas p. 148-160.

Quanto à utopia e aos fins, a paz coloca-nos um problema de civilização, de modelo de convivência social e cultural. A "cultura da paz" questiona radicalmente uma civilização da violência em favor dos direitos humanos de todos, em todo lugar e em todo tempo, em favor da tolerância, do diálogo e dos valores mais fundamentais para o ser humano. Quanto à história e aos meios, a paz coloca-nos um problema de estratégias coerentes com os fins, ou seja, antibelicista: pela "defesa integrada", pela defesa civil, pela não violência ativa, pela objeção de consciência e pelo desarmamento unilateral.

Na perspectiva das estratégias positivas, a paz coloca-nos o problema da justiça social, o ensaio de formas de convivência não violentas, programas de educação para a paz, extensão pública da cultura da paz e conversão dos corações aos valores pacificadores.[179]

Temos tarefas pela frente. As práticas, acima de tudo, mas também as teóricas, a fim de renovar o significado integral da categoria ética e teológica que denominamos paz.[180]

---

[179] Cf. bibliografia sobre a paz em: VIDAL, M. *Para comprender la objeción de conciencia y la insumisión*, cit., p. 131-132. Cf. também, por sua novidade: MÜLLER, J. M. *El coraje de la no-violencia. Nuevo itinerario filosófico*. Santander, Sal Terrae, 2004.

[180] Quanto a mim, considero tão evidente a imoralidade da pena de morte que não dedicarei a esse tema um capítulo à parte para verificá-la como uma forma de violência em discussão. O fato de que haja ainda hoje mais de cem países que a mantêm como uma das penas previstas, tendo os Estados Unidos da América à frente, significa pura e simplesmente um motivo a mais para lutar pela sua erradicação legal e cultural.

UMA IMAGEM DE INTEGRAÇÃO ENTRE ÉTICA E POLÍTICA INSPIRADA NA PROPOSTA DE PAUL RICOEUR

Diz-se que uma imagem vale mais do que mil palavras. Vamos ouvir um autor que pode dar-nos uma ideia muito profunda, e ao mesmo tempo simples, sobre essa relação sempre discutida e não resolvida que é a da política com a ética. No caso de Paul Ricoeur,[181] as relações entre ética, política e economia, numa sociedade livre, deve ser proposta de forma inter-relacional. Graficamente, poderíamos falar de três círculos cortados no centro e que partilham um espaço comum, os valores e direitos humanos de referência obrigatória na moral, na política e na economia, enquanto ao mesmo tempo mantêm zonas ou espaços próprios, aos quais corresponde uma legítima autonomia. Uma autonomia não absoluta, é verdade, mas relativa.

Gosto dessa imagem, mas acrescento o adjetivo "relativa" para pedir um passo a mais e sugerir que a ética acompanha sempre a atividade política e econômica, embora o faça em cada momento dessas atividades com concreção e grau de obrigatoriedade distintos. Trata-se, enfim, de respeitar as modulações que a ação humana adquire em seu

---

[181] Cf. RICOEUR, P. Éthique et politique. *Esprit* 101 (1985) 1-10. Id. *Política, sociedad e historicidad*. Buenos Aires, Docencia, 1986. Id. Estado y violencia. In: Id. *Historia y verdad*. Madrid, Encuentro, 1990. Id. *La memoria, la historia, el olvido*. Madrid, Trotta, 2003. ETXEBERRIA, X. *Ética básica*. Bilbao, Universidad de Deusto, 1996.

desenvolvimento e, por conseguinte, a diversa e peculiar impregnação ética de cada momento de uma ação política, seja no que diz respeito aos fins mais abstratos, seja no que se refere aos meios mais precisos e concretos. Sua presença, no entanto, a presença da ética como companhia transversal, é permanente e decisiva sempre.

Voltando a Paul Ricoeur, a ética desenvolveria como espaço autônomo a parte que se refere à fundamentação dos valores e direitos sobre os quais há (ou deve haver) acordo numa sociedade pluralista (pluralismo cosmovisivo numa democracia). A ideia me agrada, e a adoto. Contudo, eu sublinharia de novo que se trata de uma exterioridade ou autonomia relativa, porque as diferentes cosmovisões só podem dar-se como realidades influenciadas pela posição social, política e econômica dos cidadãos plurais e, é claro, obedientes a uma lógica que é coerente com os direitos humanos que as fundamentam. Portanto, não se pode imaginar as cosmovisões como um espaço livre de influências socioeconômicas ou ao abrigo de qualquer critério ético em seu crescimento teorético.

Em consequência disso, precisamos lembrar que esses valores compartilhados por uma sociedade pluralista e democrática (*Dignitatis humanae*), manifestação na qual a ética, a política e a economia se mostram claramente entrelaçadas, também são influenciados em sua interpretação operativa pelas posições sociais, políticas e econômicas dos cidadãos, bem como pelas possibilidades materiais de cada situação histórica que os submetem a um realismo e cálculo mínimos.

Por conseguinte, a ética, enquanto valores comuns e compartilhados por uma sociedade plural, e a ética, enquanto fundamentação cosmovisiva que os avaliza, livre e plural, sempre é ética situada em processos sociais, políticos e culturais que a condicionam. A ética, além disso, enquanto valores comuns e compartilhados, requer das fundamentações livres e plurais a coerência lógica imprescindível para que não sejam possíveis cosmovisões totalitárias ou de natureza análoga. E enfim, a ética, enquanto valores compartilhados que impregnarão a política, a economia e a cultura de um local, acompanha essas atividades em todos os momentos de sua concreção e, a seu modo, também naquilo que se vem denominando espaço de relativa autonomia dessas atividades sociais.

Por sua vez, esses espaços materiais submetem a ética ao devido realismo e à modéstia que toda aplicação material exige. Estamos longe, portanto, não só do cientificismo social e do dogmatismo ético, mas de outras formas mais sutis de transformar a autonomia relativa da política em autonomia absoluta e, ao mesmo tempo, a relativa peculiaridade da moral em autonomia absoluta, incondicionada, socialmente, quanto aos fundamentos e às normas.

Nesse horizonte hermenêutico, e assim voltamos a Paul Ricoeur, a política (o Estado), que não é só força (Max Weber), nem só força de classe (Karl Marx), deve propor-se, em algum grau e a todo momento, o interesse geral ou bem comum, para conciliar o eficaz e o justo, o racional tecnoeconômico e o racional ético. Essa é a dobradiça da atividade política. Todavia, de que modo o fará?

1) Reconhecendo que a vida pública democrática não pressupõe a harmonia social, quiçá nem a pretenda, aspirando unicamente administrar a diversidade de ideias e de interesses sociais,

permitindo a mais eficaz assunção das diferenças (Xabier Etxeberria).[182]

2) Portanto, não com uma ordem política que elimina os conflitos, porque estes são inevitáveis em toda convivência social, mas criando um "estado" da discussão livre organizada, isto é, que dispõe dos procedimentos para o aparecimento de "todos" os conflitos e para a resolução dos que já têm remédio ou, se não houver, para o equilíbrio provisório dos ainda não resolvidos.

3) Com uma ordem política que garanta a participação nas decisões de um número cada dia maior de cidadãos envolvidos, até conseguir chegar a todos, sem exclusão nem privilégios.[183]

---

[182] Cf. ETXEBERRIA, X. *Ética de la diferencia. En el marco de la antropología cultural.* Bilbao, Universidad de Deusto, 1997. Id. *Ética básica*, cit.

[183] Paul Valadier escreveu que o Estado solicita e exige adesão em nome da participação que dá garantias, libertando o cidadão do temor dos outros. Mas o que acontece com essa legitimidade moral quando o Estado encarna a ameaça? Não está acontecendo algo disso em nosso tempo? In: *Iglesia en proceso.* Santander, Sal Terrae, 1990. p. 54-55.

A DEMOCRACIA COMO PROCEDIMENTO FORMAL E A DEMOCRACIA COMO META MORAL: PROCEDIMENTO, FINS E ATITUDES CÍVICAS

Outra vez uma questão disputada onde quer que ela surja. Em princípio, a democracia se apresenta como um conjunto de normas de procedimento ou regras do jogo que servem para ordenar, mediante o equilíbrio de maiorias e minorias, os conflitos de interesses de uma sociedade.[184]

Todavia, se quisermos situar-nos devidamente na vida política, precisamos dizer que a democracia representa algo mais do que um procedimento formal de consenso. É uma forma de entender a vida e a organização social baseada no caráter único do ser humano, um ser intrinsecamente pessoal, social e político. A democracia exige valores que a sustentem e que orientem sua seleção de objetivos. Nas palavras de Paolo Flores d'Arcais, na democracia a maioria é um princípio muito importante, "mas é o segundo". O primeiro e fundamental princípio, pelo contrário, é o respeito aos valores éticos na política que a poesia das constituições democráticas defende, por mais que a prosa da política quotidiana, é bem verdade, tantas vezes os pisoteie. Mas a soberania dos valores fundantes é a que legitima as democracias, bem como os que as contestam.

---

[184] Cf. SARTORI, G. *Teoría de la democracia*. Madrid, Alianza, 1998. BECK, U. *La democracia y sus enemigos*. Barcelona, Paidós, 2000.

Assim entendida, a democracia é uma organização que obedece à substância moral de sua meta: a realização mais plena das pessoas, das famílias, de todas as associações da sociedade civil e dos povos. Diante dela nos perguntamos não só se há acordos formais, mas também que objetivos humanizadores para todos nos vinculam, com especial cuidado para os cidadãos mais fracos.

Traduzida em valores, a liberdade, a justiça e a solidariedade são critérios irrenunciáveis quando se trata de validar a substância democrática.[185] A ordem democrática deve criar as condições que tornem efetivos esses valores, marco adequado para a realização pessoal e comunitária das pessoas. E a ordem democrática exige algumas atitudes e comportamentos éticos nos cidadãos que se entregam fielmente a essa causa. As convicções democráticas não são algo genérico na inspiração das leis, mas no coração de cada um dos cidadãos.

As democracias liberais tiveram êxitos importantes ao criar sistemas de governo que limitam o poder, salvaguardando a liberdade dos cidadãos em certas esferas, mas não obtiveram o mesmo êxito na conformação de alguns valores políticos compartilhados ou de algumas convicções feitas atitudes. O resultado mais doloroso é observar como o "profundo elitismo dos sistemas democráticos atuais deixa a

---

[185] "A prática atual [da democracia] é muito diferente. Primeiramente, não insiste o bastante em que é algo mais do que algumas regras de procedimento... O procedimento, no entanto, repousa sobre os valores da justiça e da dignidade moral. Em sua abstração, possuem um conteúdo mínimo. É necessário *acrescentar-lhes* determinações, pois para isso é que serve o procedimento. Este, porém, deriva daqueles valores e não pode negá-los. Não é, por isso mesmo, revogável por nenhum direito particular, nem por nenhuma maioria." VALLS, R. *Ética para la bioética y a ratos para la política*. Barcelona, Gedisa, 2003. p. 179.

democracia sem defesa em momentos de grave crise social e política",[186] ou a conduz a uma luta sem quartel por causa de corporativismos com aparência de direitos adquiridos.

Tal observação dos sistemas democráticos atuais como campos de batalha entre grupos radicalmente confrontados exige-nos prestar atenção a uma questão inquietante. Deve a democracia solucionar todos os conflitos que nela podem ocorrer? E mais: subentende-se que deve evitá-los? Frequentemente, as pessoas se queixam que a convivência democrática é um mar de conflitos e tramas; mas têm elas razão ao se surpreenderem tanto assim? Pode-se esperar o contrário?

Vamos logo dizendo que o conceito de democracia que aqui propomos não foge do conflito, não o oculta, nem o nega ou impede. Ao contrário, facilita seu surgimento e exige que o mesmo aflore. Pode-se dizer que a democracia, quanto a procedimentos, é o modo inventado mais eficaz para que os conflitos possam emergir. Mais ainda: quanto mais democrática for uma convivência, mais fácil se tornará para os conflitos virem à luz. Este é o propósito primeiro da democracia: que tudo o que puder ser público seja. Que nada fique oculto, a não ser em virtude de sua natureza privada, e jamais por causa da repressão política de uma voz, de uma ideia ou de um interesse.

Em síntese: a democracia é o procedimento mais eficaz para o surgimento e a assunção dos conflitos sociais, dando uma solução pactuada aos que já tem, de imediato, um remédio justo, e proporcionando uma cobertura pactuada

---

[186] Cf. OLLER, M. D. *Ante una democracia de "baja intensidad"*. Barcelona, Cristianisme i Justícia, 1994. p. 35. SECRETARIADOS SOCIALES DEL PAÍS VASCO Y NAVARRA. *Refundar la democracia* (mayo/1995). SCHUMPETER, J. A. *Capitalismo, socialismo y democracia*. Madrid, Aguilar, 1975.

de mínimos de humanidade, provisória, aos conflitos que ainda não podem ser resolvidos ou superados em termos de plena justiça. E nesse equilíbrio tão instável e provisório vai exercendo todas as suas virtualidades como procedimento jurídico e moral. Outra coisa é o sonho – ou a fantasia, melhor dizendo – de imaginar nossa terra como um paraíso.

Evidentemente, a democracia, e este detalhe também é característico de uma moral política crítico-utópica de inspiração cristã, pois para nós a democracia não é um simples procedimento, mas representa também conteúdos substanciais ou morais, postulará e almejará a superação de todos os conflitos, incluídos os antagônicos. Quanto aos últimos, sabedora de que frequentemente pode apenas diminuir sua intensidade e crueza, irá em busca de um ponto de equilíbrio provisório e mais justo até que outra correlação de forças permita maior justiça ou, finalmente, sua resolução definitiva.

Tal postura torna manifesta a diferença de uma proposta moral crítico-utópica que se distancia de um conceito de democracia meramente procedimental, mas também de um conceito de democracia substancialmente conservador, isto é, o que considera um fato que os antagonismos são insuperáveis, por serem "naturais" ou por serem "funcionais". Ao mesmo tempo, faz-nos salvar o realismo político imprescindível de quem reconhece como avança concretamente a história política de uma comunidade.

Nós reconhecemos que sempre haverá conflitos sociais antagônicos, mas não necessariamente os mesmos, pois todos são superáveis. De outro modo, estaríamos sacralizando o *status quo*, a pior das formas ideológicas, a da idolatria. E acrescentamos: todos são superáveis, mas ao mesmo tempo uns irão sucedendo a outros, ou os mesmos aparecerão de outro modo. Penso na produção e apropriação dos bens econômicos, nas tradições culturais e religiosas, na nação e nos Estados, na imigração. Mas insistamos nessa diferença. Conflitos antagônicos, ainda não resolvidos, sempre existirão. Conflitos insuperáveis, absolutamente perenes, não podemos aceitá-los sem perder a esperança e o sentido da justiça.[187]

O mundo cristão, sempre tão afeito a esse irenismo que quer ajustar os conflitos sociais apelando para a sua complementaridade de fundo e para as boas intenções das partes, ou, em outros casos, ao pessimismo mais extremo diante do conflito, considerado território do "demônio", nesse mundo é comum pensar no amor gratuito como aquela atitude que poderia superar definitivamente e na raiz a situação social do conflito. Todavia, não nos enganemos. O amor gratuito pode resolver conflitos pessoais, até mesmo os antagônicos, enquanto atitude moral de uma ou várias pessoas com convicções religiosas profundas. Mas não pode ser pensado como uma atitude ética universalizável no sistema social democrático, ou seja, como virtude, e muito menos como norma, devida e exigível.

A vida democrática, dizíamos, prima pelo pacto que realiza a justiça, ou, no mínimo, quando as condições forem ainda muito "verdes" e a confrontação social pode ser "a

---

[187] Vamos deixar de lado a questão "metafísica" para saber se há estruturas do sujeito, como o egoísmo, a sede de poder e de ter, o ódio ancestral ou a paixão tribal exacerbada, que de mil formas reaparecem com a natureza própria do que é antagônico. A democracia procedimental sonha em "domar" sua aparição. A democracia substantiva sonha em "domar" sua aparição e em "aproximar-se da resolução". Não existe um tempo histórico, passado, presente ou futuro, sem conflitos, certamente alguns deles antagônicos, mas existe, isso sim, a utopia, não a quimera, de um mundo que pode reduzir todos eles, não repetir muitos e quiçá evitar os antagônicos.

morte", dela se aproxima, salvando um limiar de humanidade ou civilização no qual os direitos mais elementares da convivência estejam a salvo. Às vezes, simplesmente através da renúncia à violência como uma forma de dirimir as diferenças, em favor da palavra. A democracia, entendida como substância ou meta, não pode renunciar à justiça nessas situações, infelizmente ainda tão comuns. É sua tarefa ética na política. A ética o exige da política como nível mínimo de justiça, abaixo do qual ninguém é obrigado a respeitá-la.

A ética como gratuidade, que alguns chamam de "máximos de felicidade", representa um conjunto de realidades morais muito formosas que a própria fé ou cosmovisão nos presenteia, mas não são linhas exigíveis universalmente numa democracia pluralista e leiga. É claro que enriquecem o patrimônio moral comum da humanidade e que o nutrem com profundidade inigualável, mas as linhas morais, e no fim das contas legais, exigíveis de todos por serem devidas por todos, quando se trata de erradicar antagonismos numa democracia, são fruto da chamada justiça humana e não da gratuidade compassiva, embora não haja dúvida, e o repetiremos sem enrubescer, que o último alento da justiça é a compaixão humana e, para o crente, a misericórdia divina.

Dito isso, e estabelecido quão distante estão as democracias reais de sua vocação de justiça para todos os grupos e conflitos, que reformas específicas são requeridas pelos sistemas democráticos para sair de seu ancilosamento e elitismo? Não estamos diante de uma questão sem resposta. De fato, e atendendo a todas as áreas da convivência em vista de uma verdadeira democratização da sociedade civil, é muito o que já está sendo defendido quanto à vida política,[188] à economia[189] e à cultura.[190]

Mas, de novo, não nos enganemos: o problema é acima de tudo político; trata-se de um problema de vontade política em todos os povos da Terra, dentro de cada um deles e de todos juntos, sem esquecer que as possibilidades e responsabilidades, todas necessárias, são muito distintas. Algo disso já sabemos, sobretudo na perspectiva econômica, como se pode ver no primeiro volume desta *Moral social samaritana.*

---

[188] Cf. CORTINA, A. *Ética aplicada y democracia radical.* Madrid, Tecnos, 1993.

[189] Cf. o reconhecido trabalho de D. Schweickart, *Más allá del capitalismo*, prólogo de L. de Sebastián, Santander, Sal Terrae, 1997. Sua proposta esboça as seguintes linhas: gestão democrática das empresas pelos trabalhadores (cooperativas); mercado livre para as matérias-primas e bens de consumo, mas não para a força de trabalho e para o dinheiro; "controle" social dos investimentos, cujo fundo será gerado através dos impostos, distribuindo-os segundo critérios que atendam ao mercado e às necessidades sociais, democraticamente expressas. Em todo caso, "o capitalismo, por mais triunfante que possa parecer atualmente, não pode mais ser justificado nem ética, nem economicamente".

[190] Cf. *Ante una democracia de" "baja intensidad"*, cit., p. 18-40.

A DEMOCRACIA COMO SISTEMA POLÍTICO: DIFICULDADES PARA A PARTICIPAÇÃO

Vamos refletir, agora, sobre a democracia enquanto sistema político, isto é, esse modo de organizar o poder político como atividade representativa da soberania popular em vista do bem comum. A democracia pode ser pensada mais amplamente como sistema social que inclui a política, a economia e a cultura. De fato, a reflexão sobre a democracia política deve levar-nos invariavelmente às portas da economia e da cultura enquanto espaços onde a democracia política joga grande parte de suas cartas. De qualquer modo, e em vista dos fins que nos propusemos, nós a pensaremos em sua vigência política.

1) *Nossas democracias e alguns antecedentes recentes.* Não vamos remontar a um passado muito distante. Pensemos simplesmente nas democracias do ambiente que nos rodeia, no meu caso a Europa, entre o final do segundo milênio e o início do terceiro. Há um fato de grande importância para o sistema político democrático desses povos. O Estado liberal (séculos XVIII-XIX), nascido e concebido como simples guardião das regras de mercado livre e da instituição que denominamos propriedade privada, entendidas ambas como corolário da vida e da liberdade dos indivíduos, aos poucos é questionado pelas classes sociais mais fracas como Estado protetor da raposa (a burguesia capitalista) no galinheiro (as classes populares).

Essa liberdade e essa vida são, em grande parte, realidades abstratas, formais, e no fim das contas ideologia manipuladora. Assim, dirá o movimento operário, não há negociação quanto ao respeito às regras de jogo "liberais" na política.

Essa crise do Estado democrático liberal estoura definitivamente depois da Segunda Guerra Mundial. E isso, como sabemos, não só porque as classes populares o achem injusto, mas porque o próprio capital, a burguesia, já estava precisando de alguma intervenção que ativasse a economia. É o que conhecemos como "políticas econômicas keynesianas", em honra do genial J. M. Keynes (1883-1946) e sua teoria sobre as leis que regem o mercado de concorrência livre. Faz falta alguém que, a partir de fora da economia, se ocupe em ativá-la. Será o Estado a fazer isso, passando de Estado liberal até as últimas consequências a um Estado interventor e, por fim, a um Estado de Bem-Estar.

Seguindo Keynes de longe, o Estado de Bem-Estar representa um pacto entre a burguesia e as classes trabalhadoras, pelo qual ambos reconhecem a legitimidade do sistema social compartilhado. Uns assegurando-se a propriedade do capital e benefícios suficientes; outros assegurando-se trabalho e um sistema social protetor para áreas de grande dificuldade (doença, greve, velhice, morte).

Tal modelo social, que com algumas variantes foi chamado de Estado de Bem-Estar, Estado protetor, Estado assistencial, *Welfare State* ou Estado Social de Direito, é liberal em todos os sentidos, mas com as correções ditas. Quanto ao sistema político, sua novidade consiste na extensão universal do voto, ativo e passivo, para todos os maiores de idade (18 anos), mulheres e homens. Continua sendo, de resto, uma democracia liberal, mais formal do que real, mas da qual se pode dizer, com razão, que obteve muito apreço das pessoas e do sistema social em seu conjunto. Por quê?

Certamente por duas razões: no Estado de Bem-Estar, as instituições que produzem a coesão da coletividade "nacional" existem para satisfazer certas necessidades e dificuldades de muitas pessoas em momentos decisivos. E essas pessoas, em segundo lugar, se identificam com as finalidades culturais do sistema concebidas como "progresso e modernização". Durante muito tempo não há espírito crítico acerca desse "progresso", salvo em certos setores estudantis e operários (Herbert Marcuse, maio de 1968).

Um pouco mais tarde, já na década de 1970, esse modelo social passou por sérios apuros, a ponto de alguns dizerem que começou a vazar. Resumindo numa frase, dizíamos em outro lugar, questioná-lo consistiu em dizer que já não era possível resolver as crises econômicas "produzindo mais com o mesmo", como ensinou Keynes, mas "mais com o mesmo e sobretudo outras coisas para outros consumidores, mediante processos produtivos poupadores de mão-de-obra e de energia". Para conseguir isso, ocorre que o capital já não considera vantajoso o velho pacto do Estado de Bem-Estar e sua democracia social, mas precisa forçar um outro no qual caibam seus propósitos econômicos e políticos.

É o que chamamos de neoliberalismo econômico, político e cultural. Mercado livre até o limite naquilo que convém ao capital; Estado mais reduzido e barato, com as regras democráticas imprescindíveis, mas liberado de muitos "compromissos" sociais; e cultura que provoca a identificação dos cidadãos com o sistema social, porque acabam considerando-o o melhor possível, o único possível, o inevitável. E se algo é inevitável, por que sonhar com a utopia?

Portanto, tomando em consideração o Estado democrático, o chamado Estado Social de Direito, observamos que chega um momento, nas décadas de 1980-1990, em que este não sabe como responder ao velho acordo entre as classes que o legitimava: se ele atendesse às classes populares, secaria as fontes do capital; se atendesse à reconstrução do capital, perderia sua condição de Estado de Bem-Estar. Que aconteceu? O capital pouco a pouco foi impondo um novo papel ao Estado, que serve para facilitar o chamado "ótimo" funcionamento do mercado livre.

O subsistema político, o Estado, sofreu uma forte pressão dos teóricos e dos poderosos para que se organizasse como Estado forte, capaz de assegurar a ordem social e política necessária para impor uma saída capitalista da crise. Essa solução teve, e tem, muitas consequências econômicas, sociais, ideológicas e políticas para os povos do Norte, a maioria delas más, e ainda piores para os povos do Sul.

Vamo-nos concentrar em seus efeitos sobre a vida política democrática. Precisamos estar conscientes de que, se o Estado de Bem-Estar é uma consequência da dinâmica democratizadora da sociedade ocidental, e foi questionado da forma como nos referimos, é lógico pensar que algumas forças sociais muito poderosas irão questionar um modo assim de organização democrática. Vejamos, então, algumas manifestações de nossos atuais sistemas políticos democráticos que, sem negá-los como democracia, a questionam gravemente enquanto soberania política popular e, por conseguinte, dificultam ao máximo esse protagonismo cívico.

2) *A primeira expressão dessa crise democrática como soberania popular*, participativa e social, podemos observá-la no encolhimento do protagonismo da sociedade civil em todos os âmbitos de nossa vida social (políticos, econômicos e culturais). A que obedecerá essa diminuição ou esse encolhimento do protagonismo da sociedade civil diante do "poder das elites" nas democracias liberais que conhecemos? Sem dúvida, podemos citar alguns fenômenos que devem ajudar-nos a descrever e explicar o fato:

a) Um pressuposto é que, se o liberalismo destaca acima de tudo o valor preferencial da pessoa e sua liberdade inalienável, sua preferência pela consideração formal desse princípio levou a torná-lo compatível com o desenvolvimento de entidades dominadoras dos indivíduos, como as multinacionais, ou com o desenvolvimento de uma estrutura estatal que faz da política um âmbito profissional, elitista e, quase, hereditário, ou com "concentração de meios" e ideologias nada respeitosos da diversidade cultural.

b) Outro caso é que, se o liberalismo defende a propriedade privada e o mercado livre como instituições instrumentais, a serviço da nossa liberdade, por sua maneira de entendê-las, sem controle social, permitiu que se direcionassem para os oligopólios e monopólios quanto à propriedade, e para seu predomínio excludente quanto ao mercado. Assim, a política fica subordinada às necessidades da economia: ninguém pode governar sem submeter-se ao seu ditado.[191]

c) Um novo exemplo o encontramos naquilo que vamos chamar de os "recursos do lado oculto do poder". O poder democrático caracteriza-se acima de tudo pela publicidade de suas atuações. É esta que permite os controles regrados (parlamentares e judiciais) sobre aquele, diante da reserva imposta pela chamada "razão de Estado". A realidade, porém, é muito diferente. As leis eleitorais "arranjadas" como melhor convém; o controle político sobre os órgãos de governo dos juízes; o protagonismo decisivo das direções dos partidos ao compor suas listas eleitorais; a colonização da política por obscuras tramas de interesses privados, não necessariamente ilegais; e a necessidade de conseguir financiamento público e privado para as atividades dos partidos, mandam para o espaço boa parte de sua devida transparência pública.

d) Em continuidade com o anterior, pensemos na pesquisa secreta feita a partir do "Estado" e na propaganda escondida nos meios públicos. Ambas estão na ordem do dia e, consequência

---

[191] Cf. KAGA, R. *Poder y debilidad. Europa y Estados Unidos en el nuevo orden mundial.* Madrid, Taurus, 2003. Sobre o modo de tentar a hegemonia de uns ou de outros na globalização: o caminho da "negociação para ter poder político e comercial", diante do uso da força para obter a hegemonia total; o caminho do pacto multilateral, poupando em investimentos militares, diante do propósito da unilateralidade com fundamento militar. Em sentido crítico, cf.: SEBASTIÁN, L. de. *Pies de barro. La decadencia de EE.UU. de América.* Barcelona, Península, 2004.

disso, a manipulação da opinião pública, para fazê-la coincidir com a opinião publicada, é uma tentação irresistível.

e) A burocracia estatal em todas as suas formas, sua voracidade para dar conta de múltiplas responsabilidades, dadas a complexidade e a quantidade de serviços requeridos pela nossa sociedade, também representa uma ameaça para o protagonismo cívico nos sistemas democráticos. Juridicamente, a burocracia administrativa tende ao segredo em relação às suas atuações, à politização em dependência do poder de turno e a considerar óbvio que ela busca conaturalmente o interesse público. As condições para sua subordinação ao protagonismo popular não são as melhores.

Sociologicamente, a burocracia administrativa, ao compasso da hipertrofia da coisa pública, conhece outro efeito característico: a especialização requerida pelas tarefas administrativas hoje e, nesse sentido, a dependência que uma democracia tem dos especialistas e a dificuldade de sua substituição. Enquanto a democracia se sustenta na ideia de que todos decidimos sobre todos os assuntos públicos, a especialização se sustenta na reserva das decisões aos entendidos. Se os partidos tendem a profissionalizar a política e a administração requer especialização, os dois fenômenos juntos conferem a essa elite poder e estabilidade.

A legitimidade lhes vêm, no fim das contas, desse papel e lugar na sociedade, mais do que do respaldo popular. O efeito induzido sobre a sociedade deve ser a despolitização dos cidadãos como "inexpertos" na questão de que se trata e seu silêncio democrático. A apatia participativa de todos, as tendências corporativistas de muitos e até as diferentes formas de violência encontram, aqui, uma explicação.

3) *As causas dessa degeneração elitista da democracia participativa*, em detrimento da sociedade civil, são muito distintas. Aquilo que antecipamos em relação ao raquitismo democrático da sociedade civil e, por conseguinte, das democracias contemporâneas enquanto tais, permite-nos ir mais fundo e perguntar muito radicalmente pela origem desse processo degenerativo dos sistemas políticos democráticos? Vejamos.

> a) A colonização geral através da economia. Em primeiro lugar, conhecida a evolução do Estado Liberal até o Estado de Bem-Estar, e seu atual questionamento neoliberal, pergunta-se: falham os procedimentos de participação política conhecidos, tornando inviável o modelo pelo excesso de demandas sociais, ou, ao contrário, falham os procedimentos mencionados por serem pouco sensíveis ao protagonismo popular no que tange à sua voz e interesses? A resposta que eu prefiro deve ir na segunda direção. Parafraseando Alain Touraine, está em jogo a virada da política e sua revanche popular sobre a economia da globalização desenvolvimentista e para poucos, que acabou colonizando tudo.[192]

---

[192] Cf. ARTETA, A. et al. (Eds.). *Teoría política:* poder, moral, democracia. Madrid, Alianza, 2003.

b) Formalização da democracia. Além do mais, e partindo do ponto de vista ideológico, como é que a democracia pode permitir esse predomínio da economia? Será preciso perguntar-se se a crise democrática, na avaliação de muitos cidadãos, não se deve ao fato de a democracia ser mais procedimental e formal do que substantiva e real. É preciso perguntar-se se não é garantido que o individualismo possessivo triunfou sobre o personalismo solidário e que a democracia não passa de um artifício de consenso, cada vez menos moral e real, em correspondência com uma realidade social cada dia mais desigual.

c) A globalização como ideologia que paralisa. Nunca é demais preocupar-se com o fundo ideológico de nosso modelo social e, no seio deste, do subsistema político democrático. Esse fundo ideológico do modelo social capitalista é o neoliberalismo como ideologia da globalização, aquela que sacraliza o mercado como divindade que providencialmente realiza a justiça social, historicamente possível, para todos e sempre. Assim, a consciência utópica e as lutas sociais que esta inspirou e inspira nada mais seriam do que uma consciência quimérica que ignora o movimento natural da história, o direcionamento de seu progresso e o trem que só passa uma vez. Consequentemente, para a política, se alguma coisa tem de ser de um determinado modo, por que empenhar-se em outros objetivos que o inviabilizam? Sigamos o inevitável destino da história com base naquilo que o mercado nos revela. As vítimas? As menos possível. Outra coisa é o céu na terra. A quimera total. Não seria isso uma ideologia nua e crua?

4) *Sobre a possibilidade de regenerar nossos sistemas políticos democráticos.* Pensemos, por último, em algumas chaves para uma renovação democrática de nossa vida política.[193] Desejamos isso ardentemente, mas onde encontrar uma saída? Pensemos no que segue.

a) É verdade que a democracia permite muitas definições. Uma das mais compartilhadas é a que a define como procedimento que põe em jogo uma forma partilhada de resolver os conflitos e conjugar interesses, dando uma saída provisória aos conflitos que ainda não têm solução. É muito razoável, no entanto, considerar que as liberdades que concorrem para esse procedimento partilhado devem sustentar-se numa mínima igualdade material ou econômica e em alguns valores substanciais. Em outras palavras: o procedimento democrático requer condições humanas de vida para todos, regras de jogo justas e objetivos dignos nos fins.

---

[193] Cf. ZIEGLER, J. *Los nuevos amos del mundo y aquellos que se les resisten.* Barcelona, Destino, 2003.

Condições mínimas de vida, regras e fins justos fazem da democracia um procedimento com substância moral nos meios e nos fins. Tal coerência ética das oportunidades reais de vida, dos fins e dos meios, deverá ser um antídoto muito eficaz diante do procedimentalismo nu e cru dos pragmatistas e do essencialismo idealista dos iluminados.

b) A democracia participativa, todavia, requer ainda outro ingrediente de base: as atitudes morais dos cidadãos. Vivemos em sociedades plurais em tantos sentidos que não é fácil elaborar uma axiologia compartilhada. Esse hiperpluralismo nos enriquece em muitos aspectos, mas também nos debilita ideologicamente. A possibilidade de uma ética civil compartilhada é tão difícil quanto imprescindível para pôr em movimento uma democracia à altura de nossa condição. Daí a importância da mobilização ética alternativa, isto é, a partir da voz e dos interesses dos marginalizados e das vítimas.

c) Ora, a democracia possibilitada pelas condições antes referidas (oportunidades mínimas de vida para todos, regras justas, fins dignos e atitudes cívicas democráticas), indica-nos que as condições da democracia real são pessoais e institucionais, desde já, e estruturais, sem nenhuma dúvida. Por isso a propriedade, o mercado e o Estado devem ocupar o primeiro lugar na agenda de todas as discussões democráticas. Se essas estruturas sociais, bem como outras, não sentam à mesa do pacto político, a soberania popular prosseguirá com seu particular calvário de mínimos. Algo assim como mudar um pouco para que nada mude totalmente.

O CONFLITO DA CONSCIÊNCIA MORAL COM AS LEIS DEMOCRÁTICAS

Fica evidente que nem todas as exigências éticas da dignidade humana devem ser traduzidas sem mais nem menos em leis civis, mas unicamente as que são necessárias para garantir uma ordenada convivência social, ou, em outras palavras, as necessárias para a realização prudencial e histórica do bem comum. Os bispos espanhóis diziam isso com clareza e tino em 1977, ao escrever que

> o legislador não está sempre obrigado a elevar à categoria de norma legal aquilo que é uma exigência ética, nem deve reprimir com medidas legais todos os males da sociedade. A tutela de certos bens e a exclusão de males maiores podem originar um conflito de valores, diante do qual o governante deve pôr em ação a prudência política em vista do bem comum, que, se não pode prescindir dos valores éticos, tampouco deve desconhecer a força das realidades sociais. Para chegar a um juízo prudente sobre essa matéria [os bispos referem-se à Lei do Divórcio], é preciso ter uma informação objetiva a respeito do alcance real dos problemas propostos e das diversas soluções possíveis, avaliando as consequências derivantes, para a família e para a sociedade, das várias opções viáveis... De

resto, o cristão deve seguir, sempre, os imperativos da fé, seja qual for a evolução das leis do Estado.[194]

A ética cristã crítico-utópica, se possível mais do que qualquer outra, precisa encarar com valentia essa experiência das sociedades democráticas, plurais e leigas. Algumas vezes, cada vez mais, cidadãos de filiação moral cristã ou similar não sabem como acolher a regulamentação jurídica de um determinado "assunto" pela democracia. Sua consciência cristã os leva a crer que, em determinado contexto, não são respeitados os mínimos considerados imprescindíveis por ela para reconhecê-lo como "bem moral objetivo". Eles sabem, além disso, que, no nível dos princípios, a legitimidade de uma democracia inclui que ela própria respeite alguns valores morais objetivos, consubstanciais ao ser humano e ao bem comum da sociedade. Sabem, contudo, que, de fato, a captação histórica e a aceitação prática desses valores passa pela aceitação livre dos cidadãos.

Em linguagem política, trata-se da autodeterminação da sociedade civil pela soberania popular. Esta não converte em moral o que é imoral, mas é o caminho histórico e político, e não há outro mais razoável para moralizar a vida pública. Em palavras autorizadas, "a inalienável liberdade de pensamento e consciência determina que a ordem moral e a verdade só se imponham pela força da própria verdade" (*Dignitatis humanae*, n. 1), e "não se trata de impor aos demais seres humanos sua concepção da verdade e do bem. Não é desta índole a verdade cristã... [a Igreja, pelo contrário] utiliza

---

[194] COMISIÓN EPISCOPAL PARA LA DOCTRINA DE LA FE. *La estabilidad del matrimonio*. In: IRIBARREN, J. (Ed.). *Documentos de la Conferencia Episcopal Española, 1965-1983*. Madrid, BAC, 1984. p. 416-417 (n. 20).

como método o respeito à liberdade" (*Centesimus annus*, n. 46). Pois bem, como abordar esta situação ético-política?

Uma síntese historicamente possível diante das situações propostas na política democrática de nosso tempo seria a que segue.[195]

Em relação às *atitudes do Estado*, vale dizer:

- Respeito pleno do Estado a "todas" as cosmovisões de uma sociedade democrática, manifestando-se de modo neutral e não-beligerante nesse âmbito, salvo o exigido pela dignidade da pessoa e dos povos, isto é, os direitos humanos fundamentais.
- É próprio das cosmovisões crer que, de alguma forma, atingiram parcelas de verdade objetiva. É muito lógico que seja assim, porque o fundamento da tolerância não é o ceticismo ou o neutralismo imposto, mas o respeito às pessoas/ aos grupos e suas consciências.
- O Estado é neutral, mas não é neutro. É obrigado a abrir os canais necessários para que a liberdade, formalmente proclamada, seja liberdade real das pessoas e dos grupos cosmovisivos. O Estado é criador de espaços que tornem possível essa busca ética.
- Há um direito inalienável a difundir no corpo social as próprias convicções cosmovisivas que,

---

[195] Cf. GARCÍA, M. *Moral política en una sociedad pluralista*. Madrid, Fundación Humanismo y Democracia, 1983. p. 36-39.

em último caso, repercutirão na vida política. Caso consigam influenciar os grupos políticos e os leitores, proporcionarão indiretamente ao Estado a base cosmovisiva e ética que o conforma. Um Estado neutral, mas não neutro.

Em relação às *atitudes dos cristãos*, vale dizer:

- Os cristãos reclamarão para si e para os outros a dupla liberdade para ser fiéis às suas específicas convicções sobre o ser humano e sobre a sociedade, e para ser testemunhas das mesmas, estendendo-as socialmente mediante o diálogo. Defender sem complexos os valores que consideramos humanizadores e fazê-lo com argumentos e com respeito – escreve L. González-Carvajal – é, hoje, uma necessidade.[196]
- Embora estejam em maioria social, não devem tentar impor, por meio do poder político democrático, sua própria fé e toda a sua concepção moral. A verdade e os valores morais demandam liberdade de consciência.
- Se a saída ao pluralismo moral não for o indiferentismo, a tolerância é parte da convivência democrática. Com certeza, a fé não é compatível com todas as interpretações do ser humano e da sociedade, mas o assenso da coletividade

---

[196] *Entre la utopía y la realidad. Curso de moral social.* Santander, Sal Terrae, 1998. p. 260.

deverá ser obtido através da convicção livre das consciências. Só assim pode-se criar condições que tornem possível uma nova decisão democrática.

- Essa postura em relação aos cristãos, à sua consciência moral e às leis democráticas, em casos como sua oposição ao aborto – escolho esse exemplo por tratar-se do mais difícil – tem sido rotulada de intolerante com a seguinte argumentação: vocês são intolerantes, dizem as correntes morais laicais, porque querem impor a sua consciência moral aos que não participam dela, enquanto os "abortistas" sim respeitam a de vocês. Seria, por isso e na opinião deles, um problema de tolerância nas convicções morais.[197] Que dizer? Sempre é, de fato, um problema de tolerância moral. As coisas são de outra forma. A tolerância é um valor, mas tem seus limites objetivos e procedimentais.

A propósito dos procedimentos, a tolerância exige que não se incorra na imoralidade para impor o cumprimento da moral. Os meios para um fim bom não podem ser maus.

No que se refere aos limites objetivos da tolerância, procedem do fato de que não se pode tolerar uma conduta que prejudique os direitos fundamentais do outro, como a

---

[197] Cf., sobre o tema: FERNÁNDEZ-CASAMAYOR, A. Reflexiones sobre el aborto. *Noticias Obreras* 1571 (1995) 19-26. GAFO, J. *10 palabras sobre bioética*. Estella, Verbo Divino, 1998 (verbete "Aborto": p. 41-90).

ética cristã pensa ocorrer *prima facie* na questão do aborto. É a defesa da vida humana do embrião, e não só de algumas convicções morais do Cristianismo, o que determina a oposição dos cristãos à sua aceitação social. Estão em jogo, por isso mesmo, não só a consciência, as convicções de consciência de um ou de outro grupo social, mas o bem jurídico fundamental da vida humana em gestação. É disso que trata a discussão "sobre a condição *humana* da vida em gestação", não sobre a tolerância.[198]

À luz desse pressuposto, e a partir de outros semelhantes, voltando à questão do título, o conflito moral com as leis democráticas, ao Estado pede-se que seja neutral diante da pluralidade de convicções morais, mas lhe é negada a possibilidade de ser neutro ou permissivo diante de ideologias que desprezem os direitos humanos fundamentais das pessoas e de seus povos.

No horizonte dessas premissas, os cristãos podem reconhecer-se nas seguintes linhas práticas:

- Nenhuma maioria democrática torna moral aquilo que é objetivamente imoral aos olhos da consciência cristã.

---

[198] Mas, então, por que os grupos sociais discutem a propósito do aborto? A meu ver, a discussão deve-se ao fato de que os abortistas não reconhecem, na maioria dos seus pressupostos referentes à realidade, que esteja em jogo o direito fundamental da "pessoa" à vida. Para eles, ainda não há vida humana ou "pessoa". Há algumas posições minoritárias e muito mais radicais entre os próprios abortistas, mas considero-as extemporâneas. É importante captar essa variante para entender como podem viver sua posição moral como uma opção não-contraditória com o valor incondicional da vida de cada ser humano.

- Só os caminhos democráticos são moralmente aceitáveis para corrigir uma imoralidade "objetiva" transformada em lei democrática.
- O objetivo é convencer o máximo possível de cidadãos, a sociedade civil, sobre uma interpretação dos direitos humanos mais em concordância com a consciência cristã, de forma que essa maioria exija de seus representantes uma formulação jurídica mais ajustada ao seu sentir moral.
- No âmbito da minoria social, além da denúncia feita raciocínio, sempre é passível de ser acolhido o direito de objeção de consciência, quando estiver expressamente reconhecido pela lei, ou então, caso não o seja, ser exigido e antecipado sem violência, afrontando as consequências jurídicas que isso comporta (desobediência civil legítima). Todavia, atenção: "Numa sociedade democrática, o exercício da objeção de consciência deve estar isento de sanções, tanto penais quanto de qualquer tipo".[199]
- Nos casos extremos, se os direitos fundamentais das pessoas e dos povos estão sendo pisoteados, tratando-se de uma ditadura geral, é obrigatório o dever de resistência ao tirano, podendo-se convocar legitimamente à desobediência civil generalizada e, se for o caso, à revolta, embora levando em conta todos os perigos que essa medida extrema comporta e que fazem a Igre-

---

[199] GONZÁLEZ-CARVAJAL, L. Op. cit., p. 262.

ja pensar em sua negatividade final.[200] Referimo-nos aos casos de totalitarismo político.

Voltaremos ao assunto ao abordarmos os cristãos diante do chamado moral civil de uma democracia.

---

[200] Cf. SECRETARIADOS SOCIALES DIOCESANOS DE PAMPLONA-TUDELA, BILBAO, SAN SEBASTIÁN Y VITORIA. *Iglesia, democracia y valores morales* (noviembre/1992). SECRETARIADOS SOCIALES DEL PAÍS VASCO Y NAVARRA. *Refundar la democracia* (mayo/1995). OLLER, M. D. *Ante una democracia de "baja intensidad"*. Barcelona, Cristianisme i Justícia, 1994. DUSSEL, E. *Hacia una filosofia política crítica*. Bilbao, DDB, 2001.

A MORAL SOCIAL:
UM ESPAÇO ECUMÊNICO PARA
AS CULTURAS E RELIGIÕES

Vou referir-me agora a uma possibilidade que de certa forma as circunstâncias tornam mais urgentes. Na minha opinião, antes que seja tarde demais, deveríamos pôr o acento naquilo que a ética social representa enquanto oportunidade de encontro para todos os cidadãos e todas as ideologias. Devemos, sempre, evitar a impressão de que nada mais há do que problemas e contradições entre as tradições morais que deveriam convergir nas sociedades democráticas em torno da ética civil.

Não estamos pensando, para isso, num reencontro de direitos humanos nos quais estamos de acordo, mas, previamente, em algumas atitudes morais nas pessoas e em alguns fatos sociais que, pelo seu reconhecimento e assunção, irão nos possibilitar ou nos impedir essa moral compartilhada. São experiências pré-morais, mas de grande valor prático para o diálogo e reconhecimento mútuo.

1) Em primeiro lugar pensemos naquilo que certa vez foi definido como "a moral de uma sociedade: pela cultura às leis":[201] os valores éticos que devem sustentar uma democra-

---

[201] Cf. SECRETARIADOS SOCIALES DIOCESANOS DE PAMPLONA-TUDELA, BILBAO, SAN SEBASTIÁN Y VITORIA. *Iglesia, democracia y valores morales* (noviembre/1992). p. 29-39. Permito-me um uso intensivo dessas páginas porque nelas trabalhei muito diretamente e as assumi com todo afeto.

cia têm expressão destacada no âmbito jurídico-político, nas leis locais. Todavia, antes disso e principalmente, trata-se de um problema cultural. Porque a democracia precisa de leis democráticas, e também requer centros, plataformas e movimentos sociais que sejam criadores de cultura humanizadora. São os espaços onde a cultura e o pensamento, a experiência e a tradição religiosa se confrontam com os novos desafios que o passar do tempo, unido à ação humana, nos propõem.

Nesse sentido, uma sociedade democrática, seja local, regional ou mundial, é aquela que reconhece aos diferentes agentes sociais intermediários sua condição de sujeitos livres, para enriquecer e oferecer sua própria versão do patrimônio cultural, espiritual e moral da sociedade.

Livremente, esses sujeitos sociais oferecem uma concepção do ser humano e da vida, valores e juízos fundamentais que irrigam espiritual e eticamente a consciência pessoal e partilhada dos diferentes cidadãos. São esses cidadãos que, no uso de sua liberdade política e ideológica, demandam e exigem que o Estado respeite e até fomente aquelas sensibilidades morais e suas concreções mais compartilhadas.[202] O Estado é uma realidade a serviço da sociedade civil, que deve evitar tentações de totalitarismo político e cultural, respeitando como um tesouro essa dimensão peculiar da cultura que denominamos universo dos valores éticos que impregnam livremente a convivência de uma sociedade:

> [...] que neste esforço social para formar pensamento e, mais concretamente, pensamento ético, a Igreja pode desempenhar um papel é algo que não deve ser julgado

---

[202] Cf. SETIÉN, J. M. Razón política y razón ética. *Iglesia Viva* 122/123 (1986) 155-174.

pelos políticos ou pelos que detêm a autoridade, mas pelo apreço valorativo, expresso em forma de acolhida ou de rejeição, por parte da sociedade.[203]

Na prática, contudo, a dificuldade se sustenta na falta de diálogo entre esses centros, grupos ou movimentos criadores de cultura humanizadora. A história recente e passada, em sociedades como a espanhola, e aos poucos no "encontro" mundial de culturas, parece ter esgotado a confiança mútua, de forma que os prejuízos mais aberrantes acabam ocorrendo e provocando um imenso choque ou desencontro. Em nosso caso, não há um diálogo explícito e fluente entre correntes morais de matriz religiosa e correntes de procedência leiga. A cultura moral de filiação religiosa não existe fora dos limites das igrejas. A cultura moral leiga não tem espaço nas igrejas.

Falando em geral, ignoramo-nos profundamente na vida pública, nos centros de opinião e de informação, nos centros de ensino e nas diferentes plataformas cidadãs. Este é o resultado de uma desconfiança mútua, transformada em pressuposto da liberdade. Nada verdadeiramente novo se pode esperar das igrejas, dirão alguns. Nada radicalmente saudável pode derivar, no final, apenas da razão, opinarão outros. É quase um diálogo de surdos.

2) Em segundo lugar, pensemos que a questão se apresenta, acima de tudo, como um assunto ou problema de *atitudes democráticas*. A reflexão precedente sobre as desconfianças entre a cultura leiga e a religiosa nos conduz pela mão a este espaço de necessidade e de carências: as atitudes democráticas.

---

[203] JUBANY, N. *Iglesia y política en la España de hoy*. Salamanca, Sigueme, 1980. p. 129-130. Em referência ao momento presente: OVIDIO TORRÒ, Ll. La Iglesia española en la encrucijada. *Razón y Fe* 1273 (2004) 219-234.

Para além de um reencontro de atitudes concretas, é preciso pensar no fato fontal de que, se não for possível uma inquietude pela contribuição dos outros, nenhum diálogo será possível. Quem só dialoga no seio dos que pertencem à sua tradição filosófica e cultural, não pode sentir-se em paz intelectual consigo mesmo. Alguém escreveu, com notável acerto, que dialogar é pôr-se no ponto de vista dos outros para conhecer os direitos que estes reclamam e, se achamos que eles não os têm, para entender suas razões ao reclamá-los. De fato, cidadãos educados na defesa ao extremo de sua própria tradição cultural acabam sendo cidadãos acríticos e intolerantes, cidadãos que encomendam suas perguntas e respostas aos profissionais do ramo e, enfim, aos especialistas em formar opinião pública.

Faz-se necessária, portanto, a maioridade de cidadãos críticos, capazes de discernir, de fazer síntese pessoal e, em suma, de fugir de uma minoridade ética e política, culpável ou não. Em segundo lugar, a tolerância, como capacidade de conviver e de encontrar pontos de encontro com os outros que não pensam como eu. Não se trata da indiferença relativista e cética do "tudo serve e tudo é igual". Não é isso. Pelo contrário, a diferença nos questiona em nossas certezas, nos faz dialogar criticamente e em todas as direções, mas também nos faz acolher com afeto a diversidade que não é injustiça ou privilégio, porque lhe devemos respeito e merece nossa aprendizagem. Em frase atribuída a Voltaire, "não estou de acordo com o que dizes, mas defenderei com a minha vida o teu direito a expressá-lo".

Manifestamos, assim, um respeito radical pelo outro, pensado e crítico, é verdade, todavia radical, pois sabemos que ele é diferente de nós e ao mesmo tempo igual a nós a ponto de que sua realização é condição de possibilidade da nossa realização. Por isso as atitudes democráticas têm seu eixo "vertebrador" ou núcleo no respeito incondicional da vida e da dignidade do outro, pessoas e povos, como chave de nossa convivência social e política. Nada se pode conseguir nela que não tenha sido prefigurado e praticado sob essa linha. Fins e meios formam um todo unitário e indissolúvel que mandam para o espaço as melhores intenções.

Os proprietários de uma "verdade" que viverem para impô-la a todos os demais, em qualquer campo da ação humana, contarão seus êxitos pelas vítimas que provocam. É a condição natural do espírito fundamentalista. Por isso a necessidade de voltar reiteradamente ao olhar crítico de nossas ideias mais profundas e, sobretudo, do modo de proclamá-las, de defendê-las e de querer que sejam por todos amadas.

3) Em terceiro lugar, pensemos na seguinte chave de encontro intercultural e moral irrenunciável para uma moral social samaritana, ou seja, humana: *solidariedade a partir dos mais fracos*. Uma democracia à altura de nosso tempo não pode sustentar-se sobre atitudes que ignorem os resultados desiguais que a experiência teve no mundo ocidental. Uma democracia de corte liberal, onde liberdade, pluralismo e participação deixem em segundo plano suas condições de possibilidades para todos, é a liberdade da raposa no galinheiro. Todos livres, mas uns mais do que os outros, à custa dos outros.

O tempo atual, com a queda da maioria dos regimes comunistas, colocou as democracias diante da redundância pela qual este capitalismo e esta democracia são os únicos possíveis, sendo por essa razão inevitáveis. Disso temos falado muito quando nos referimos à moral econômica. Cada um decide sobre a imoralidade com a qual quer falar e a ingenuidade com a qual quer conviver. A democracia precisa de uma cultura da solidariedade, e essa cultura requer que se adote o ponto de vista do fraco, do marginalizado, do excluído ou do ignorado, o que quer que represente uma negação da dignidade fundamental e igual das pessoas e dos povos.

Nesse sentido, não nos basta a referência à razão crítica para conseguir chegar ao encontro moral das forças sociais democráticas. Precisamos analisar se essa razão crítica e moderna foi autocrítica consigo mesma. A partir de onde? Numa situação de desigualdades estruturais e crescentes, a primeira observação deve referir-se à nossa análise da realidade e ao nosso projeto global de sociedade para saber se consideram o ponto de vista das vítimas como prioritário para a justiça. Todas as tradições morais, quando se esforçam para trazer o ser humano de volta da abstração à realidade histórica, deparam-se com a necessidade de renunciar a uma imparcialidade injusta para aceitar o primado deste princípio de justiça: "Tratar com igualdade pessoas e povos que vivem em situações gravemente desiguais é tratá-los desigualmente".

A moral social samaritana afirma, exige, que em todo conflito de interesses, culturais ou materiais, a perspectiva das vítimas seja o ponto de vista irrenunciável para ver sempre e o mais possível o irrenunciável. O que está em pior situação, em cada caso, é o mais indicado para dizer-nos quando os mínimos de democracia e de justiça alcançam a todos. Consequentemente, a responsabilidade iniludível, mas desigual, dos cidadãos. Todos, efetivamente, somos responsáveis por tudo numa democracia, mas desigualmente responsáveis. Todas as responsabilidades são importantes, muitas delas necessárias, algumas imprescindíveis. Sem essas linhas na proporção de responsabilidades políticas e morais, a democracia termina sendo um artifício da desordem estabelecida.

Assim, já fica bem evidente que a democracia e o encontro das forças que regem moral e culturalmente a convivência política precisam olhar-se de frente, de vez em quando, para avaliar seu serviço, suas estruturas e suas decisões, aos cidadãos e aos seus povos, à sua liberdade e igualdade radicais, à criação de solidariedade local e universal e à participação democrática soberana. Tanto as pessoas, em seu valor de fim e em sua igualdade, quanto os povos são realidades necessitadas de condições objetivas que tornem possível dizer e provar: os seres humanos são irmãos e se realizam como tais.

Todo sistema social democrático deve confrontar-se com a pergunta definitiva sobre como satisfaz as necessidades básicas de todos. Não nos conformaremos com um procedimento formal, que os cidadãos mais capazes, de vez em quando, discutem a respeito de sua aplicação e aperfeiçoamento, segundo seus interesses de cidadãos satisfeitos e integrados. Sabemos que a maioria da população é em parte vítima e em parte espectadora da democracia. Como pedir-lhe que a ame intensamente se não há uma assunção prioritária de suas vozes e necessidades?

4) Por fim, pensemos numa última chave de nosso ecumenismo cultural e moral democrático: *a vida humana, uma aventura com resposta aberta.* Ao procurar e descrever onde achar espaços pré-morais de encontro para a diversidade de tradições morais democráticas, impõe-se a intuição de que as democracias, e os cidadãos que as amam, são apostas morais

para o ser humano. As democracias são, no fim das contas, um ato de confiança e certeza, razoavelmente fundadas, acerca da validade incondicional de cada homem e mulher, de sua dignidade e igualdade primigênias e, por essas, de suas comunidades de vida ou povos.

Ocorre que cada um de nós sabe que a exigência própria de reconhecimento incondicional tem como primeiro requisito reconhecer nos outros idêntico valor moral ao nosso. Sua liberdade, a liberdade de cada um, é tão prioritária que a minha não pode existir senão porque a sua também é possível em paridade de gozo. Do contrário, estará faltando algo muito fundamental à liberdade humana e, por isso mesmo, à moralidade da democracia.

Na perspectiva do pensamento leigo, foi dito que a fundamentação religiosa dessa dignidade costuma acabar no fundamentalismo e na intolerância política. A história tem seus exemplos, mas não aceito, também com base nas experiências concretas e razões fundadas, que tais resultados sejam uma necessidade. Honradamente, penso que não há relação de causa-efeito.

Na perspectiva do pensamento religioso foi dito que o esquecimento cultural de Deus leva à desorientação geral do pensamento e a uma perda de valores morais que, nascidos num lugar cristão, não sobreviverão às intempéries, longe da alma espiritual que os vivificava. Aos que pensam assim, é a "desmoralização" geral da democracia leiga. A história tem seus exemplos, mas, apoiado também na experiência e em razões fundadas, resisto em aceitar que tais resultados sejam uma necessidade. Penso, honestamente, que tampouco aqui há relação de causa-efeito.

Pelo contrário, a maioria dos cidadãos religiosos e cristãos são bons democratas. Infelizmente, nem todos os que deveriam, pois todos os cristãos deveriam ser exemplares em questões como essas. Mas, com segurança, muitos deles têm em sua fé religiosa, no respeito religioso pela dignidade do ser humano, uma razão suplementar e mais profunda para sentirem-se convocados às atitudes democráticas e à solidariedade social. Também a maioria dos cidadãos não-crentes são bons democratas. E também nesse caso, nem todos os que quereríamos que fossem. Mas, com segurança, também esses refletem e praticam um respeito incondicional pelo ser humano, por todo ser humano, embora não necessitem ou não possam chegar à afirmação de Deus. Devemos saber que são muito capazes de dar "o necessário fundamento ético à vida social" (*Centesimus annus*, n. 60).

Em nenhum dos mundos morais estamos todos. Seria ingênuo desconhecê-lo. Por essa razão, conceber a vida humana, a das pessoas em seus povos, como uma aventura legitimamente religiosa deve ser, além de uma inteligente cautela, um lugar mais moral para o diálogo democrático sobre nossa convivência.

Uma vida humana com resposta fechada sobre si mesma, considerando anacrônica toda fé, pode ser terra fértil para o ceticismo moral e para o pragmatismo político. Tais resultados culturais esgotariam toda capacidade de diálogo cultural e de crescimento democrático. Seus resultados políticos não são, portanto, nada esperançosos. E seus resultados para a religião tampouco, pois mal se poderia falar de Deus onde não fosse possível crer no ser humano. E mal se poderia adorar o Criador onde não fosse possível respeitar suas criaturas. Uma democracia verdadeira é vontade de encontro e de respeito entre todos, também dos cidadãos que escrevemos "futuro" com letras maiúsculas. Se nós cremos que a tarefa solidária será recolhida e levada à plenitude graças a um Deus Criador e Pai, bem-vindos sejamos ao caminho da liberdade humana. Um alento para todos este suplemento de sentido e de esperança. E, de nossa parte, não esqueçamos aquele magnífico desejo de João XXIII: "Devem ter, além disso, sumo cuidado em não dissipar suas energias em discussões intermináveis e, sob pretexto de alcançar o melhor, não descuidem de realizar o bem que lhes é possível e, portanto, obrigatório" (*Mater et magistra*, n. 238).

Para que se verifiquem tais experiências de ecumenismo pré-moral numa democracia, é preciso reconhecer e superar uma convivência pública – por exemplo, a nossa, ainda cheia de atitudes dogmáticas, fechadas, fixas. Demasiados grupos e governantes, comunicadores e especialistas já têm definida de antemão a verdade política, cultural e moral para todos. Por outro lado, carecemos de uma autocrítica séria, tampouco nos sobra a sensibilidade requerida para receber alguma lição de democracia, eticidade ou humanismo. E se carecemos dessa abertura de visão, como iremos crer seriamente no sentido moral da tolerância? O normal é que cada grupo viva ensimesmado em sua verdade, quando não, pura e simplesmente, em seus interesses mais imediatos.[204]

---

[204] Referi-me ao caso espanhol em várias análises conjunturais. Assim, na revista da JOC de fevereiro de 2005, com o título "¿Qué está pasando entre la Iglesia y el PSOE?"; ou em *El Correo* (9 de agosto de 2004), com o título "Sociedad, Iglesia y Estado". Cf. também OVIDIO TORRÒ, Ll. La Iglesia española en la encrucijada. *Razón y Fe* 1273 (2004) 219-234.

O CONFLITO DOS CRISTÃOS COM A CHAMADA "ÉTICA CIVIL"

O fato com o qual nos ocupamos agora, os cristãos e a ética civil, e suas repercussões em seu compromisso moral político,[205] brota da necessidade que as sociedades modernas têm, por serem plurais e abertas, de dotar-se e compartilhar de uma bagagem ética para todos os grupos e pessoas que as formam. O pluralismo ético das sociedades abertas e democráticas adquire uma relevância especial justamente lá onde convivem crente e não-crente, com a crescente diversidade interna que ocorre nesses grupos de referência. Crentes e não-crentes consideramos pressuposto que, se o Estado não é confessional, a moral cristã não pode continuar sendo a instância ética que inspira as decisões dos legisladores civis.

Todavia, como escreve L. González-Carvajal, também não é fácil decidir que outra instância ética deve ocupar o seu lugar: se a lei positiva, pelo simples fato de ser a vontade do legislador; se uma concepção do direito natural que nos é "imposta" com evidência e universalidade; ou se uma ética civil, o patrimônio ético comum a todos os grupos humanos que convivem numa sociedade pluralista e democrática,

---

[205] Adela Cortina questiona essa linguagem porque entende que a ética é filosofia moral, uma parte da filosofia cujo objeto é a moralidade. Nesse sentido, a ética pode receber unicamente denominações filosóficas, e não tem sentido chamá-la "civil" ou "religiosa". Tais denominações correspondem à moral enquanto parte da vida quotidiana. Cf. CORTINA, A. Moral cívica como ética de mínimos. *Herria 2000 Eliza* 143 (1995) 34-37 (reflexão muito simples e clara, com bibliografia).

representada pelas declarações universais dos direitos humanos ou pela Declaração em Favor de uma Ética Mundial, do Parlamento das Religiões Mundiais, de Chicago/1993, com os princípios e valores presentes em todas as religiões.[206]

O fato é que, numa sociedade não-confessional ou leiga, plural e democrática, o problema da ética nela vigente apresenta uma peculiaridade muito concreta: precisa de um projeto moral unificador e convergente, ética não religiosa ou racional, diante de paradigmas morais exclusivistas impostos a partir de uma única concepção cosmovisiva.[207] Enquanto projeto moral convergente de uma sociedade democraticamente madura, não será laicista, mas laical, de modo que seja compatível com éticas religiosas e não-religiosas.

1) A noção que pode ser oferecida sobre ética civil é o mínimo moral comum de uma sociedade pluralista e secular que, tanto em sensibilidade quanto em atitudes e conteúdos normativos, representa a convergência moral das diversas opções morais que nela ocorrem, apoiando-se para isso na racionalidade compartilhada. Nenhum projeto moral particular pode ignorá-la ou rebaixá-la, seja qual for o seu fundamento cosmovisivo. "A ética civil é, portanto, o mínimo moral comum, aceito pelo conjunto de uma determinada sociedade dentro do legítimo pluralismo moral".[208] "A ética cívica consiste nesse mínimo de valores e normas que os membros de uma sociedade compartilham, quaisquer que sejam suas cosmovi-

---

[206] GONZÁLEZ-CARVAJAL, L. *Entre la utopía y la realidad. Curso de moral social.* Santander, Sal Terrae, 1998. p. 251-256.

[207] CORTINA, A. *La ética de la sociedad civil.* Madrid, Anaya, 1995: o conteúdo da ética cívica é dado pelo respeito aos direitos humanos de todas as gerações, aos valores de liberdade, igualdade e solidariedade, e por uma atitude dialógica em todos e com todos.

[208] VIDAL, M. *Ética civil y sociedad democrática.* Bilbao, DDB, 1984. p. 16.

sões religiosas, agnósticas ou ateias, filosóficas, políticas ou culturais... uma ética moderna de mínimos."[209]

A ética civil, como mínimo ético comum compartilhado, não elimina o legítimo pluralismo moral de uma sociedade democrática, leiga – não laicista – e plural. Um crente, em princípio, deve sentir-se "em casa" diante de uma ética cívica que defenda os valores, as atitudes e a normatividade que conhecemos como "direitos humanos". Sem dúvida, o cristão, como os demais, não deve renunciar à sua pretensão de convencer e ampliar o número dos que acolhem integralmente seu projeto ético e cosmovisivo. Sabe, todavia, que haverá de consegui-lo através de procedimentos éticos, isto é, baseados no diálogo crítico e argumentativo, como apelo à razão e à liberdade de todos.[210] Em consequência disso, o reconhecimento da ética civil torna necessário o que segue:

a) Superar a pretensão de conservar o monopólio moral de uma sociedade quando foi solto o lastro do predomínio sociopolítico (catolicismo nacional). É a atitude própria daqueles que se compreendem como guardiães e intérpretes exclusivos de uma moral natural, cujo papel de destaque deve ser reconhecido por toda a sociedade.[211]

---

[209] CORTINA, A. Ética civil y ética religiosa. In: XIII CONGRESO DE TEOLOGÍA. *Ética universal y cristianismo (8-12 de septiembre de 1993)*. Madrid, Evangelio y Liberación, 1994. p. 63-74.

[210] Cf. KÜNG, H. *Projeto de ética mundial*. 2. ed. São Paulo, Paulinas, 1998. KÜNG, H. & KUSCHEL, K. J. (Dirs.). *Hacia una ética mundial. Declaración del Parlamento de las Religiones del Mundo*. Madrid, Trotta, 1994. TAMAYO, J. J. *Fundamentalismo y diálogo entre religiones*. Madrid, Trotta, 2004.

[211] Cf. CALLEJA, J. I. *Discurso eclesial para la transición democrática (1975-1982)*. Vitoria, Eset, 1988. SECRETARIADOS SOCIALES DIOCESANOS DEL PAÍS VASCO. *Ética cívica en una sociedad democrática* (noviembre/1982).

b) Colaborar com o rearmamento moral da sociedade, em diálogo com os diversos projetos morais, com o propósito de favorecer a libertação humana no plano dos mínimos de justiça para uma vida humana.

c) Os cristãos, contudo, não são chamados a retirar-se no "silêncio de um grupo fechado e privado", como uma subcultura religiosa hermética, mas são impelidos, pela fé, a oferecer, dentro do jogo democrático plural, a peculiaridade de seu projeto moral como uma oferta respeitosa e cheia de sentido:

Tais exigências, ao serem reconhecidas efetivamente na vida social, constituem o patrimônio ético da sociedade, historicamente recebido e historicamente perceptível. Embora esse patrimônio não corresponda plenamente à totalidade da moral social cristã, os católicos podem encontrar nele um terreno comum para a convivência, ao mesmo tempo que se esforçam por colaborar em seu enriquecimento pelos caminhos do diálogo e da persuasão.[212]

Saber dar razão suficiente da fundamentação e bondade de sua proposta ética, escreve J. Querejazu, deverá ser uma tarefa indeclinável do Cristianismo. A especialidade lhes exige, além disso, fundamentar e argumentar sua proposta

---

[212] CONFERENCIA EPISCOPAL ESPAÑOLA. *Los católicos en la vida pública.* Madrid, Edice, 1986. n. 39.

em coerência com a fé e a razão, isto é, proposta teológica e racional. Ligar intimamente essa dupla argumentação e mostrar as excelências doutrinais e simbólicas da fé para a ética é uma contribuição que a ética civil não pode recusar-se a dar sem cometer injustiça.

Para os cristãos, partindo de sua hermenêutica teológica, os mínimos da ética cívica são assegurados pelos máximos de sua experiência religiosa: a vivência da paternidade de Deus e da fraternidade dos seres humanos em Cristo, pelo Espírito.

d) Os cristãos, portanto, são obrigados a proclamar sua proposta de máximos a partir do diálogo e da vivência pessoal: "Pois assim como a universalidade dos mínimos de justiça é uma universalidade exigível, a dos máximos de felicidade é uma universalidade ofertável".[213] Eles mesmos, por sua vez, devem reger-se, em sua conduta, pela moral cristã, já que a ética civil serve fundamentalmente, na realidade, para inspirar as leis civis numa sociedade democrática e secular.

O diálogo fecundo entre cidadãos crentes e não-crentes é possível porque o Cristianismo não é uma ética de mínimos de justiça, mas uma religião de máximos de felicidade. Para o cristão, os mínimos de justiça parecem ser irrenun-

---

[213] CORTINA, A. *Ética civil y ética religiosa*, cit., p. 74.

ciáveis, alegrando-se com o fato de os mesmos serem parte da consciência moral e social de nosso tempo. Tais mínimos, todavia, não esgotam o conteúdo da religião cristã,[214] cujo miolo é uma oferta de salvação de Deus em Jesus Cristo que transborda toda libertação humana e se realiza como Boa-Notícia que apela para a liberdade.

e) No jogo democrático e no diálogo cultural, a oferta moral dos cristãos reconhecerá o caráter limitado e parcial de suas formulações, numa consideração intramundana das mesmas. Em algumas situações se deverá pensar, escreve M. Vidal, na possibilidade de "duas versões", ou, a meu ver, dois níveis de exigência na normatividade dos valores morais: uma para o interior da comunidade cristã (os máximos de felicidade) e outra para ser compartilhada, fora do grupo dos crentes, com todos os cidadãos (os mínimos de justiça).[215]

f) O fundamento dessas atitudes dialógicas não é a cética renúncia à verdade nem um indiferentismo neutro e imposto pelo consenso, mas um profundo respeito a toda pessoa. São essas pessoas, sós ou associadas em grupos cosmovisivos, as que devem raciocinar sobre a questão

---

[214] Ibid.

[215] Cf. VIDAL, M. La ética cristiana en la nueva situación española. *Carthaginensia* 3 (1987) 3-12. Id. *Moral de actitudes*. 8. ed. Madrid, PS, 1990. v. I: Moral fundamental, p. 153-165.

do onde está e qual é a verdade sobre o ser humano, bem como quais são os valores radicais sobre os quais se fundamenta a ordem moral. São essas pessoas, sós ou associadas, também na Igreja, as que exigem do Estado, enquanto cidadãs, liberdade real para exercer esse protagonismo moral, proporcionando-lhes sua base de cosmovisão e seu fundamento ético, pois o Estado, mesmo sendo neutral, não é neutro.[216] Ao contrário, a democracia exige ser configurada pelo conjunto da sociedade livre e ser referendada pelas exigências próprias do bem comum.

g) A pretensão de reclamar do Estado que exija jurídica e coativamente tudo aquilo que cremos ser imposto pela ordem moral objetiva seria imoral. Para converter uma obrigação moral em exigência da ordem jurídica é preciso provar, em cada caso particular, que o bem comum e os direitos dos outros exigem a limitação da liberdade de alguns, de forma que essa liberdade possa ser coagida. Entretanto, a presunção está a favor da liberdade. A razão é clara. Nem todos os imperativos morais que ligam à consciência dos seres humanos podem transformar-se em matéria do ordenamento jurídico, porquanto isso é impedido:

---

[216] GARCÍA, M. *Moral política en una sociedad pluralista*. Madrid, Fundación Humanismo y Democracia, 1983. p. 37-38 e 53.

- por outro imperativo moral, qual seja o respeito incondicional devido à pessoa em comunidade, pois trata-se de atender às exigências do sujeito pessoal e não só às exigências da verdade objetiva;[217]
- e, além disso, porque a ordem moral ou "a verdade" só podem ser impostas pela força da própria verdade (*Dignitatis humanae*, n. 1).

h) Essa distinção entre moralidade e legalidade nos leva a diferenciar os imperativos éticos dos imperativos do bem comum e, ademais, a perceber que só as exigências morais objetivas postuladas por um imperativo do bem comum exigem sua incorporação à ordem jurídica.

As incorporações tampouco são iguais, pois há bens jurídicos que devem ser assumidos e impostos e outros que devem ser assumidos sem que se tenha de penalizar as condutas que se lhes opõem; e há outros que, simplesmente, devem ser promovidos. Todavia, como determinar cada um desses pressupostos segundo os imperativos do bem comum?

Será necessário ir em busca de um consenso geral, ou pelo menos de uma maioria social, em seu apoio. A situação mais difícil nos desafiará quando se tratar de um acordo que questione a defesa incondicional de um direito fundamental

---

[217] Ibid. p. 117-119 e 143.

da pessoa – por exemplo: a vida do inocente. Que fazer? Chegando-se ao caso em que um fato seja impossível de ser impedido, o cristão deverá trabalhar para purificar no corpo social esse erro. Se esses "desvalores" são incorporados às leis, será necessário diferenciar os casos. Não é o mesmo reagir diante de casos estritos em que não se penaliza um comportamento de omissão ou de ação que se configurou positivamente como um direito que obriga os cidadãos "contra sua consciência". Aqui, um cristão não fica obrigado a cumprir essas leis e deverá obedecer a Deus antes que aos seres humanos, seja com base no pressuposto da objeção de consciência, quando este for reconhecido como um direito, seja sob o pressuposto da desobediência civil, quando não ocorra tal reconhecimento legal.

Essa oposição frontal a uma lei concreta não significa a ruptura total com a ordem social vigente. Em casos extremos, se a incorporação de desvalores ou a falta de valores na ordem jurídica fosse massificante e radical, o cidadão cristão poderia, e em seu caso específico deveria, chegar à ruptura total com o seu sistema político, no exercício do seu direito e, às vezes, do seu dever de resistência ao poder manifestamente injusto, mediante a desobediência civil integral e generalizada, isto é, o direito de resistência, e, se for o caso, o direito à rebelião.[218] Todavia, com que requisitos? Estamos falando de casos em que uma situação de totalitarismo torna manifestamente injusto para "todos" a maldade intrínseca de um ordenamento jurídico.

---

[218] Cf. Ibid., p. 98. Hipótese, por outro lado, que não pode dar-se numa democracia sem que esta deixe de ser democracia. Cf. também: SECRETARIADOS SOCIALES DIOCESANOS DEL PAÍS VASCO. *Ética cívica en una sociedad democrática* (noviembre/1982).

EXISTEM FORMAS VÁLIDAS DE DESOBEDIÊNCIA CIVIL NUMA DEMOCRACIA?

Eticamente considerada, esta é uma questão sobre a qual alguma vez precisamos nos ocupar e que, no caso específico da Espanha, foi claramente proposta quando da insubmissão de muitos jovens ao serviço militar obrigatório e à lei de objeção de consciência, que permitia sua substituição pela prestação de um serviço social. Que se pode dizer a partir desse caso?

Todos aceitamos que a insubmissão é propriamente uma atitude e um ato de desobediência civil, "ato de ruptura pública da norma por razões de consciência e por meios pacíficos, com a aceitação voluntária das sanções ocasionadas por essa ruptura".[219] Mas, podemos perguntar-nos, está claro seu significado e condições?

1) A proposta específica da desobediência civil implica que esta, em princípio:

- Não questiona a legitimidade do Estado de Direito e o direito democrático que seus órgãos emanam. Isso fica provado quando o insubmisso se serve das condições intrínsecas da

---

[219] GARCÍA COTARELO, R. *Resistencia y desobediencia civil*. Madrid. Eudema, 1987. p. 154.

democracia para expressar seu protesto, acata a sanção que a lei lhe impõe e reconhece ao Estado (sociedade) o direito para exigir de seus cidadãos capazes de oferecê-las, fundamentada em condições democráticas, certas prestações pessoais. Outro modo de entender e resolver a questão nos colocaria diante de uma pressuposição de contestação revolucionária, a qual deverá ser avaliada em função do direito de resistência à injustiça manifesta.

- Reconhece a distinção entre legalidade e legitimidade moral, e a possibilidade histórica de que entrem em atrito e, se for o caso, até mesmo se choquem.

- Reconhece que a democracia estabelecida oferece múltiplas vias de participação, mas nem de longe esgota todas as necessárias. Crê que a democracia não é uma ordem constitucional fechada e fixa para sempre. Essa crença, em casos extremos, possibilita algumas saídas que precisamos qualificar como desobediência civil.

- Considera que sua ação e atitude, com os requisitos imprescindíveis, é plenamente democrática, já que procura aprofundar-se na democracia, envolvendo e convencendo os seus cidadãos da necessidade de eliminar uma lei injusta ou, melhor, uma lei suscetível de maior justiça.

Em síntese, a consciência do cidadão insubmisso aceita a legitimidade social e a legalidade do direito vigente, mas se opõe a ela. Por sua vez, a sociedade reconhece um dever de respeito à consciência do sujeito e à sua liberdade para obedecer ou não à sua lei, além do mais uma lei legítima.

2) A proposição específica da desobediência civil, em seu frágil equilíbrio, dá origem a algumas *exigências* que devem garantir, em princípio, sua legitimidade e validade:

* ato ilegal;
* ato não-violento;
* executado publicamente e com fins políticos gerais;
* com a intenção de revisar, reformular, mudar ou abolir uma lei (ou uma decisão política);
* aceitando as consequências jurídicas (a sanção) que essa ruptura legal comporta.[220]

A conclusão é que, em sendo cumpridos os requisitos indicados, a insubmissão é um exemplo de desobediência civil eticamente legítima.

3) Todavia, numa democracia não se pode duvidar, por princípio, da validade ética e jurídica de toda desobediência civil? Não são poucos os autores que negam a validade ética e jurídica da desobediência civil em todas as hipóteses. No fim das contas, estão em jogo a legitimidade e a legalidade de toda a organização social.

---

[220] VIDAL, M. *Para comprender la objeción de conciencia y la insumisión*. Estella, Verbo Divino, 1995. p. 69. Estou seguindo esse autor sem qualquer ocultamento.

Cresce, no entanto, o número de autores, filósofos políticos e morais, que conferem validade de princípio à desobediência civil "quando não há outros caminhos para pôr remédio a essas situações".[221] A doutrina tem consciência das possibilidades inscritas na desobediência civil enquanto veículo de iluminação de novas sensibilidades sociais relativas aos valores emergentes e ao peso específico adquirido pela consciência e pela liberdade individuais diante das megaburocracias factuais do sistema social. Não obstante isso, é preciso lembrar que a desobediência civil pode provocar, dependendo dos contextos culturais em que se dá, mais males do que bens, questionando sua intrínseca bondade.

4) Foi, e é, a insubmissão ao serviço militar obrigatório um exemplo de desobediência civil válida? Vamos partir do serviço militar obrigatório para ir mais longe e pensar em outras formas sociais de luta pela justiça e outros modos de compromisso pela paz. Quanto ao serviço militar obrigatório, digamos que uma democracia que o tenha regulamentado, juntamente com uma lei de objeção de consciência e de prestação social substitutiva, desfrutou da presunção de legitimidade e legalidade procedimentais (consenso democrático) e substantivas (bem comum).

Ora, admitido que legitimidade e legalidade não realizam, de maneira absoluta, nem o consenso de todos nem o bem comum, será necessário contar com a dissensão de indivíduos e de minorias que não se reconhecem no acordo geral. Essas dissensões podem ser reconhecidas legalmente e assim canalizadas. Todavia, em alguns casos esse canal poderá não existir e não lhes restará outro caminho senão a

---

[221] HORTAL, A. Desobediencia civil. In: VIDAL, M. *Para comprender la objeción de conciencia y la insumisión*, cit., p. 69 (bibliografia nas p. 80-81).

desobediência civil, procurando modificar os valores assumidos na legitimidade e legalidade vigentes. As razões de fundo são claras:

a) A legitimidade das leis – continuamos tomando como exemplo a defesa – não pode ser identificada com o ideal humano.

b) A legítima defesa dos Estados, considerada razoável numa ética realista, não deve ser pensada só como defesa armada e só a partir de cada Estado.

A insubmissão, com a força e a debilidade de toda desobediência civil, ressalta esses fatores a partir de uma forma de solidariedade mais profunda e universal do que a defesa armada do território de um grupo humano particular.

5) Mas não seria a insubmissão, prossigamos com esse exemplo, uma forma de desobediência civil desmedida em suas estratégias? Para muitos, a insubmissão é um gesto desmedido porque não é o último recurso na ordem democrática vigente. As instituições democráticas, sempre perfectíveis, reúnem a bondade moral suficiente, em sua substância e em seus procedimentos, para aceitá-las e trabalhar dentro delas na melhoria do próprio sistema democrático e, se for o caso, no sistema relativo à defesa armada do país.[222]

Tal argumentação pode ser questionada em dois sentidos. Primeiro, do ponto de vista procedimental, pelo fato de reduzir-se a participação democrática às formas consentidas ou legitimadas por uma Constituição. Em segundo lugar, do

---

[222] Cf. SEBASTIÁN, F. Insumisión. Razones a favor, ¿válidas? Diálogo con Marciano Vidal. *Revista Católica Internacional Communio* 16 (1994) 505-511.

ponto de vista substantivo, pois a dissensão de consciência não se dá apenas no que se refere a uma lei em si mesma injusta (resistência), mas em função de valores novos dentro da aceitação da legalidade vigente. Por consequência, escreve Marciano Vidal, pode-se afirmar que a insubmissão não é um gesto desmedido nem procedimentalmente, nem substantivamente.

Ao contrário, movendo-se na lealdade à ordem legítima vigente, não só a considera perfectível pelas vias estabelecidas, como também a interpela a partir de uma urgência de consciência diante de valores que a lei não realiza, servindo-se para isso da coragem cívica da desobediência civil.[223]

6) Existem algumas condições pessoais da insubmissão legítima? Sem dúvida alguma, não é qualquer insubmissão que pode configurar-se como uma desobediência civil válida, na perspectiva do sujeito que a reclama. A envergadura ética da decisão exige que esse protesto seja carregado de autenticidade pessoal diante de atitudes egoístas, não solidárias ou vis. A malícia, nas palavras de Augusto Hortal, é uma forma de desobediência pouco civil e demasiadamente arraigada em nós.

Em todo caso, a objeção, e sobretudo a insubmissão, devem purificar suas motivações para servir à dignidade moral e ao valor construtivo de tais atitudes em função da paz, sem fragmentar a ética de acordo com a conveniência de cada grupo ou situação. Esse peso específico das condições morais subjetivas não nos permitirá desconhecer a suprema

---

[223] VIDAL, M. *Para comprender la objeción de conciencia y la insumisión*, cit., p. 74. Eu acrescentaria que se trata de um caso de verdadeira insubmissão por solidariedade, isto é, lealdade até o nível mais profundo da Constituição democrática.

importância da função social da objeção e insubmissão, isto é, sua vontade de transformar instituições e estruturas nos altares, por exemplo, da desmilitarização da sociedade, ou da cultura xenófoba e racista, ou casos semelhantes. Esses grandes fins não são exclusivos de objetores e de insubmissos, nem esses caminham sós no grande movimento pacifista e alternativo.

Aprofundando mais o tema, a objeção e a insubmissão em geral, em si mesmas, convergem para uma série de objetivos gerais que todos precisamos considerar e conservar:

- A busca eficaz da paz como fruto da justiça e da solidariedade de todos os povos e cidadãos.
- Esconjurar a ameaça da guerra enquanto tal como um "mal maior".
- Desmilitarizar a sociedade em suas estruturas produtivas, políticas e simbólicas (centralidade do complexo industrial militar, serviço militar obrigatório em muitos países, defesa militarizada, política internacional militarista, o exército como instituição).
- Recriar e estender um "imaginário" cultural alternativo, "vida digna para todos e com todos", "paz com toda a criação", diante da visão hegemônica dos poderosos desta globalização para poucos.

Cada um desses grandes objetivos da desobediência civil constituirá um novo âmbito na determinação ética da paz na justiça.[224]

---

[224] Cf. VIDAL, M. *Para comprender la objeción de conciencia y la insumisión*, cit., p. 119-151.

7) Consideração ético-cristã da insubmissão: algo peculiar a acrescentar? Se a insubmissão é uma questão discutida no terreno da ética, o é mais ainda no campo da ética cristã. É verdade que, se fosse provado que a insubmissão é um caso de desobediência civil, eticamente legítimo, o seria para toda a sociedade, cristãos ou não, como um conteúdo da moral civil.

Qual é a posição da teologia e da "doutrina" cristãs a respeito?[225] O sentir unânime dos cristãos é a concórdia em torno dos objetivos principais promovidos em toda objeção e insubmissão, coerentemente entendidos: o bem comum e a paz na justiça.

Contudo, tanto sobre a insubmissão – voltemos a pensar no passado – quanto sobre outros pressupostos da vida social, não existe a unanimidade de que goza no Cristianismo a objeção de consciência. As exortações episcopais dirigidas às igrejas locais por ocasião das insubmissões "militares" forneceram uma boa prova neste sentido.[226]

A posição mais crítica foi a que negou coerência ética à insubmissão pelas seguintes razões:

   a) A lei vigente é justa, a partir do ponto de vista procedimental (democracia) e substantivo (serviço ao bem comum).

---

[225] Cf. RODRÍGUEZ, A. La insumisión y el ideal cristiano. Dossier. *El País*, 2 de mayo de 1994. LÓPEZ AZPITARTE, J. *Objeción de conciencia e insumisión. Reflexiones éticas*. Madrid, Sal Terrae, 1995 (bibliografia na p. 30).

[226] Cf. VIDAL, M. *Para comprender la objeción de conciencia y la insumisión*, cit., p. 55-62 (textos complementares).

b) Quanto ao âmbito procedimental, pode-se aperfeiçoar a normativa de vários modos e, portanto, preferíveis à via da desobediência civil: "Tais objetivos devem ser buscados através das vias legais disponíveis ou alcançáveis através do ordenamento democrático".[227]

c) A insubmissão, no exemplo do serviço militar obrigatório com a possibilidade legal da objeção de consciência, pode supor a inaceitável negação do direito e do dever dos Estados à legítima defesa, hoje em dia militar.

d) A existência dos exércitos não contradiz a ética cristã sobre a paz, conforme o que foi esclarecido pelo Concílio Vaticano II na *Gaudium et spes*, n. 79. Não corresponde ao espírito cristão a rejeição "radical" do exército. As causas últimas da violência devem ser buscadas no egoísmo e na agressividade do ser humano, frágil pelo pecado, bem como nas estruturas sociais injustas, e não nas instituições militares.

e) Em sua expressão radicalizada, a insubmissão pressupõe uma desobediência civil que, neste caso específico, não se justifica: "Seu exercício pode representar muito mais um modo perigoso de atentar contra uma das bases da pacífica convivência... como é o caso do respeito à ordem legitimamente estabelecida, sempre que não se tenha provado sua grave imoralidade".[228]

---

[227] Cf. Nota de la CLXIII Comisión Permanente de la Conferencia Episcopal Española. *Ecclesia* 2758 (1995) n. 9.

[228] Ibid.

Uma posição cristã menos convencional criticou e critica essas teses por considerá-las:

a) Ancoradas na identificação da "legítima defesa dos estados" com sua defesa militar, ignorando outras formas cada vez mais importantes. Assim, as de natureza diplomática, jurídica, comercial ou cultural, formas novas de realizar a paz e a justiça em todos os âmbitos.

b) Não reconhecem a possibilidade de provar a insubmissão como uma forma de desobediência civil, moralmente válida e, por conseguinte, exercício de uma forma democrática de colaborar solidariamente para o bem comum do Estado e da humanidade mediante um "gesto de pacifismo legalmente aceito".

c) Não significa defender a insubmissão como uma exigência inevitável da consciência moral enquanto tal, e cristã em particular. Não é uma consequência necessária do seguimento de Jesus (obrigação moral cristã), mas expressão da radicalidade evangélica que, "válida para todos, vai sendo descoberta historicamente por sensibilidades de notável carga profética e utópica".[229]

d) O espírito cristão, impregnado da exigência do Sermão da Montanha, deve considerar os exércitos como uma "imperfeição histórica" a ser

---

[229] Cf. VIDAL, M. *Para comprender la objeción de conciencia y la insumisión*, cit., p. 54.

superada. A atitude dos primeiros cristãos em relação ao exército e ao serviço militar expressa claramente essa tensão e o horizonte ético de sua superação. Ainda mais se a força militar concentrar-se de maneira incomparável numa única potência mundial!

e) No fundo, há uma dificuldade radical para distinguir entre desobediência civil legítima e direito de resistência a decisões ou leis que violem direta e evidentemente os direitos fundamentais e o bem comum. São duas figuras morais com requisitos distintos, que podem tornar razoavelmente legítima ou válida uma desobediência civil e absolutamente obrigatória a resistência a posturas que desconhecem claramente direitos humanos fundamentais.

A questão da desobediência civil nas sociedades democráticas, em síntese, está sendo proposta cada vez mais intensamente no âmbito de muitos espaços da estrutura social e em amplos setores populares. Logicamente, se observarmos a correlação de forças que o sistema social representa e o modo pelo qual as vias democráticas traem a participação soberana dos que por elas são afetados. Portanto, se quisermos resumir numa ideia clara o juízo que hoje se estende sobre a desobediência civil numa democracia, cresce o sentimento comum de que se trata de uma opção "razoavelmente legítima", que, em geral, "não é eticamente obrigatória".

Ora, que uma desobediência civil não seja a única forma ética ou válida de trabalho democrático pela justiça e pela paz não significa diminuir seu sentido – parafraseando Adela Cortina – de um "procedimento eticamente legítimo que não é exigível universalmente". As possibilidades abertas por essa figura moral para acolher muitos protestos populares que não encontram um encaminhamento fácil nas democracias corporativistas do presente são grandes.

Que existem pessoas dispostas a aproveitar-se de tal figura para aplicar-lhe qualquer afeição ou fobia pessoal não se pode negar. Todavia, não tenho nenhuma dúvida de que a desobediência civil está-se transformando praticamente na única oportunidade legal e moral para muitos excluídos. De fato, não deixa de ser uma espécie de analogado nas democracias daquilo que os seus setores mais sensíveis reclamam como um direito de "intervenção" humanitária em determinados contextos por parte da comunidade internacional e de seus ainda precários meios, incluída a força.

A INTERVENÇÃO HUMANITÁRIA E A INGERÊNCIA HUMANITÁRIA ARMADA

A crescente consciência sobre a impossibilidade de defender a dignidade das vítimas e, ao mesmo tempo, respeitar as regras do jogo imposto pela soberania nacional dos Estados levantou a questão da intervenção humanitária e da ingerência humanitária política e, se preciso for, armada. No fundo, temos, por um lado, a questão dos direitos humanos ou como acabar com a quebra dos direitos humanos de muitos por meio da ameaça e da ruptura dos direitos humanos de outros, isto é, por meio de algum tipo de violência. Por outro lado, a questão da soberania estatal ou o que fazer diante dos Estados que rompem profunda e amplamente, mediante a força, os direitos fundamentais de boa parte de sua população.

Seria o caso de abandonar à própria sorte essas populações em respeito à soberania estatal ou, como pensa Xabier Etxeberria com razão, em nome da solidariedade universal dos direitos é preciso dizer que se torna necessária a intervenção internacional, ou seja, que o direito de soberania está condicionado ao respeito dos demais direitos a fim de que se realize a indivisibilidade de todos eles? Vejamos.

Quando, em nosso século, começa-se a falar de intervenção humanitária, na realidade está-se pensando unicamente em não condicionar a assistência a populações em perigo ou perseguidas à prévia autorização de seus perseguidores. Daí o nome, por exemplo, de organizações humanitárias como "Médicos Sem Fronteiras" (B. Kouchner). No entanto, para além do campo das ONGs e do seu modelo de intervenção, a nova consciência está-nos questionando sobre se é lícito pular da intervenção humanitária para com as vítimas para a ingerência política e/ou militar, em suas diferentes formas e meios, de modo a prevenir ou limitar as catástrofes provocadas pelo ser humano e dar-lhes uma solução digna das vítimas.[230]

O caso do genocídio de Ruanda e, de outro modo, o da ex-Iugoslávia trouxeram para o primeiro plano o valor jurídico e as insuficiências da Convenção das Nações Unidas contra o Genocídio (1948) e a consciência de que talvez tenha chegado o tempo da prevenção. O assunto é complexo e, politicamente, tão necessário quanto delicado. Quem decide, quando, como e por quê? Continuemos refletindo.

- Trata-se, em primeiro lugar, de um *dever*. A ingerência humanitária, em todas as suas formas, impõe-se a nós como um dever de justiça e de solidariedade para com todos os seres humanos no que tange ao reconhecimento e ao gozo dos direitos fundamentais. E a este dever moral corresponde um direito de intervenção humanitária, sempre não-violenta, e de ingerência humanitária com todos os seus meios e, no caso extremo, armada. Mas é um direito que obedece

---

[230] MENDILUCE, J. M. La injerencia humanitaria. *El País*, 6 de octubre de 1994, p. 14. MATTAI, G. Dalla guerra all'ingerenza umanitaria. Rassegna di recenti documenti. *Asprenas* 42 (1995) 249-262. MIETH, D. & AQUINO, M. P. (Eds.). O retorno da guerra justa. *Concilium* 290 (2001/2) 5-8.

a um dever, o dever que procede de minha responsabilidade, de nossa responsabilidade para com as vítimas.

- Quanto a *quem* decide, a resposta só pode vir pelo caminho do direito internacional, cujo sujeito deve ser a comunidade internacional através da ONU. Indubitavelmente, isso propõe a questão da sua reforma, como vimos em outro lugar. Sua necessidade para atender numa proporção democrática a todos os povos, no entanto, está fora de qualquer discussão.

- Quanto ao *como*, a intervenção será militar só em último recurso, quando se revelarem infrutíferos outros mecanismos, tais como a diplomacia, o direito, a pressão política, econômica e comercial, bem como diferentes formas políticas de uso da "força", democraticamente controladas pela comunidade dos povos da Terra. Formas de intervenção, políticas e armadas, que na maioria dos casos ainda devem ser criadas, mas que é preciso pensar e sobretudo permitir e compartilhar.

- O *instrumento*, um exército mundial dos direitos humanos das vítimas que substitua as atuais forças de paz da ONU ("capacetes azuis"). Mas fique bem claro: jamais uma organização militar internacional ou um país muito poderoso que atue como guardião da humanidade.

- O objetivo, a *prevenção* dos direitos humanos das vítimas contra a barbárie e os bárbaros, e contra a maior de todas as barbáries, o genocídio. A ingerência humanitária, portanto, não pode ser pensada em termos de "intervenção militar preventiva" ditada por interesses políticos das grandes potências, mas dos direitos humanos das vítimas, primeiro como força não-violenta, como ação política de pressão e, em último caso, como uma exceção, a ingerência armada.

- O processo deve estar submetido em todos os momentos a um *controle democrático* exaustivo, a fim de serem evitados os desvios que o condicionam, como os interesses dos grandes por um lado, e o fato de querer garantir alguns direitos humanos através da violência por outro. A ingerência humanitária armada, obviamente, ameaça boa parte do nosso sistema de convivência política e ética ao questionar a soberania nacional dos povos e ao postular que há ruptura dos direitos humanos cuja erradicação só pode ser alcançada recorrendo-se à violência e, por conseguinte, gerando outros sofrimentos em sujeitos de direitos.

Por isso o controle deverá verificar com cuidado e com zelo as condições legitimadoras de cada ingerência e, muito particularmente, se, esgotados todos os recursos políticos e comerciais da ingerência humanitária não-violenta, propõe-se a mínima violência, que se julgar necessária porque se está diante de situações-limite para os direitos humanos das vítimas e as consequências previsíveis são claramente mais positivas para a sua sorte do que as atuais infelicidades. Alguns veem nessas condições da ingerência armada algo tão exigente que, de fato, se poderia qualificá-la muito bem de uma não-violência moderada que aponta, em sua lógica moral e política, para a não-violência radical (Xabier Etxeberria).

- Se a razão moral e política são os direitos humanos dos fracos, sua violação deve ser acompanhada em todo lugar, e a intervenção humanitária e a ingerência em todas as suas formas serão exigidas de modo universal. Não tem sentido afirmar que se pode intervir se o Estado é fraco, mas, se o Estado é poderoso, não se intervém.

Esses critérios de juízo passam longe, nós o sabemos, da política internacional contemporânea. Hoje, nessa política, a questão foi proposta em termos de intervenção militar preventiva ou "guerra preventiva", não como uma intervenção humanitária ou, em último caso, como ingerência humanitária armada para impedir desastres humanitários em lugares sem interesse estratégico. O certo é que falamos ser necessária a intervenção humanitária, e até a ingerência humanitária armada, a partir de uma nova ordem internacional sustentada em valores como a cooperação, o respeito, os direitos humanos e o direito internacional.

Dizemos que nesse contexto é que devem ser dirimidos os conflitos; proclamamos que essa "ordem moral e política" é a nossa obra civilizadora, mas, quando estivemos diante de uma ameaça aos interesses nacionais e geopolíticos de nossos países, que é que aconteceu? Aconteceu que a guerra preventiva, a intervenção militar preventiva (ou agressiva) foi defendida por poderosos Estados democráticos como algo inevitável e justo.

Por outro lado, a "ordem à qual apelamos tantas vezes", a que se torna o ponto de partida de tantas opiniões e julgamentos, isto é, os direitos humanos, indivisíveis e interdependentes; aquilo que afirmamos ser a razão da intervenção, a ordem democrática dos direitos humanos regulando modos de decisão e intervenção "civilizados", salta aos ares em frangalhos. E não está claro que, para que a democracia subsista em seus fins, requer-se que também seja praticada nas estratégias políticas e nos meios? Ou, em outros termos: por quanto tempo poderemos suportar a contradição entre a barbárie que exige a hegemonia exterior de uma grande potência e os princípios e atitudes requeridos pela vida democrática no interior de nossos povos?

Pouco tempo, sem dúvida.[231] A democracia que apreciamos tanto quanto o ar que respiramos, tratando-se de nosso espírito civilizado, sofre processos que a ameaçam até chegar a limites jamais imaginados. Seja pelo lado das finanças, seja pelo lado do chamado complexo industrial-militar, seja ainda pelo das multinacionais do "pensamento", o fato é que algo cheira a "definitivamente" podre nas entranhas do sistema social.[232] Outra vez a questão vai além daquilo que aqui nos propusemos, mas sem dúvida tem a ver com as bases morais da civilização na valorização de alguns direitos verdadeiramente tais e com o protagonismo democrático reconhecido e respeitado pelos povos do mundo.

---

[231] Para continuar a reflexão, cf.: ETXEBERRIA, X. *Ética de la ayuda humanitaria*. Bilbao, DDB, 2004: o melhor tratamento da questão da intervenção humanitária coativa e sobre se esta pode alcançar a forma de intervenção militar internacional com finalidade humanitária. Cf. também: RAMÓN CHORNET, C. *¿Violencia necesaria? La intervención humanitaria en derecho internacional*. Madrid, Trotta, 1995. RUIZ MIGUEL, A. Paz y guerra. In: RUIZ MIGUEL, A. & DÍAZ, E. *Filosofía política II*. Madrid, Trotta, 1996. v. 10: *Teoría del Estado* (sobre a intervenção bélica humanitária, p. 257-261).

[232] Para uma introdução a esta questão com sentido crítico, os "Cuadernos de Cristianisme i Justicia" são um bom ponto de partida. Sua bibliografia será também um guia muito apropriado para ir adiante. Imprescindíveis, da mesma forma, as provocativas reflexões de Noam Chomsky e James Petras. Por exemplo: MITCHELL, P. R. & SCHOEFFEL, J. *Chomsky esencial*. Barcelona, Crítica, 2002. (Col. Obra esencial.)

PESSOAS E "POVOS" COM DIREITOS FUNDAMENTAIS

A democracia como cultura política e como sistema de convivência tem seu fundamento mais radical no reconhecimento da dignidade do ser humano e nos direitos fundamentais que daquela derivam ou que neles se expressa. Formulada com precisão na obra de Immanuel Kant (1785), a dignidade é a característica básica do sujeito moral. O ser, que não possui um valor relativo para algo, mas valor interno e incondicional, o que existe como fim em si mesmo e não como meio, esse tem dignidade, esse é o ser humano, sempre e todo ser humano. E porque tem dignidade não pode tratar como meio ou coisa nem a si mesmo nem a outros.

A Declaração Universal de 1948 *(Preâmbulo*, art. 1) e os Pactos Complementares de 1966 reconhecerão essa dignidade inerente ao ser humano como o fundamento de todos os direitos. Assim entendida, a dignidade intrínseca não é merecida nem perdida, mas sempre se tem, e todos a temos.[233]

Os direitos humanos, como já dissemos, são o destilado ou o resíduo onde são plasmados os valores fundamentais da consciência ética da humanidade atual[234] e, sem que possamos

---

[233] TORRES, F. Direitos humanos. In: VIDAL, M. (Ed.). *Conceptos fundamentales de ética teológica*. Madrid, Trotta, 1992. p. 667.

[234] Uma fundamentação teológica dos direitos humanos pode ser encontrada em J. Moltmann, *Teología política. Ética política*, Salamanca, Sígueme, 1987, p. 117-131. Para uma fundamentação histórico-possibilista, cf.: BOBBIO, N. *El tiempo de los*

interferir, a tradição dos direitos humanos evolui de forma constante, tanto em seu significado geral quanto em seu alcance histórico. Essa é uma boa razão para afrontarmos o debate a seguir sobre os direitos humanos em sua assunção pela política.

Quem são os titulares dos distintos direitos humanos? Isto é, os sujeitos dos direitos humanos são sempre os indivíduos ou também o são alguns coletivos, como é o caso das minorias étnicas e dos povos?[235] E estando assegurado que uma lei das maiorias não pode transgredir os direitos básicos das pessoas e das minorias, que relação tem, então, os direitos fundamentais das pessoas com os direitos humanos de seu coletivo ou "povo"? Vejamos melhor essa questão.

A reflexão sobre os direitos humanos, até o presente momento e dentro da tradição liberal, sempre os entendeu como direitos do sujeito individual. Quando as declarações se referem a direitos (de) coletivos, a partir dos Pactos Complementares de 1966, normalmente foram interpretados como direitos dos indivíduos nos coletivos. Nesse sentido, como um exemplo muito característico, Fernando Savater acredita que não há direitos humanos (de) coletivos, porque numa coletividade ou instituição não é possível que o sujeito seja ao mesmo tempo dissidente e complacente, livre em sua decisão e escolhendo contra a sua própria vontade, sujeito moral e sujeito determinado a partir do coletivo.

---

derechos. Madrid, Sistema, 1991. Sobre a questão da fundamentação, cf.: GARCÍA, V. Derechos humanos sí, pero ¿por qué? *Moralia* 21 (1998) 161-188.

[235] Cf. ETXEBERRIA, X. *Sociedades multiculturales.* Bilbao, Mensajero, 2004 (veja-se sua bibliografia, p. 139-143). KYMLICKA, W. *Ciudadanía multicultural. Una teoría liberal de los derechos de las minorías.* Barcelona, Paidós, 1996. ZARAZAGA, R. Una aproximación al debate entre liberales y comunitaristas. *Stromata* 54 (1998) 119-168 (ótima apresentação do debate com bibliografia extensa e comentada).

Por sua vez, Aurelio Arteta afirma que, para resolver o problema dos chamados "direitos históricos" de um povo, é preciso saber se subsiste o titular de tais direitos e para isso ou procedemos através da crença num ente coletivo supratemporal, portador de direitos sempiternos, ou não reconhecemos sujeitos reais a não ser os indivíduos do grupo. Nesse caso, poderiam constituir o mesmo corpo político uma pretérita sociedade de súditos e a presente sociedade de cidadãos? O problema crucial reside em como compatibilizar – conclui – a particularidade, o caráter coletivo e o fundamento tradicional dos primeiros com a universalidade, o caráter individual e o sustento cidadão dos segundos.[236]

Argumentos assim tão claros, contudo, têm sido questionados com sutileza na filosofia social mais recente – por exemplo, por W. Kymlicka.[237] Este autor defende, partindo da filosofia política liberal, a pertinência dos direitos humanos coletivos quando falamos de minorias cuja sobrevivência, isto é, liberdade e igualdade, portanto o que lhes é devido por justiça, só pode ser protegido ou alcançado mediante o reconhecimento e o exercício de alguns direitos coletivos, que lhes são devidos por causa de sua peculiar e intransferível condição e necessidade. São as particularidades de sua condição e o caráter extremo de sua situação, a "sobrevivência", o que determina efetivamente o seu direito coletivo.

Creio que precisamos prestar atenção a essa proposta com muito afeto e cuidado. Está em jogo a questão da justiça como aquilo que possibilita a sobrevivência de uma

---

[236] Cf. ¿Un derecho al privilegio? *El País*, 2 de septiembre de 2004, p. 14. Uma reflexão ponderada sobre o caso em: GARCÍA, V. Interpelaciones éticas de los nacionalismos y a los nacionalismos. *Moralia* 27 (2004) 61-90.

[237] Cf. *Ciudadanía multicultural...*, cit.

coletividade – por exemplo, um "povo" em meio a processos históricos muito destrutivos e uniformizadores. Considero, mesmo assim, que tão justa finalidade possa ser alcançada com a mesma vantagem para o coletivo "povo" ou outros, e com menos perigos para o indivíduo, partindo-se de uma concepção dos direitos humanos como direitos do sujeito individual. De um lado, os que são devidos pela sua condição única de ser pessoa e, de outro, os que lhe são devidos pela sua condição de membro de um coletivo "povo" ou similar, pelo fato de pertencer a esse grupo e enquanto queira nele "permanecer".

Vistos os prós e os contras, preferiria continuar pensando-os, em síntese, como "direitos individuais coletivizados", nos quais o sujeito último da titularidade e do exercício é sempre o cidadão livre e individual.[238]

---

[238] A mesma coisa eu observo no "direito de autodeterminação" dos povos, reclamado e exercido pelos cidadãos desse coletivo identitário que denominamos povo-nação, quando pensamos em povos dentro de um Estado há tempo constituído. São, sempre e acima de tudo, indivíduos concretos. Se a identidade peculiar de um povo reclama diversos níveis de autogoverno "soberano", como condição de sua permanência histórica, o exercício da autodeterminação é sempre individual e livre. Se esse povo, além disso, caracteriza-se por uma grande polarização política e cultural, não há outra saída senão recorrer a um procedimento democrático que respeite os direitos e os ideais em conflito mediante um projeto integrador, transitório e desconfortável para todos. A violência como via política é inaceitável. Essa autodeterminação é sempre para a separação? Não. Para além das convicções nacionais de cada um, a separação apenas pode parecer razoavelmente legítima se for imprescindível ou muito importante para preservar a identidade coletiva. No caso de razões do tipo "quero agora e posso sempre", ou de simples vantagem econômica, não vejo base moral suficiente para justificá-la. Em todo caso, a nação ou o coletivo separado deve reconhecer, por outro lado, as liberdades democráticas fundamentais aos seus cidadãos e coletivos, pois os direitos humanos são indivisíveis em todo momento e lugar. Também a nova identidade cultural, politicamente reconhecida, deve ser aceita como identidade complexa, livre, plural e solidária. Pode-se analisar sempre, enfim, se os valores de justiça, isto é, salvar a identidade coletiva e o autogoverno de um povo, são compatíveis e primários em relação aos valores de solidariedade histórica que tenham ocorrido entre povos vizinhos. E mais: se aqueles objetivos não estão sendo ameaçados. Minha opinião é que há obrigações históricas para com a

Qual seria a razão principal para pensarmos assim? Vejamos pelo caminho da resposta à seguinte pergunta: pode-se defender que a pessoa se veja indiscriminadamente desprovida de direitos fundamentais, por isso mesmo fora do direito penal de uma sociedade democrática, a fim de preservar os objetivos de um coletivo peculiar, o seu, o seu "povo", para que este seja sujeito de direitos humanos específicos e à margem da vontade democrática de seus membros?[239]

Por mais particular que seja cada caso, a resposta é não. Julgo, contudo, que essa é uma hipótese perfeitamente possível se forem seguidas determinadas concepções dos direitos coletivos, as que obedecem à diferenciação radical dos sujeitos de direitos, indivíduos e coletivos, diante da minha proposta, indivíduos em seu coletivo. O efeito moral da primeira, insisto, pode e de fato costuma chegar a ser essencialista na vida política e, quando ocorre, muito injusto com o dissidente.

O modo de abordar um conflito de direitos pessoais e coletivos, portanto, deve ter seu ponto de partida no respeito histórico à indivisibilidade e interdependência dos direitos humanos individuais e coletivos. A todos esses direitos é devida, no horizonte normativo da vida e da liberdade de cada pessoa em seu povo, igual proteção e promoção. E se a

---

solidariedade entre os povos que são uma questão de justiça. Mas creio também que as convicções nacionais sobre um povo tornam inútil essa filigrana moral, porque, por princípio, para o nacionalista seu povo-nação é uma realidade perene e inequívoca, tanto mais justa quanto mais fiel for aos seus direitos e deveres históricos, em suma, ao seu ser. A solidariedade? É o fruto da justiça, que por sua vez o é da soberania civilizada correspondente ao povo. Ciência política de ficção, a meu ver.

[239] Por exemplo, que um povo, para preservar sua identidade, proíba algumas opções religiosas, ou o voto de cidadãos não-autóctones, ou que aceite a violência política contra os que expressem uma distinta referência nacional etc.

sua efetiva realização provocar conflitos muito difíceis, sua resolução só pode vir pelo lado da "sabedoria democrática", isto é, o respeito equilibrado e prudente dos mínimos de justiça para com os direitos das pessoas e de seus coletivos identitários, no jogo de maiorias e minorias, para determinar seu alcance concreto na justiça: a liberdade pessoal sempre, a vida digna de todos e a forma política que derive de um pacto democrático e seguramente provisório.

A perspectiva da objeção de consciência e, se for o caso, da desobediência civil, enquanto expressão do protesto social, quando a disputa chegar até a interpretação exata de alguns direitos fundamentais, é uma hipótese razoável.[240]

A meu ver, não há outro caminho a não ser este equilíbrio histórico, democrático e possibilista, sempre submetido aos canais da justiça, isto é, da liberdade e da vida digna para todos, as pessoas em seus povos e em comunidade de vida com todos os povos da Terra. Portanto, e com um sentido muito prático, esta simbiose dos sujeitos políticos e seus direitos, as pessoas em seus povos, questiona definitivamente todo nacionalismo essencialista e dogmático, com Estado ou sem ele, para partir do seguinte ponto: se os direitos humanos, individuais e coletivos, são indivisíveis, também é verdade que são históricos e interdependentes, e que o problema é chegar a uma forma "partilhada e sofrida" de realização compatível entre todos eles e para todos os sujeitos.

Sem dúvida alguma, o pacto político democrático deve ser seu procedimento, mas sua substância não pode ser pervertida na definição de um sujeito de direitos que anule

---

[240] Cf. Las condiciones de la desobediencia civil. In: VIDAL, M. *Para comprender la objeción de conciencia y la insumisión.* Estella, Verbo Divino, 1995.

o outro. E seu modo natural deve ser compreender que não há dois sujeitos separados, mas um no outro, formando um todo único. Daí minha proposta: "indivíduos em seus povos". Essa é a tarefa, insisto, histórica e democrática, sem dúvida. Provisória, quase certamente. Desfrutada e também sofrida. Quando a diversidade é grande, todo mundo sofre, mas trata-se de sofrer politicamente, nada mais, nada menos do que isso.

PARA PENSAR A PAZ COMO FRUTO DA JUSTIÇA E DA LIBERDADE[241]

Vamos concluir pensando, não por casualidade, neste bem social que denominamos paz. Nós o conceberemos em termos de justiça e liberdade para todos.[242] A paz como aquele bem social que se desfruta quando todos os demais bens sociais, como o bem comum, a liberdade, a justiça dos direitos humanos e a solidariedade, dentro do historicamente possível, são respeitados.

---

[241] Tradicionalmente, a questão da "paz" foi sendo entendida pela moral social cristã como a aspiração subjacente à guerra, objeto direto de quase todas as reflexões. Em sua forma clássica, recebeu o nome de reflexão moral cristã sobre a "guerra justa". Remetemos, para seu estudo, na história do Cristianismo e no catolicismo contemporâneo, à bibliografia que for mais acessível. Cf. JOHNSTONE, B. El pensamiento actual sobre la paz y la guerra: ¿se debe abandonar la teoría de la guerra justa? In: Id. *La justicia social*. Madrid, PS, 1993. p. 341-356: breve e clara apresentação de seis claras posições sobre o tema da guerra justa. Cf. também: MIETH, D. & AQUINO, M. P. O retorno da guerra justa. *Concilium* 290 (2001/2) 5-8. MATTAI, G. Dalla guerra all'ingerenza umanitaria. *Asprenas. Rivista di Teologia* 42/2 (1995) 249-262. PASCUAL GARCÍA, J. R. *La doctrina clásica de la "guerra justa" y el magisterio episcopal sobre la paz en la era nuclear*. Vitoria-Gasteiz, 1997. p. 136 (monografia de licenciatura na Faculdade de Teologia de Vitoria-Gasteiz). SEGURA, J. *La guerra imposible. La ética cristiana entre la "guerra justa" y la "no-violencia"*. Bilbao, DDB, 1991. VIDAL, M. *Moral de actitudes*. Madrid, PS, 1995. v. III: Moral social, p. 898ss. Id. *Para comprender la objeción de conciencia y la insumisión*. Estella, Verbo Divino, 1995. WALZER, M. *Guerras justas e injustas*. Barcelona, Paidós, 2001.

[242] Cf. LORENZETTI, L. (Ed.). *Dizionario di teologia della pace*. Bologna, Ed. Dehoniane, 1997. Muito interessante: BOTELLA, V. Universalidad e inclusión, dos aportaciones del cristianismo para la paz. *Escritos del Vedat* 33 (2003) 115-127. Alguns autores, como Enrico Chiavacci, elegem esta categoria ética da paz como a mais substancial quando se trata de ordenar todo o edifício da moral cristã. Cf. QUEREJAZU, J. *La moral social y el Vaticano II*. Vitoria, Eset, 1993. p. 279-292.

1) Um genuíno conceito de paz, portanto, deve atender ao seu duplo significado: a paz como princípio reitor das estruturas da vida social e, além disso, como virtude ou atitude das pessoas enquanto cidadãos.

Enquanto princípio regulador de toda a vida social, a paz de uma sociedade consiste no gozo de uma ordem social justa, isto é, a que respeita, com equilíbrio histórico, os direitos humanos de todos ("indivíduos, povos e terra"), nos fins escolhidos, nos procedimentos de escolha dos mesmos, nos meios de ação e nos frutos ou estruturas. E enquanto virtude das pessoas, a paz é a atitude daqueles que, sendo respeitados em seus direitos, são respeitosos dos direitos dos demais e desenvolvem um compromisso pacificador muito intenso, como o comprovam o seu claro apreço pela não-violência ativa, muito ativa e pública, sua tolerância democrática com a diferença que é diversidade e não injustiça, e sua prática do perdão que se segue à justiça para curar-nos a todos.

Todavia, mesmo reconhecendo o caráter ideal dessa definição, não quimérico e inútil, que é que esse conceito de paz requer? Parece evidente, quanto às suas condições de possibilidade, que estamos falando de estruturas econômicas, culturais e políticas que compõem "com justiça" aquilo que denominamos sistema social de um povo ou de um país. E estamos falando da condição moral das pessoas que mantêm "com coerência" atitudes democráticas. Este é um lugar comum quando se faz referência à articulação de uma sociedade como sistema social interdependente.

E deixando para depois alguns outros detalhes, destacamos agora um elemento substancial ao nos referirmos à paz como princípio regulador da vida social e como atitudes democráticas nas pessoas. É a observação de como se dá uma forte concentração de todas as dimensões da convivência, tal como as conhecemos, em torno da "política", e como sua irrigação popular, o protagonismo dos cidadãos dos povos e a primazia das necessidades populares, é a questão por excelência para que se possa falar que as instituições sociais, econômicas e culturais realizam uma ordem social justa e que as atitudes morais atendem ao necessário para todos e, por isso, à paz.

Por conseguinte, repitamo-lo, a paz é, neste sentido de princípio regulador da convivência em suas estruturas e instituições, e de atitudes democráticas que o impulsionem, a recuperação da economia e da cultura para a política democrática, onde os povos possam ativar canais muito concretos de irrigação popular da "*polis* local e universal". Ou, da mesma forma, onde o tecido cívico consiga chegar verdadeiramente a um consenso democrático da política e das regras de jogo econômicas e culturais.[243]

Falar da paz, por essa razão, é pensar na política como ordem social justa e, mais concretamente, na política como estrutura peculiar com os seguintes ingredientes: a democracia como procedimento regulador da convivência em seus acordos e desacordos, a democracia como procedimento que obedece a valores e a democracia como procedimento protagonizado por pessoas com atitudes democráticas. Nunca deveríamos cansar-nos de aprofundar essa questão.

---

[243] Este é o motivo pelo qual o movimento cívico contra a guerra do Iraque e pela paz pode ser desativado como uma verdadeira alternativa política, uma vez terminada a expressão militar do conflito. Se nosso modo de vida no Ocidente for inegociável; se não aceitarmos que é preciso viver de outro modo, para que todos possam viver humanamente, e que isso comporta algumas condições materiais de possibilidade, a última resposta será, outra vez, "eu não sei, eu não posso, eu não tenho culpa".

2) Considerada como categoria vertebradora de uma ética política cristã,[244] a paz se revela uma mina de possibilidades práticas. Sabemos que é redundante dizer que a paz não é a simples ausência de guerras ou de outros conflitos armados no mundo, nem a mera ordem pública numa sociedade tranquila. A paz, afirmamos, ao contrário, é a convivência justa de um planeta, de seus povos, ou o bem comum do gênero humano em todas as dimensões da vida social. A paz é a historicização dos direitos humanos, enquanto referencial ético, jurídico e político de uma convivência social digna de todos os seres humanos, especialmente dos pobres.

Manifestada como compromisso de luta diante de toda situação opressiva das pessoas e dos povos, seu compromisso radical é a fraternidade universal da única família humana. Seus espaços de verificação pública são, enquanto anseio e tarefa, todos aqueles que compõem a vida humana em sociedade, desde as famílias até as estruturas sociais mais complexas, desde as instâncias de criação de ideias e símbolos até as estruturas políticas e militares.

Enquanto realidade pela qual se anseia, sabemos que é uma utopia para a ação. Enquanto tarefa praticada, sabemos que é plenitude da justiça e medida de nossa solidariedade. Concebida como alento do vasto campo da atividade humana que chamamos de "política", apraz-me reconhecer os vários planos da vida pública, dotados de relativa peculiaridade, verificando neles o significado da paz. De fato, o modelo global de sociedade opera como um sistema onde a política constitui um subsistema peculiar, articulado em planos ou níveis como estes:

---

[244] *GS*, nn. 77-78; 91-93. Cf. CHIAVACCI, E. *Teologia morale*. Assis, Cittadella, 1976-1990.

- A política, enquanto *cosmovisão*, concebida como este código de valores, interpretações e fins ideais que nos identificam como sociedade politicamente homogênea. É nosso "imaginário" político e sua carga utópica para a paz.

- A política, enquanto *modelo social*, concebido como alternativa histórica no prosseguimento do bem comum, com suas instituições democráticas e sua específica escolha de objetivos sociais.

- A política, enquanto *estratégia* de todos os agentes políticos, concebida como catálogo dos meios utilizados para alcançar alguns objetivos políticos imediatos e alguns fins de alcance integral.

- A política, enquanto *vontade* concreta dos cidadãos particulares, concebida como soma de suas decisões, atendendo, por ação ou omissão, a alguns ideais e, por que não, a interesses de toda índole.

Esta minuciosa análise da atividade política situa-nos diante da pergunta para saber se a ética acompanha a todos ou somente a algum dos planos indicados. A resposta não pode ser outra senão a afirmação sem condições de uma presença ativa da ética em todos os planos e processos de construção da cidade. Sem dúvida, essa presença ativa terá de tornar claras as suas próprias regras para ter a peculiar companhia da ética na política. Trata-se de um encontro entre práticas humanas que se ocupam da complexa mas única realidade humana, seja sob o prisma dos fins, a partir daquilo que deve ser, seja sob o prisma dos meios, a partir daquilo que pode ser. Esse possibilismo, no entanto, já que "não se pode sonhar com meios políticos", afirma J. García Roca, tem sua deontologia: não se pode ignorar a sorte das vítimas de nosso modelo de poder (político).

Só "olhando" a partir delas e de seus interesses é possível estabelecer com exatidão as exigências humanas diante da política. Só elas introduzem uma hermenêutica universal nos objetivos de justiça e paz de uma democracia. Suas exceções devem ser justificadas caso a caso, pois tudo o mais é a teorização da pior forma de poder político: aquela em que tudo serve como "motivo de força maior e razão de Estado".

PARTICULAR ATENÇÃO, A PARTIR DA "PAZ", A VÁRIOS PLANOS DA "POLÍTICA"

Um olhar a partir da torre da paz a esses planos da política convida-nos a considerar, em primeiro lugar, o espaço próprio das ideologias "políticas" como pressuposto da paz.

1) Este plano da política, das ideologias, deve ser observado com muito cuidado. Não é em vão que o último em ideologias é o fim de todas elas, sua definitiva dissolução em pragmatismo técnico e interesse privado. Como não estou de acordo com tal postura, consideremos a questão em si mesma e em seus efeitos políticos para a convivência na justiça e na paz.

Indubitavelmente, as grandes ideologias políticas do Ocidente perderam muito do seu vigor. Esses sistemas completos de ideias, que postulam certo ordenamento do sistema social e o tornam razoável aos olhos dos cidadãos, é claro que declinam. Algumas referências para-religiosas ou religiosas, bem como outras formas de identidade baseadas no subsistema cultural, ocupam o seu lugar (J. Conill).

Esta, aliás, é a questão. Desaparecem as ideologias clássicas e, hoje, o seu lugar é ocupado por um simples consenso pragmatista em torno do capitalismo democrático? A ideologia tecnocrática é a única coisa que nos resta? E se respondermos que sim, estamos sendo injustos com os melhores propósitos de uma política que, no fim das contas, legitima-se por sua capacidade de gerir com eficácia a coisa pública? Não é o momento de enveredarmos por esse caminho; iríamos acabar falando da paz na vida política. Mas se as perguntas nos trazem até aqui, por que será?

Sem dúvida, porque as novas referências de nossa identidade, as referências culturais e simbólicas, estão aí, conformando nossas opções e nossa visão das coisas. E isso sim é que é importante no caminho da paz na justiça. Aquilo que escolhemos e vemos procede, em grande parte, das ideias e valores que delineiam na história o perfil preciso de nossas expectativas. Aqui, há muita coisa em jogo. Atrevo-me a refletir nas seguintes direções:

a) Os modelos de análise social, como também suas hipóteses de fundo sobre necessidades e expectativas históricas, são muito dignos de ser levados em conta quando nos dispomos a pensar sobre a paz. Imaginamos a análise social como uma ficha em branco, que alguns entendidos preenchem com grande objetividade. No entanto, as famílias ideológicas e seus pressupostos políticos estão na ordem do dia. De fato, a família de inspiração funcionalista tende a conceber os conflitos como expressões de um inevitável raciocínio de interesses, quase sempre funcional e benéfico para todos. Seu exemplo mais citado é o mercado livre, onde vícios privados nos presenteariam com benefícios públicos.

Para o funcionalismo, os antagonismos sociais ou não são absolutos, ou não existem ainda as condições para que deixem de sê-lo, ou, então, existem e trata-se somente de diminuir a sua contradição para que o pacto social seja possível. As formas políticas de conceber a justiça e a paz, com tais pressupostos, devem ser de um tipo e não de outro.

Por sua vez, a família de inspiração dialética e crítica tende a conceber os conflitos como expressão de interesses antagônicos, muitas vezes absolutamente irreconciliáveis. Sua resolução, em tais casos, passa pela reestruturação das relações e do sistema social, porque são antagônicos os interesses ao redor da mãe de todos os conflitos: a desigualdade crescente e estrutural na disposição sobre a propriedade, o conhecimento e a força.

b) Em ambos os casos, com todas as suas variantes, as formas políticas de entender a justiça e a paz são bem distintas. Para os primeiros, a resolução dos conflitos sociais é questão de consenso e de pacto social, respeitando a posição original de cada participante. Sua tradução para a justiça irá operar como "igualdade de oportunidades legais", esquecendo as posições de fato entre os cidadãos e os motivos históricos que as causam. Para os segundos, a resolução dos conflitos sociais passa pelo pacto social, mas as causas últimas da desigualdade, as estruturais, só podem ser alcançadas através de políticas de reforma radical da sociedade, a partir da igualdade de oportunidades para os fracos, com sua implicação real e preservando sua sorte, hoje e amanhã.

c) No que tange à ação, os primeiros compreendem as pobrezas como um efeito não pretendido do desenvolvimento social capitalista. Sua resolução mais justa obedecerá à intervenção do governo, ao crescimento geral da economia e, se for o caso, à beneficência das religiões. Os segundos, por sua vez, interpretam as pobrezas como um efeito inevitável e coerente com a lógica de um modo de produção economicista, numa sociedade de desigualdades estruturais. Sua resolução mais justa é um problema político de reestruturação do sistema social e, num primeiro momento, de controle democrático do Estado e do mercado.

Traduzidas as posições para a intervenção social do voluntariado, em particular do voluntariado cristão, os primeiros perseguirão o objetivo de integrar os pobres e os voluntários no sistema social. No fim das contas, é um problema de crescimento, progresso e modernização. Posteriormente, os voluntários e os pobres devem abandonar as considerações estruturais e primar pelas responsabilidades atribuídas aos indivíduos e aos contextos pouco favoráveis. Seu efeito, não pretendido, costuma ser uma ação técnica que fortalece a identidade passiva nos pobres, integrando-os na mesma ordem social que antes os marginalizava.

Os segundos tentarão, na medida do possível, a via da *re*-politização das pobrezas, dos pobres e dos voluntários, tendo o cuidado de não desativá-los enquanto força política de protesto e de proposta social. Estes procuram reativar conflitivamente os que já não produzem, nem consomem, nem votam, nem tem capacidade de pressão. Apelam para a criatividade popular em ações locais e concretas, não isentas de intenção utópica. Procuram, enfim, resistir criativamente diante das forças sociais hegemônicas e de seu poder no Estado e no mercado.

e) Esse percurso através de algumas notas diferenciadoras na percepção do sistema social remete-nos, finalmente, à questão da natureza última dos mecanismos onde se originam a maioria das pobrezas, exclusões e violências. Reagindo a todo e qualquer simplismo, reconheço o caráter pluridimensional e multicausal dos processos de exclusão. Sem dúvida, porém, o modelo social capitalista ou, se quisermos, a economia de mercado em sua realização como capitalismo neoliberal e seu potencial marginalizador é a questão de fundo quando queremos referir-nos à violência na vida social e à sua expressão na vida política.

Explicar essa realização capitalista de um ou de outro modo, como pudemos comprovar, tem muito a ver com a compreensão das rupturas da paz social como justiça, bem comum e direitos humanos.

f) E se tudo isso fosse nada mais do que uma maneira pouco original de repetir as velhas ideologias políticas? Tenho alguma resistência a responder afirmativamente. Mais do que isso: partilho da suspeita, se não for convicção provada, de que a primeira ideologização da política é, hoje, a inevitabilidade de sua acomodação ao capitalismo neoliberal contemporâneo. Aquilo que se convencionou chamar de antiutopia do capitalismo neoliberal enquanto único sistema possível confunde a falta de recursos técnicos com aquilo que é devido a uma determinada correlação de forças sociais e políticas e, enfim, a uma ideologia sobre o que a realidade é, deve ser e pode ser. Eu não descuidaria de um aprofundamento sobre este húmus ideológico das violências políticas.

g) Gostaria de tecer algumas considerações sobre um último elemento nesta dimensão ideológica da política e de seus efeitos sobre a paz. O desenvolvimento da globalização capitalista, como fato e como ideologia, provoca efeitos homogeneizadores em todos os âmbitos.[245]

---

[245] Cf. BERGER, P. L. & HUNTINGTON, P. (Coord.). *Globalizaciones múltiples. La*

Esse processo ameaça ou dissolve, sem mais nem menos, antigas referências e estruturas comunitárias de socialização, como a família, a religião, o grupo social ou o país, até provocar em nós o desenraizamento. Seu efeito induzido, daí a fragmentação, é que os cidadãos procurem grupos de referência bem próximos, construídos ao redor de identidades e "imaginários" que os tornam únicos. Os propósitos de uma solidariedade e justiça acomodadas aos interesses dos grupos, a afirmação fanática e intolerante daquilo que é próprio e peculiar, as formas "religiosas" de envolver-se na política e de justificar a violência contra os outros que são distintos são uma tentação nem sempre fácil de superar.

2) Depois desse primeiro plano ou nível, temos o do modelo de organização política comum às sociedades democráticas do Ocidente. Dei muita importância ao plano das ideologias políticas na realização da justiça e da paz. Pode ser que existam sensibilidades que considerem mais decisivo o plano da organização e do exercício do poder político efetivo entre nós: a divisão de poderes, as leis e os regramentos, as perversões dos sistemas democráticos, o uso e abuso da força pelo poder político, sua dependência da democracia e do complexo militar, sua aparência de ter-se

---

diversidad cultural en el mundo contemporâneo. Barcelona, Paidós, 2002 (uma interpretação da globalização cultural como processo emergente, no qual o fator "norte-americano" é quase decisivo).

cristalizado numa forma política, os Estados, prisioneiros de sua peculiar "razão", enormes para atender o local e fracos para dominar o global...

Trata-se de outras tantas perspectivas que deveriam ser consideradas em relação à paz cívica.

No âmbito de uma reflexão introdutória e breve, contudo, parece-me muito importante retornar sobre aquilo que a realidade social de nossos povos reclama da democracia. Refiro-me ao fato de que, se não devemos desdenhar das conquistas efetivas das democracias liberais, sua legitimação cívica requer que sejam propostas as condições integrais da liberdade, da justiça e da paz, a partir dos direitos humanos de todos, e especialmente das vítimas. As pobrezas, a marginalização e a exclusão são, no fim das contas, negações, relativas ou absolutas, dependendo do caso, mas sempre radicais, do sistema público democrático. As possibilidades de emprego, palavra e decisão para todos, bem como o reconhecimento dos "outros" em sua diferença peculiar e em suas necessidades extremas, são pontos-chave na consideração democrática da justiça.

O controle democrático de todos os âmbitos da vida social apela, hoje, para a tomada de decisões por parte de todos naquilo que afeta a todos. Pelo contrário, se há grupos sociais que não contam para ninguém, e se, por sua vez, há setores sociais que fogem a todo controle devido a conhecimentos, eficácia e especialização, a sorte da democracia enquanto igualdade de oportunidades e possibilidades efetivas está lançada. A paz na vida política tem, assim, as características de uma ideologia que legitima o presente estado de coisas.

3) Temos também o plano ou nível da ação política: as estratégias partidárias e as decisões políticas de cada um em particular. Até o momento ocupei-me preferencialmente do peso que as estruturas podem ter na realidade de uma vida democrática. A vida pública, no entanto, é também cálculo estratégico e atitudes das pessoas concretas. No que tange às organizações políticas, seu capital mais apreciado são os votos. Todas as estratégias políticas precisam ser elaboradas tendo em vista a conquista dos mesmos, e isso a curto prazo. Se já se está no poder ou próximo a ocupá-lo, suponho que a estratégia sagaz, para não dizer astuta, é ocupar-se disso quase que totalmente.

As experiências feitas no uso e abuso da razão de Estado, a defesa numantina* de espaços de poder e a repetição de pessoas e denominações em centros nevrálgicos do sistema político nos fazem pensar na democracia como uma competição entre elites encarregadas, alternativa e ocasionalmente, de uma gestão eficaz. De fato, chama a atenção que a única vez que a classe política reclama da sociedade um exercício público de seu total protagonismo é diante da violência com significado "político" terrorista. É compreensível e necessário, mas somente em tal ocasião social estamos diante de algo que repugna absolutamente à moral política.

E se atentarmos para as decisões políticas de cada um em particular, sabemos que obedecem, em geral, a interesses muito concretos, e em primeiro lugar à impressão de que a coisa pública deve ser gerida com eficácia, pois assim a pró-

---

* É assim chamada a defesa tenaz de uma posição até o limite, em meio a condições desesperadas. A expressão tem sua origem na defesa da cidade celtibera de Numância durante os sucessivos cercos que sofreu dos romanos entre 153-133 a.C. e que só terminaram com o suicídio coletivo dos defensores. (N.E.)

pria pessoa acaba se beneficiando. O proveito pode ser, sem dúvida, econômico, mas também político e institucional: uma sensação de que vamos poder desfrutar da ordem, bem como de que a força pública será utilizada com discreta firmeza em caso de necessidade. Se, além disso, estendermos a ideia para o fato de que essa violência não é nossa, mas do Estado, e de que este nos protege sempre dos grandes delinquentes, de alguns "bodes expiatórios" inclusive, como é o caso dos imigrantes, não há razão para problemas de legitimação do Estado enquanto tal.

No fim das contas, atribuir aos cidadãos, individualmente ou em associação, uma esfera de liberdade é mais fácil do que envolvê-los na vigilância democrática de sua realização, sobretudo em situações de crise institucional ou diante de propostas políticas complexas. Essa atitude de envolvimento requer não só acordos em torno das regras de procedimento para a resolução pactuada dos conflitos de interesse, mas também convicções muito profundas sobre a pessoa e suas associações, objetivos humanizadores para todos, meios coerentes com os fins e atitudes e comportamentos consequentes nos cidadãos. A crueldade representada pela injustiça e pela violência tem seu ponto de partida em zonas muito profundas de nosso coração, cedidas à insensibilidade, ao rancor, ao cinismo e à dupla moral.

As possibilidades de que a utopia da fé ou o clamor das vítimas nos comovam, até conquistar nossa vontade política, sofrem contínuos curtos-circuitos nos hábitos do coração da cidadania.

4) E eis-nos no plano ou nível das contribuições da fé para a paz na vida política. Bem sabemos que, no "imaginá-

rio" moral cristão mais clássico, o poder na vida política se justifica como exigência do bem comum e se legitima por seu respeito escrupuloso da ordem moral. A seu modo, a presente reflexão é um exercício nesse sentido. Todos notamos que a proposta apresenta dificuldades conceituais muito importantes. Em particular, que direitos humanos materializam esse bem comum de todos e, além disso, qual é a moralidade concreta, e quem a determina, numa sociedade democrática e leiga. É todo o problema da moral civil e de alguns direitos peculiares das pessoas em seus coletivos identitários, os chamados direitos coletivos, realidades éticas que me parece imprescindível reconhecer.

Ora, o que importa considerar é como a ética acompanha sempre todas as atividades humanas, as políticas inclusive, por mais que se deva reconhecer a diferença entre as peculiares dimensões que conformam essa realidade. O momento dos fins e o dos meios, o projeto global e as estratégias, as ideologias de fundo e as ilusões imediatas, tudo e sempre plasma uma autonomia relativa que reconhece a impregnação transversal da ética, com sua diversa concreção e distinto grau de obrigatoriedade a partir dos direitos humanos de todos, especialmente dos pobres.

Obviamente, a ética é a primeira a saber disciplinar-se, com realismo e modéstia, segundo as condições históricas que concorrem em sua aplicação. Todavia, ao mesmo tempo, trata de evitar as formas mais sutis da mentira social: as que convertem a relativa autonomia da política, ou a relativa peculiaridade da ética, num absoluto que necessariamente incuba a violência política para além de algumas boas intenções.

E esta é a questão definitiva que eu quero deixar colocada: se a práxis política e cultural dos povos "cristãos" tem sido etnocêntrica e colonizadora para o exterior, e estadista e classista em seu interior, como impulsionar a universalidade concreta dos direitos humanos a partir da tradição ética dos cristãos?

Tentei dizer que só acertaremos na resposta, sempre diversa e histórica, reconhecendo o que é devido pela violência e pela paz às estruturas sociais e políticas justas; às formas regradas de resolução de conflitos ou para seu equilíbrio provisório; à participação de todos naquilo que os afeta; à assunção da diferença em seus direitos e deveres, segundo peculiaridades e possibilidades, das pessoas em seus povos; à moral civil que pode e deve convergir ao redor da dignidade incondicional das vítimas de um sistema social e político que estruturalmente as ignora. Isso era tudo, dito em poucas linhas, a propósito da paz na política.

5) E qual será o contributo a ser dado pela fé cristã a essa paz, entendida como princípio regulador da vida social e como atitudes que frutificam numa ordem social justa? Durante muito tempo quebramos a cabeça tentando formar uma sociedade cristã, posteriormente de inspiração cristã, bem como outras fórmulas indicadoras de uma pretensão: que a fé religiosa, em sua forma cristã, poderia oferecer algo de determinante na configuração da paz como proposta de estruturas, democracia, valores e atitudes.

A vida democrática, como organização e atividade, e o mundo, são uma realidade cívica, no sentido de autônoma, leiga ou adulta. É o próprio da relação Igreja-mundo na Modernidade, e o próprio da maioridade do mundo e da sociedade civil em particular. Mas todos conhecemos a relação sacramental da fé, pela caridade, com a justiça, e a relação da salvação de Deus com toda a criação, fazendo da história humana, "já sim", o lugar e a oportunidade de sua libertação, mas "ainda não" com a plenitude própria do fim dos tempos. Entrar nesse terreno não é difícil, e disso temos falado frequentemente. No entanto, há algum aspecto que me parece mais próprio deste momento.

A comunidade cristã, a Igreja, os cristãos, somos sociedade civil. Por conseguinte, deve haver um modo pelo qual a fé impregne nossa condição cívica e política sem detrimento da identidade peculiar da fé e do mundo. Sabemos que a primeira concreção da fé é uma ideia de pessoa e que a primeira mediação prática da fé é uma ética cristã, síntese original feita no "espírito" de Jesus, o Cristo de Deus.

Essa moral, síntese original e peculiar pelo menos quanto ao sentido e fundamento, nós a queremos, e é postulada como proposta moral "convergente e coerente" com a ética humana universal, a "moral civil" própria das sociedades plurais, democráticas e laicais; exige unicamente algo central e muito razoável, qual seja: que essa moral civil universal, os "direitos humanos", receba uma formulação e uma interpretação que inclua todos e que faça isso a partir dos últimos, isto é, das pessoas e dos povos mais fracos e esquecidos; e isso porque Deus é assim, misericórdia com as vítimas, e porque em situações de desigualdade radical a justiça precisa brotar da sorte dos marginalizados.

E isso é tudo? Tem mais. A ética cristã impregna as atitudes democráticas, plenamente leigas, de uma urgência ou radicalidade moral, para cada um e para todos, que deve ser muito proveitosa para a paz como atitudes nas pessoas e como ordem social justa. Por exemplo, pensemos nestas referências cristãs:

- Deus é a realidade suprema e num plano das coisas que, sem prejuízo para a validade incondicional da pessoa e da vida em geral, nada há em nosso tempo histórico, nem povos ou coletivos, nem líderes, nem culturas, nem religiões, que possa ser divinizado qual "deus" histórico. Os absolutos humanos sempre são idolatria. A história e a política são, portanto, realidades plenamente humanas que devem ser "civilizadas" ou "dignificadas".

- A perspectiva dos fracos para ver o mundo, ver o imprescindível, e apostar numa saída que os inclua, portanto concreta, justa e solidária, é a dobradiça da prática política da fé, é uma referência moral privilegiada.

- Cremos que os conflitos humanos, lidos a partir do modo da intervenção salvífica de Deus por Cristo na história, nos mostram que a vida digna para todos, e muito especialmente a dos pobres e dos inocentes, tem sido e é, em larga escala, o mais revolucionário dos meios políticos diante da opressão e da exploração entre os seres humanos e os povos.

- Postulamos que a prática da não violência ativa, firme, realista, associada e programada, é o procedimento mais fiel ao sentir de Jesus, ao timbre de sua libertação e ao estilo de sua vida.

- Cremos na força da convicção para chegar ao

bem social antes de qualquer imposição ou opressão. Cremos isso "lá mesmo onde alguma violência for inevitável", porque o inimigo só deixa de ser inimigo quando é vencido pelo amor.

- Cremos no amor como atitude moral e como vetor substantivo de nossa personalidade, embora saibamos das manipulações feitas com essa palavra. Esta significa gratuidade nas relações humanas, "porque, se saudais somente os vossos irmãos, que fazeis de extraordinário? Os pagãos não fazem a mesma coisa?" (Mt 5,46-48). É confiança de que Deus já deu possibilidades inéditas às suas criaturas nesta história; e representa, essa palavra, perdão sempre oferecido "até setenta vezes sete" (Mt 18,21-22) como oportunidade universal que chega "até os inimigos" (Lc 6,27-38).[246]
- Mas o amor não exclui nem renuncia à dignidade humana na defesa da justiça, nem se livra de provocar conflitos e perseguições (Mt 5,10-11; Mc 3,1-6). Como foi dito, "os que mantêm a verdade da não violência sequestrada na injustiça não podem apelar para Jesus". É igualmente certo, todavia, que o amor mantém, sempre e em tudo, as atitudes de Jesus, "desculpa tudo, crê tudo, espera tudo, suporta tudo" (1Cor 13,7).

---

[246] Cf. BILBAO, G. La eficacia del perdón. In: Id. *Memória* del IDTP (1997-1998). Bilbao, 1999. p. 38-65. SCHREITER, R. *Violencia y reconciliación. Misión y ministerio en un orden social en cambio.* Santander, Sal Terrae, 1998. Id. *El ministerio de la reconciliación. Espiritualidad y estrategias.* Santander, Sal Terrae, 2000.

CONCLUSÃO

E aqui se encerram estas noções de moral política cristã em chave samaritana. Sempre tive receio de falar em "moral política cristã", e talvez fosse preferível falar em "moral cristã na vida política" para sublinhar mais, caso fosse possível, meu respeito inequívoco à autonomia das realidades "temporais". A ética social cristã, e a ética social em si, estão aí, contudo, como uma companhia que a todo momento se preocupa e se pergunta pelo respeito efetivo à vida digna para todos, à vida na comunidade de vida de toda a criação, à vida digna de todos os povos, das pessoas, especialmente dos mais fracos e esquecidos.

O samaritanismo ético é, em primeiro lugar, comoção entranhada pelo ser humano empurrado para as margens do caminho. E significa, imediatamente, uma ação querida e devida de reconhecimento, de justiça e de solidariedade para com as vítimas de nossos sistemas sociais e, obviamente, da vida enquanto tal.

Todavia, onde ficam conceitos como "liberdade", "justiça", "paz", "direitos humanos", "democracia" ou outros que aparentam ser exclusivamente leigos? A ética política cristã os reconhece como seus, tanto em sua condição de teologia cristã quanto de saber moral. Primeiro, porque nada de humano pode resultar-lhe alheio e, ao mesmo tempo, porque a história da salvação é uma história encarnada. Por tradição e por vocação, por experiência humana e por sabedoria religiosa, a moral política cristã vai para a praça pública da democracia partilhando sem titubeios a moral civil dos direitos humanos. Se o alcance ou exercício de alguns direitos civis apresenta zonas de conflito e até divergências, isso não impede que se reconheça quanto e quão bom é o que partilhamos na vida cívica democrática.

O empenho em marcar as diferenças às vezes pode dar a impressão de que a moral política cristã partilha bem poucos conteúdos com a moral civil democrática. Nada mais distante da realidade. O acordo no aspecto substancial dos direitos humanos deveria ser realizado de tal forma que as diferenças subsequentes fossem muito mais uma oportunidade para crescer do que um rompimento cultural.

Creio firmemente nas reservas humanizadoras da tradição evangélica, e creio-o para crentes e para não-crentes. Se a ação compassiva de Jesus e sua palavra veraz se aninham no Cristianismo, não tenho dúvidas em relação à sua repercussão moral samaritana na vida política dos povos de tradição cultural cristã. E se neles assim repercute, sei que outros povos, com outras tradições religiosas e culturais, igualmente ricas em sabedoria moral, também se somarão às oportunidades e responsabilidades de uma ordem internacional pacífica e justa.

SUMÁRIO

Introdução 7

Perspectivas introdutórias sobre o conceito "política".... 11

Sociabilidade humana e dignidade fundamental:
duas faces da mesma realidade,
plenas de potencialidades morais 19

Justiça e solidariedade,
dois deveres de idêntica natureza moral? 22

Potencialidades morais da sociabilidade
constitutiva do ser humano 27

O caráter político da fé cristã: as bases teóricas 31

O caráter político da fé cristã: os aspectos práticos 45

Os direitos humanos e a ética social cristã 73

Perspectivas introdutórias na questão geral
dos direitos humanos... 73

Tomada de consciência histórica
dos direitos humanos... 85

A Igreja Católica diante das liberdades
e dos direitos humanos... 88

Os direitos humanos na Igreja, questão urgente
para a moral social cristã 105

Significado jurídico e ético dos direitos humanos: duas perspectivas 112

Funcionalidade do significado ético dos direitos humanos 114

Três gerações de direitos humanos 116

A vertente bíblica: o Novo Testamento e a política 129

Jesus diante da política 130

As primeiras comunidades cristãs diante da política 132

Alguns comportamentos políticos no ambiente dos cristãos 134

Sistemática de uma ética política cristã: fundamentação e conteúdo................. 137

Fundamentação de uma moral política e conteúdo... 137

O conteúdo da moral política em chave cristã 143

Uma imagem de integração entre ética e política inspirada na proposta de Paul Ricoeur............. 191

A democracia como procedimento formal e a democracia como meta moral: procedimento, fins e atitudes cívicas 195

A democracia como sistema político: dificuldades para a participação 203

O conflito da consciência moral com as leis democráticas................. 215

A moral social: um espaço ecumênico para as culturas e religiões................ 223

O conflito dos cristãos com a chamada "ética civil"..... 233

Existem formas válidas de desobediência civil
numa democracia?..... 243

A intervenção humanitária e a ingerência
humanitária armada..... 255

Pessoas e "povos" com direitos fundamentais..... 263

Para pensar a paz como fruto da justiça
e da liberdade..... 271

Particular atenção, a partir da "paz", a vários
planos da "política"..... 277

Conclusão..... 292

Impresso na gráfica da
Pia Sociedade Filhas de São Paulo
Via Raposo Tavares, km 19,145
05577-300 - São Paulo, SP - Brasil - 2009